일본인의 미의식과 정신

정순희 지음

보고사

일러두기

- 일본 작품의 원문은 가급적 직역하고자 하였다. 그러나 직역이 한국어 문장으로 성립하지 않거나 이해에 어려움을 주는 경우 읽는 사람의 편의를 위하여 원작에 없는 구두점을 치거나 단락 바꾸기, 의역 등을 가하였다.
- 일본어의 발음 표기는 통일된 맞춤법에 따랐다.
- 한자의 경우 우리말의 음독과 동일한 경우 한자 병기를 생략하였다. 고유명사는 일본어 발음 그대로 표기하는 것을 원칙으로 하였고, 일본어로 발음하는 것이 혼란이나 난해함을 준다고 판단되는 경우 우리말 음독을 사용하였다.
- 저서는 『 』, 논문은 「 」 등으로 표시하였다.
- 작가명은 주로 통칭을 사용하였다.
- 일본인명은 관용적으로 성과 이름 사이에 '노'를 넣어 발음하는 이름의 경우 성(姓) 다음에 '노'를 붙여 표기하였다. 가령 '在原業平'의 경우 '아리와라노 나리히라'로 표시하였다.

책머리에

　이 책은 대학에서 '일본문학의 이해'와 '일본의 문화와 예술'이라는 교양강좌에서 강의록으로 썼던 것을 정리한 것이다. 일본어를 모르는 다양한 전공의 학생들을 대상으로 일본의 문학·예술에 대한 입문적 지식을 제공하고, 그것을 토대로 일본인이나 일본문화를 대할 때 하나의 시점을 가질 수 있도록 지도하는 것을 목표로 하는 수업이었기 때문에 일반인들에게도 도움이 될지 몰라서 책으로 간행하게 되었다.

　이 책에서 소개하는 진솔한 마음(마코토), 우아한 멋(미야비), 고백과 폭로, 감동(오카시)과 애수(모노노아와레), 무상과 유현, 의리와 인정 등의 문학·예술 이념은 일본인의 미의식과 정신세계의 정수(精髓)라고 할 수 있다. 하지만 이것들은 눈에 보이지 않는 추상적 가치체계이기 때문에 설명하기도 이해하기도 쉽지 않다. 또 한 나라의 가치관은 오랜 세월동안 축적되어온 그 나라 고유의 정신적 정서적 문제이기 때문에 시대·사회·문화적 기반을 달리하는 외국인이 접근하기에 어려움이 많다. 다만 요시다 세이치(吉田精一) 씨가 지적하는 바와 같이,

　　일본국민은 대체적으로 예술적인 국민으로, 종교적이지도 철학적이지

도, 과학적이지 않다는 것은 정평이 나있다. (중략) 국민의 특성을 외측에서 제약하는 것은 경제, 정치, 자연 등 여러 조건이다. 특히 경제조건이 가장 중요한 결정요인이라는 것은 유물사관이 내세우는 점인데, 아무튼 일본인의 성정이 현실적이어서, 관념적인 심각함이나 형이상학적인 신비에 친숙하지 않다는 것은 틀림없는 사실이다. (『古典文學入門』, 新潮社, 9~10쪽)

일본인의 사유방법은 관념적이지 않다. 그들의 글과 이론은 대체적으로 현실적이고 구체적이며 평이하다. 필자가 이 책을 통해 추구한 것도 해당 관념이나 가치체계에 대한 사전적 정의나 설명이 아닌, 그것을 형성하는 구체적인 내용이나 양상을 제시하는 것이었다.

사과의 맛에 대해서 제대로 알기 위해서는 직접 사과를 깨물어 먹는 것이 최상이다. 먹어보지 않고 사과의 맛에 대해 논하는 것은 물에 들어가지 않고 헤엄치는 방법에 대해서 논하는 것처럼 무의미할 것이다. 다시 말해 어떤 것에 관해서 사전적 지식에 그치지 않는 깊은 이해와 독자적인 안목을 갖추기 위해서는 선결과제로서 원전(原典)－적어도 완역본－을 읽는 것이 무엇보다 중요하다. 하지만 일본관계 서적이 홍수처럼 범람하는 오늘날이라지만 아직 소개나 번역이 안 된 영역도 많다. 해당 개념을 이해하기 위한 전제로서 필요하다고 생각되는 부분을 [골라 읽기]에 번역해놓았다. [개요]와 [골라 읽기]를 읽고 나서 [해설]을 읽는다면 이해에 도움이 되리라고 생각한다.

필자는 지금 시식 코너에서 특정 상품을 홍보하기 위해 한입씩 맛볼 수 있도록 물건을 잘라놓고 손님들을 기다리고 있는 느낌이다. 아무리

맛있는 음식이라고 선전을 해도 그냥 지나치는 사람도 있을 것이고, 한번 먹어보기는 하나 실망하고 가버리는 사람도 있을 것이고, 예상보다 맛있다며 물건을 구입하는 사람도 있을 것이다. 나의 글이 훌륭한 맛보기의 구실을 하길 기대하며 독서하는 인구가 늘어나길 희망해본다.

   책으로 발간하면서 강의에서는 말로 풀면 되었던 부분을 글로 옮기면서 어려움과 역량부족을 느꼈다. 전체적으로 통일성을 갖추기 위해 구성을 새롭게 하다 보니 분석이 미진하게 끝난 곳이 적지 않다. 추후에 계속 보강해나갈 것을 약속하며 이론서가 아닌 개론서라는 것으로 부족한 점은 면죄해주길 바란다. 끝으로 책이 나올 수 있도록 도와주신 주변 분들과 출판사 관계자 여러분들께 깊은 감사의 마음을 전하고 싶다.

2007년 5월
보고 싶은 아버지께 바칩니다
저자

일본문학사연표

시대		시대구분	주요작품
고대	나라시대	문자 전래 이전의 구비문학 시대에서 헤이안쿄(平安京, 지금의 교토京都)로 수도를 옮긴 794년까지를 야마토(大和)·나라(奈良) 시대라고 부른다. 4C경에 야마토 조정에 의해 소국가들이 통일되고 5C에 백제의 아직기(阿直岐)·왕인(王仁) 박사에 의해 한자가 전래되면서 문명화를 이룬다. 6C중엽 불교가 전래되고 7C부터 견당사의 활약으로 율령제를 정비하여 중앙집권국가를 실현하게 된다. 대표적 문학이념은 '마코토(진솔한 마음)'	고지키(古事記) 니혼쇼키(日本書紀) 만요슈(万葉集)
	헤이안시대	간무 천황(桓武天皇, 681~806)이 교토(京都)로 수도를 옮긴 794년부터 미나모토 요리토모(源頼朝)가 가마쿠라 막부(鎌倉幕府)를 세운 1192년까지의 약 400년간의 시대를 헤이안 시대(平安時代)라고 부른다. 교토가 정치·문화의 중심지였고 귀족이 그 주도적 역할을 담당하였다. 후지와라(藤原) 씨에 의한 섭관(摂関) 정치가 실시되었고 재능 있는 궁녀들을 중심으로 가나(仮名)로 적은 여류문학의 황금기를 이루었다. '일본적'이라고 할 수 있는 일본인의 미의식이나 정신문화의 근간이 이 시기에 형성되었다. 대표적 문학이념은 '모노노아와레(애수)'	다케토리 이야기(竹取物語) 이세 이야기(伊勢物語) 고킨와카슈(古今和歌集) 가게로 일기(蜻蛉日記) 마쿠라노소시(枕草子) 겐지 이야기(源氏物語) 곤자쿠 설화집(今昔物語集)
중세		미나모토 요리토모(源頼朝)가 헤이케(平家)를 멸족시키고 가마쿠라(鎌倉)에 막부를 개설한 1192년부터 도쿠가와 이에야스(徳川家康)가 에도(江戸, 지금의 동경東京)에 막부를 세우는 1600년까지의 시대를 중세라고 부른다. 무사가 정치의 실권을 장악하고 내란과 전쟁이 끊임없이 일어나던 하극상의 시대였다. 불안하고 혼란한 세상은 불교의 융성을 가져왔고 출가한 사람들을 중심으로 은자문학이 만들어진다. 대표적 문학이념은 '유현(幽玄)'	신고킨와카슈(新古今和歌集) 호조키(方丈記) 헤이케 이야기(平家物語) 쓰레즈레구사(徒然草) 다이헤이키(太平記) 후시가덴(風姿花伝) 스미다 강(隅田川)
근세		도쿠가와 이에야스(徳川家康)가 에도(江戸)에 막부를 세운 1603년부터 15대 쇼군(将軍) 요시노부(徳川慶喜)가 메이지 천황(明治天皇)에게 정권을 넘긴 1867년까지를 근세 또는 에도 시대라고 부른다. 중앙집권적 정부가 확립되고 현실적·합리주의적인 유교가 지배사상으로 자리한다. 경제력을 바탕으로 상인(초닌町人) 계급이 새롭게 부상하고, 서민의 교육·교양문화의 보급, 인쇄술의 발달 등에 힘입어 서민문학을 꽃피우게 된다. 대표적 문학이념은 '의리와 인정'	호색일대남(好色一代男) 오쿠길(奥の細道) 소네자키 정사(曽根崎心中) 아미지마 정사(心中天網島) 47인의 충신들(仮名手本忠臣蔵) 우게쓰 이야기(雨月物語) 여덟 개의 구슬(南総里見八犬伝)

목 차

진솔한 마음 (마코토)

금지된 사랑 – 기키가요 ·· 13

개요 • 13 / 해설 • 14
골라 읽기_ 첫날밤은 거절 • 20 / 오누이의 사랑 • 22 / 처제와의 사랑 • 26

고대인의 에로티시즘 – 만요슈 ··· 29

개요 • 29 / 해설 • 31
골라 읽기_ 만남의 전조 • 35 / 무서운 건 장모님 • 37 / 연인들의 속옷 교환 • 39

우아한 멋 (미야비)

영원한 처녀 가구야히메 – 다케토리 이야기 ·· 43

개요 • 43 / 해설 • 45
골라 읽기_ 다케토리 할아버지와 가구야히메 • 47 / 구혼 • 48 /
이별 • 49 / 승천 • 52

지와 사랑 – 고킨슈 ··· 55

개요 • 55 / 해설 • 57

골라 읽기_ 작가 미상의 노래 • 61 / 절세가인의 노래 • 62 / 편자의 노래 • 65

멋을 아는 남자 나리히라 – 이세 이야기 ·· 67

개요 • 67 / 해설 • 68
골라 읽기_ 나리히라의 댄디즘 • 74 / 나리히라의 여자 • 80

고백과 폭로

내밀한 고백 – 가게로 일기 ·· 87

개요 • 87 / 해설 • 89
골라 읽기_ 여자로서 • 93 / 엄마로서 • 97

남자의 본성과 여자의 야성 – 곤자쿠 설화집 ······································ 101

개요 • 101 / 해설 • 102
골라 읽기_ 또 하나의 여성상 • 106 / 또 하나의 남성상 • 114

감동(오카시)과 애수(모노노아와레)

천 년 전의 커리어우먼 – 마쿠라노소시 ·· 121

개요 • 121 / 해설 • 124
골라 읽기_ 감동의 연발 • 129 / 인텔리 여성의 개성 • 131 / 잘못된 일류지향 • 137

사랑의 기쁨과 슬픔 – 겐지 이야기 ·· 143

개요 • 143 / 해설 • 144
골라 읽기_ 겐지의 사랑 • 155 / 겐지의 슬픔 • 160 / 존재의 슬픔 • 163

무상과 유현

무사의 최후 – 헤이케 이야기 ·········· 169
개요 • 169 / 해설 • 170
골라 읽기_ 헤이케 일족의 최후 • 177 / 무사들의 최후 • 183 / 요시쓰네 전설 • 189

무상의 가치 – 쓰레즈레구사 ·········· 195
개요 • 195 / 해설 • 197
골라 읽기_ 무상의 가치 • 205 / 무상의 아름다움 • 207 / 어떻게 살 것인가 • 209

세상에 하나뿐인 꽃 – 노 ·········· 217
개요 • 217 / 해설 • 220
골라 읽기_ 우물가 • 228 / 스미다 강 • 232 / 제아미의 유현 • 238

의리와 인정

사랑하기 위해 태어난 남자 – 호색일대남 ·········· 243
개요 • 243 / 해설 • 246
골라 읽기_ 요노스케의 욕정 • 253 / 명기의 진정 • 261

허구로서의 의리 – 인형 조루리 ·········· 269
개요 • 269 / 해설 • 272
골라 읽기_ 기녀의 의리 • 283 / 무사의 의리 • 295

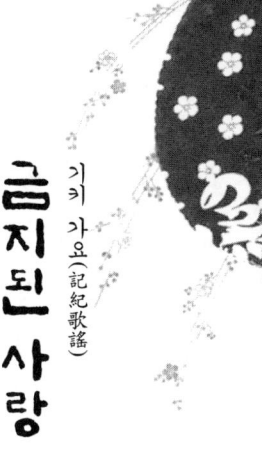

금지된 사랑

기키 가요(記紀歌謠)

개요 고대 가요(歌謠)는 집단적인 모임이나 축제 등에서 소박한 악기와 무용에 맞추어 고대인의 감정을 표현한 노래이다. 제사나 주연, 우타가키(歌垣)[1], 구니미(國見)[2] 등의 집단 모임에서 흥을 돋우는 소리나 장단에 맞춰 서로 주고받는 문구 등에서 발생한 것으로 고대 시가(詩歌)의 실체를 파악하는 데 있어 중요한 자료이다.

고대가요는 『고지키(古事記)』, 『니혼쇼키(日本書紀)』, 『후토키(風土記)』, 『만요슈(万葉集)』 등에 전해지는데, 『고지키』[3]와 『니혼쇼키』[4]에

---

1) 풍작을 기원하고 추수를 감사하는 종교적 행사로서 봄가을에 남녀가 산이나 특정 장소에 모여서 노래와 춤으로 화답하며 서로의 애정을 교환하던 풍습.
2) 봄가을에 높은 곳에 올라 토지의 형세를 전망하며 부른 노래로서 농경의례이자 국토를 찬양하는 축가.
3) 현존하는 일본 최고의 문헌. 덴무(天武) 천황이 히에다노 아레(稗田阿禮)를 시켜 암기한 것을 겐메이(元明) 천황 때 오노 야스마로(太安麻呂)가 집필하여 712년경에 한자로 기록하였다. 상중하의 3권으로 구성되어 있고, 상권은 천지개벽부터 신들의 시대, 중권은 초대 천황 진무(神武)부터 15대 오진(応神)까지, 하권은 16대 닌토쿠(仁德)부터 33대 스이코(推古)에 이르는 계보와 천황가에 관한 이야기가 중심이다.

실려 있는 이른바 '기키(記紀) 가요'가 질적·양적으로 중심을 이루고 있다. 『고지키』에 113수, 『니혼쇼키』에 128수가 실려 있고, 양쪽에 중복된 것이 50수정도 된다. 연애, 제사, 주연, 전투, 노동 등 고대인의 생활전반에 걸친 풍부한 소재가 밝고 소박하고 솔직하게 표현되어 있다. 형식은 가타우타(片歌, 577), 단가(短歌, 57577), 세도카(旋頭歌, 577577), 장가(長歌, 5757………577) 등 다양하다. 또 구전된 것이기 때문에 반복과 대구의 의한 운율미가 뛰어나다.

≡해설 기키 가요는 대부분 신화나 전설, 이야기 속의 일부로서 등장한다. 선독하는 ≪1. 첫날밤은 거절≫에서도 노래는 스토리 전개에 긴요한 역할을 하고 있다. 노래 전반부에서는 야치호코(八千矛) 신이 자기 나라에서 아내를 구하기 어려워 고시노쿠니(高志国)에 있는 여인에게 구혼하게 되는 경위를, 후반부에서는 야치호코 신이 누나카와히메(沼河比売)에게 구애하는 장면을 노래를 통해 말하고 있다. 처음에는 제3자가 이야기 하는 것처럼 서술하다가 도중에 1인칭으로 바뀌는 모순점이 발견되기도 하고, 야치호코 신이 새벽녘에 울어대는 새들을 '때려주고 싶다'라고 표현하는 점 등에서 아직은 정연하고 세련되지 못한 고대가요의 특징을 엿볼 수 있다. 그러나 그런 점이 독자들에게 밝은 웃음과 청명한 느낌을

---

4) 720년에 성립된 일본 최초의 정사(正史). 신대(神代)~지토(持統) 천황까지 조정에 전해져온 신화, 전설, 기록 등을 한문으로 기술한 편년체 역사서이다.

주고 있기도 하다. 이런 고대인의 꾸밈없는 진솔한 마음과 표현을 문학이념으로는 '마코토(まこと)'[5]라고 한다.

그런데 야치호코 신의 간절한 구애를 누나카와히메는 단호히 거절한다. 자신을 새로 비유하여, 이제 곧 당신의 새가 되겠지만 아직은 때가 아니라고 한다. 그러면서 다음날 밤에는 꼭 같이 자자는 관능적인 답가를 건네고 있다. 결국 야치호코 신은 이날 밤은 뜻을 이루지 못하고 그 다음날부터 합방하게 되는데, 여자가 남자의 첫 번째 구혼을 거절하는 것은 일본 고대의 혼인 풍속이었다.

한편 야치호코 신에게는 스세리히메(須勢理毗賣)라는 본처가 있었다. 이 여신은 질투심이 강하기로 유명하다. 『고지키』에는 다음과 같은 스세리히메의 노래가 실려 있다.

> 야치호코 신이시어, 이 나라의 주인이시여
> 당신은 남자이기에, 가시는 섬마다, 가시는 해안마다, 어디에서나
> 젊고 귀여운 아내를 가질 수 있지만
> 저는 여자이기 때문에, 당신 이외의 남자는 없으며
> 당신 이외의 남자는 없습니다. (하략)

아내 스세리히메의 질투심 섞인 애정 어린 노래에 남편 야치호코 신도 마음이 흔들리게 된다. 둘은 술잔을 주고받으며 다시 관계를 회복

---

[5] 국학자 가모노 마부치(賀茂眞淵)가 고대문학을 아우르는 문학이념으로 사용한 용어. 고대에 진(眞), 실(實), 신(信), 성(誠) 등의 한자를 일본어로 마코토(まこと)라 발음하였다. 거짓 없는 진실된 마음이나 말을 의미한다. 주로 후대의 기교적인 가풍을 배격하고 일본 고대의 소박하고 순진한 가풍을 이상으로 삼는 문학이념으로 사용된다.

한다. 이와 같이 직정(直情)적이고 서정적인 노랫말로 사랑을 구하고 애증을 연출하는 대목 등에서 고대인의 때 묻지 않은 서정성과 낭만성을 느낄 수 있다. 근대적인 서정시는 행동성보다는 내면세계의 표출로서의 기능이 강해진다고 할 수 있는데, 기키 가요에 보이는 서정은 행동에의 지향이 뚜렷하다는 점에 커다란 특징이 있다. 이것은 아마도 가요의 원동력으로서 기능하고 있는 민요의 전통이 기키 가요에 살아 숨쉬기 때문일 것이다.

≪2. 오누이의 사랑≫은 『고지키』에 나오는 동모(同母) 형제의 비련에 관한 이야기이다. 고대 일본의 황족은 혈족간의 혼인이 일반적이었다. 그것은 혈통을 중시하는 일종의 종교사상에 가까웠다. 황족은 한정되어 있으므로 자연히 근친혼이 성립할 수밖에 없다. 또 당시의 결혼형태는 남녀가 동거하지 않고 남자가 밤에 여자를 찾아왔다가 아침에 돌아가는 식이었다. 자녀의 양육은 여자 쪽에서 담당하였다. 따라서 아버지가 같더라도 서로 다른 엄마 밑에서 자란 배다른 형제는 같이 동거하는 일도 없을뿐더러 일족이라는 관념도 없었다. 오히려 동일한 계층이라는 친밀감 같은 것이 있어서 자신들의 결합에 불결함이나 공포심을 느끼지 않았다. 그렇게 해서 어머니가 다른 형제간의 결혼은 허용되었다. 그러나 어머니가 같은 친남매간의 혼인은 패륜적 행위로서 엄격히 금지되었다.

[골라 읽기]에 실은 『고지키』의 내용에는 생략되어 있지만, 기나시노카루(木梨軽)가 자기 친여동생과 밀통하기까지의 과정이 『니혼쇼키』에 다음과 같이 기록되어 있다.

인교(允恭) 천황 재위 23년 봄 3월에 기나시노카루를 태자로 봉하였다. 태자는 용모가 수려하여 보는 사람마다 탄복할 정도였다. 같은 어머니에게서 태어난 여동생 가루노오이라쓰메(輕大娘)도 용모가 뛰어났다. 태자는 동생을 연모하고 있었다. 하지만 죄를 저지르는 것이 두려워 드러내지 못하고 있었다. 그러나 연모하는 마음이 너무 심해져서 상사병으로 거의 죽게 되었다. 태자는 생각하기를, 참다가 헛되이 죽는 것보다 죄가 될지언정 더 이상 참을 수 없다고 생각했다. 결국 누이와 몰래 정을 통하였다.6)

기나시노카루 역시 친동생과의 사랑이 내란(內亂)-니혼쇼키의 기록-으로 간주될 만큼의 반사회적인 행위라는 것을 잘 알고 있었다. 그래서 처음에는 동생을 향한 마음을 억제하려고 노력한다. 그러나 그럴수록 억누를 수 없는 감정의 소용돌이를 자신의 의지로서도 어찌할 수 없다. 태자는 누구나 태어나서 한번은 죽는 것이라면, 한번만이라도 사랑을 이루고 원없이 죽고 싶다고 생각한다. 사랑을 성취하는 순간의 행복감의 절정을 위하여 목숨까지도 포기하는 태자의 애정지상주의적 태도는 '높은 산에 밭을 일구고…', '조릿대 잎을 세차게 때리는…' 등의 노래(가요)에 그대로 드러나 있다.

일본인에게는 인륜이나 도덕에 어긋난다고 해도 남녀의 사랑에 최우선순위를 두는 애정지상주의적 가치관이 존재한다. 터부시되는 사랑의

---

6) 나머지 내용은 [골라 읽기]에 수록한 『고지키』의 내용에 비해 『니혼쇼키』에는 짧게 처리되어 있다. 남매의 밀통은 인교 천황의 수라상에 올린 국이 얼어붙는 사건으로 들통이 난다. 태자는 천황이 될 사람이기 때문에 형벌을 가할 수 없어 면책되고, 동생만 이요(伊予)로 유배되는 것으로 되어 있다.

성취를 위해서, 또는 영원한 연애를 소원하는 마음으로 생명까지도 부정하는 정사(情死)를 감행하는 것이다. 남녀의 동반자살인 정사에 관해서는 나중에 「허구로서의 의리－인형 조루리－」에서 다시 자세히 살펴보기로 하고, 기나시노카루 태자 남매의 동반자살이 일본문학에 나오는 최초의 정사 사건이었다는 점은 특기할 만하다.

태자 남매의 사랑도 충격적이지만, 그들 부모의 사랑도 예사롭지 않다. 이들 남매는 인교(允恭) 천황[7]과 소토시노이라쓰메(衣通郎女) 사이의 자식이다. 소토시노이라쓰메는 인교 천황의 황후 오시사카노오나카쓰(忍坂大中)의 동생이다. 즉 인교 천황에게는 처제이다. 산실(産室)을 불 지르는 아내의 격렬한 투기(妬忌)에도 불구하고 '많이는 자지 말고 꼭 하룻밤만' 같이 자자고 노래하며 처제와의 사랑을 감행하는 인교 천황의 모습(≪3. 처제와의 사랑≫)에서 죽음을 각오하고 동생과의 사랑을 이룬 기나시노카루 태자의 모습이 오버랩된다. 부전자전일 것이다.

한편 처제에 대해서 살펴보면 그녀의 이름은 '소토시노이라쓰메'이다. 이 말은 [골라 읽기]에 수록한 본문 중에도 나와 있는 것처럼 몸에서 광채가 날 정도로 아름다운 여자라는 뜻이다. 그런데 이 별명은 그녀의 딸 가루노오이라쓰메에게도 붙여진 별명이었다. ≪2. 오누이의 사랑≫의 마지막 부분에 가루노오이라쓰메를 '소토시 공주(衣通王)'라고 표기하고 있다. 옷을 관통해서 비친다는 의미의 '소토시(衣通)'는 몸에서 광채가 날 정도로 아름다운 미인을 지칭하는 말이었다. 요컨대 가루노

---

7) 기키(記紀)에 기록된 계보에 의하면 제19대 천황으로 5세기 중엽의 인물.

오이라쓰메의 아름다운 미모와 여린 마음씨, 또 훌륭한 노래 솜씨는 모두 자기 엄마에게 물려받은 것이라고 할 수 있다. 모전여전이라고 해야 할까.

  부모 자식 2대에 걸친 근친상간이 심상치 않은 사태로 확대되자, 인교 천황 이후에는 형부와 처제 사이의 혼인도 금지되었다.

골라 읽기

1. 첫날밤은 거절

　야치호코(八千矛) 신이 고시노쿠니(高志国)의 누나카와히메(沼河比売)를 부인으로 맞이하기 위해 그녀의 집에 도착하여 다음과 같은 노래를 불렀다.

　　　　야치호코 신께서는
　　　　그 나라에서 아내를 얻기 어려워
　　　　멀고 먼 고시노쿠니에
　　　　영리하고 똑똑한 여인이 있다는 것을 들으시고
　　　　어여쁜 여인이 있다는 것을 들으시고
　　　　구혼하러 납시어
　　　　구혼하러 다니시어
　　　　큰 칼 차는 혁대도 아직 풀지 않고
　　　　저고리(襲)도 아직 풀지 않은 채
　　　　여인이 잠들어 있는 방 문을
　　　　밀어 흔들며 서 있는데
　　　　힘껏 잡아당기며 서 있는데
　　　　청산에서 새(鵼)가 우는구나
　　　　들녘의 새인 꿩의 울음소리

집안의 새인 닭의 울음소리
원망스럽게 울어대는 저 새들아
이 새들을 때려서라도 울음을 멈추게 해 다오
아마하세즈카이(海人馳使)[8]가
이 말을 전합니다

이에 누나카와히메는 아직은 문을 열지 않고 안에서 노래를 지어 불렀다.

야치호코 신이시어
저는 연약한 풀과 같은 여자입니다
나의 마음은 해변을 나는 새[9]
지금은 나의 새지만
나중에는 당신의 새가 되리니
부디 저 때문에 괴로워 마세요
아마하세즈카이가
이 말을 전합니다
청산에 해가 지고
밤이 되거든 부디 오소서
아침햇살처럼 환하게 웃으시어 오시어
희디흰 나의 팔을
젊고 싱싱한[10] 나의 가슴을
꼭 껴안고 껴안으시며

---

8) 궁중에서 여러 가지 잡역에 종사했던 심부름꾼. 여기서는 야치호코의 종자.
9) 짝을 찾아 해변을 떠도는 새와 같이 나의 마음은 당신을 원하고 있다는 뜻.
10) 원전에는 '가랑눈처럼 젊은 가슴(沫雪の若やる胸を)'이라고 되어 있다. 원전은 『(日本古典文學大系1)古事記・祝詞』(岩波書店, 1958年)을 사용하였다.

구슬같이 아름다운 손을 베고
두 다리를 쭉 펴고 잠드시게 되실 것이니
너무 애타게 사랑을 구하지 마세요
야치호코 신이시여
(아마하세즈카이가) 이 말을 전합니다
그리하여 그날 밤은 만나지 않고,
그 다음날 밤에 서로 만났다[11]

(『고지키』)

2. 오누이의 사랑

천황이 죽고 난 후 기나시노카루(木梨輕)가 다음 천황으로 정해져 있었는데, 아직 즉위하기 전에 자신의 여동생인 가루노오이라쓰메(輕大郎女)와 밀통하고서 노래 부르기를,

높은 산에 밭을 일구고
그곳에 물을 대기 위해 배수관을 묻듯
남 눈 피해 몰래 찾던 나의 아내를
울음을 삼키며 그리던 나의 아내를
오늘밤은 마음껏 사랑하였네

라고 하였다. 이 노래는 시라게우타(志良宜歌)[12]이다. 또 태자는 노래하

---

11) 이하『고지키』번역에서 노성환 역,『古事記』, 예전사, 1987을 참고한 부분이 있다.
12) 마지막 구를 높게 올려 부르는 노래.

기를,

> 조릿대 잎을 세차게 내리치는 싸라기눈 소리처럼
> 그 소리처럼 분명하게 같이 잔 후에는 상관없네
> 그대가 떠난다 해도
> 사랑스런 그대와 잘 수만 있다면
> 풀들이 갈라지듯 헤어진다 해도 상관없네
> 잘 수만 있다면

라고 하였다. 이 노래는 히나부리(夷振)13)의 아게우타(上歌)이다.

간통사건이 알려지자 조정의 백관들과 백성들은 기나시노카루 태자를 배척하고 동생인 아나호(穴穗) 왕자를 옹립했다. 태자는 이를 두려워하여 오마에오마에노스쿠네(大前小前宿禰) 대신의 집으로 도망가서 무기를 만들고 전쟁준비를 했다. (중략) 오마에오마에노스쿠네는 노래를 부르면서 나타나,

"나의 왕자님이시여! 친 형제인 태자를 공격하는 전쟁은 거두어 주십시오. 만일 전쟁을 일으킨다면 세상 사람들이 비웃을 것입니다. 제가 붙잡아 대령하겠나이다."

라고 했다. 이 말에 아나호 왕자는 포위를 풀고 물러나 있었다. 오마에오마에노스쿠네는 태자를 체포하여 데리고 왔다. 붙잡힌 태자는,

> 가루(輕)14)의 처녀여

---

13) 가요 곡명의 하나. 단가 형식 또는 8~9구. 소리를 높여 고음으로 부르는 노래를 아게우타(上歌)라고 한다.

너무 슬퍼하면 사람들이 알 것이니
하사(波佐)산의 비둘기처럼 숨죽여 울어라15)

라는 노래를 불렀다. 태자는 또 노래하기를,

가루의 처녀여
바짝 내 곁으로 다가와 자고 가거라
가루의 처녀들이여

라고 했다. 태자는 이요(伊余)로 유배되었다. 유배지로 떠나가면서 노래를 불렀다.

하늘을 나는 새도, 나의 사자(使者)여라
학 우는 소리 들리거든 내 이름 물으소서

이상 3수의 노래는 아마다부리(天田振)16)이다. 태자는 또 노래를 부르기를,

섬으로 추방한다 해도
배를 안 타고 다시 돌아오리니
내 방17)을 더럽히지 말아주오

---

14) 지명. 가루 지방에 사는 처녀들이여 하는 뜻인데, 발음이 같은 가루노오이라쓰메를 가리키기도 한다.
15) 이 노래는 이미 사람들이 남매의 밀통사건에 대해서 알고 있는데, 사람들이 모르게 숨죽여 울라고 되어 있다. 문맥상 맞지 않는 모순이 있다.
16) '아마다'로 시작하는 노래라는 뜻의 곡명.
17) 원문에는 방에 까는 다다미(畳)로 되어 있다. 그것은 이불을 뜻하기도 한다.

> 말은 방이라 하지만
> 실은 사랑하는 당신입니다

라고 했다. 이것은 히나부리(夷振)의 가타오로시(片下)[18]이다. 이에 소토시 공주(衣通王)[19] - 즉 가루노오이라쓰메 - 가 태자에게 노래를 바쳤다.

> 아히네(阿比泥) 해변의 굴껍질을
> 부디 밟지 마시고
> 날이 밝거든 떠나소서

태자가 떠난 후, 그리움을 견디다 못한 공주는 태자를 찾아 떠나면서,

> 당신이 가신 후 많은 날이 지났습니다
> 마중을 나가지요, 더 이상 기다릴 수 없기에

라는 노래를 불렀다. 공주가 도착하자 기다리던 태자는 기뻐하며 노래를 불렀다. (중략)

> 하쓰세 강 상류에는 신성한 말뚝을 박고
> 하쓰세 강 하류에는 훌륭한 말뚝을 박아
> 신성한 말뚝에 거울을 걸고
> 훌륭한 말뚝에 구슬을 걸고
> 구슬 같은 나의 사랑스런 연인

---

[18] 가요의 한쪽을 낮은 음으로 부르는 것.
[19] 몸에서 나는 광채가 의복을 통과해 빛날 정도의 아름다운 공주라는 뜻. 해설 참조.

거울 같은 나의 사랑스런 아내
곁에 있겠다고 말해준다면
집에도 가겠네
고향도 그리워하겠네

이렇게 노래를 부르고나서 둘은 함께 자살하였다. (『고지키』)

3. 처제와의 사랑

인교(允恭) 천황 재위 7년 겨울 12월 1일에 연회가 있었다. 천황이 친히 거문고를 탔다. 황후는 일어나서 춤을 추었다. 황후는 춤을 마치고 나서 예(禮)를 올리지 않았다. 당시의 풍속은 연회할 때 춤을 추는 자가 춤을 끝내고 스스로 좌장을 향해서 '낭자를 바칩니다'라고 해야 했다. 천황은 황후에게,

"어째서 예를 행하지 않는가?"

라고 물었다. 황후는 황송해하며 다시 일어나서 춤을 추었다. 춤을 다 추고 나서,

"낭자를 바칩니다."

라고 말했다. 천황은 황후에게,

"바치는 낭자는 누구인가? 이름을 알고 싶구나."

라고 물었다. 황후는 할 수 없이 아뢰기를

"첩의 동생이고, 이름은 오토히메(弟姬)입니다."

라고 했다. 오토히메는 용모가 뛰어나서 비길 데가 없었다. 아름다운 피부색이 옷에 비치어 빛났다. 그래서 사람들은 '소토시노이라쓰메(衣通郎姬) -옷을 통해 광채가 나는 공주-'라고 불렀다. 천황은 소토시노이라쓰메를 연모하고 있었다. 그래서 황후에게 진상할 것을 요구한 것이다. 황후도 그것을 알고 있었기에, 예를 올리지 않은 것이다. 천황은 기뻐하며 다음날로 사람을 보내 오토히메를 불러들였다.

그 무렵 오토히메는 어머니를 따라 오미(近江) 지방의 사카타(坂田)에 있었다. 오토히메는 황후인 언니를 생각하여 오지 않았다. 거듭 일곱 번이나 불렀으나 고사하고 오지 않았다. (중략) 황후가 유랴쿠(雄略) 천황을 출산하는 날 밤 천황은 처음으로 오토히메에 있는 후지와라(藤原)로 갔다. 황후는 이것을 듣고 원망하면서,

"첩은 머리를 올리고 지금까지 후궁에서 살아왔습니다. 정말 너무하세요. 출산을 하여 죽을지 살지 알 수도 없는 저를 놔두고 천황은 어찌하여 하필 오는 저녁에 맞춰 후지와라로 가신단 말입니까."

하고 걸어 나와 산실을 불사르고 죽으려 하였다. 천황은 놀라며

"짐의 과실이다."

하며 황후의 마음을 위로하고 달래주었다.

8년 봄 2월에 천황은 후지와라에 갔다. 몰래 소토시노이라쓰메의 동정을 살폈다. 이 날 저녁 소토시노이라쓰메는 천황을 그리며 혼자 있었다. 천황이 와 있는 것을 모르고 노래를 불렀다.

  님께서 오시는 저녁인가 봅니다

거미들이 줄을 치며 그것을 알려줍니다

천황은 이것을 듣고 더욱 사랑스런 마음이 들었다. 그래서 노래하기를,

가늘고 긴 옷끈을 풀고 함께 자자꾸나
많이는 자지 말고
꼭 하룻밤만

라고 했다. 다음날 아침에 천황은 우물가의 벚꽃을 보고 노래를 불렀다.

작은 꽃잎의 예쁜 벚꽃이여
사랑할거면 일찍부터 사랑할 것을
어여쁜 그대도 마찬가지
사랑할거면 일찍 만났으면 좋았을 걸

황후가 이것을 듣고 또 크게 원망하였다. 소토시노이라쓰메는 천황에게 말했다.

"소첩 역시 왕궁 가까이에서 낮이고 밤이고 폐하를 뵙고 싶습니다. 그러나 황후는 소첩의 언니입니다. 저로 인해서 폐하를 원망하십니다. 또 저 때문에 괴로워하십니다. 바라옵건대 왕궁과 떨어진 먼 곳에 있었으면 합니다. 그러면 언니의 질투심도 조금은 누그러지실 것입니다."

천황은 가와치(河内) 지방의 치누(茅渟)에 새로 궁을 세우고, 소토시노이라쓰메를 거기서 살게 했다.[20] (『니혼쇼키』)

---

[20] 원전은 『(日本古典文學大系67)日本書紀・上』(岩波書店, 1967년)을 사용하였다. 번역에서 전용신 역, 『(완역)일본서기』, 일지사, 1989를 참고한 부분이 있다.

고대인의 에로티시즘

만요슈(万葉集)

≡개요 『만요슈』는 8세기 후반에 오토모노 야카모치(大伴家持) 등에 의해서 편찬된 일본 최고(最古), 최대의 가집이다. 시대의 변천과 함께 개인의식의 발달함에 따라 집단적으로 읊어졌던 상대 가요는 점차 쇠퇴하고, 개인의 감성을 표출하는 시가의 형태가 등장한다. 형식도 정형화되어 5·7조의 음수율이 정착되면서 일본의 대표적 운문 양식인 와카(和歌)[1]가 만들어진다. 작가는 천황, 관리, 승려, 농민 등 약 500여 명에 이르고, 시대는 닌토쿠(仁德, 290~399) 천황 때부터 759년 오토모노 야카모치의 노래까지 약 450여 년에 걸쳐 있다. 배경이 되는 지역도 일본의 거의 전 지역을 아우르는 방대한 규모이다. 『만요슈』라는 가집의 명칭에 대해서는 여러 설이 있다. '많은 수의 노래가 담긴 가집'이라는 뜻으로 해석하기도 하고, '만대에 걸쳐 길이 남을 가집'이라는 뜻으

---

1) 고대 가요에서 분화되어 초기에는 단가, 장가, 세도카, 가타우타 등 다양한 형식이 존재하다가 5·7·5·7·7의 단가가 대표적인 양식으로 자리 잡는다.

로 해석하기도 한다. 아직 일본의 고유 문자인 '가나(仮名, 히라가나와 가타카나)'가 없던 시대였기 때문에 모두 한자로 표기되어 있다. 『만요슈』에 기록된 우리나라의 이두문자처럼 한자의 음과 훈을 빌려서 일본어를 한자의 표음적 용법으로 표기한 글자를 '만요가나(萬葉假名)'라고 부른다.

전체 20권으로 이루어진 『만요슈』에는 약 4,500여 수의 와카가 실려 있다. 이 중 단가(57577)가 약 4,200수로 전체의 90% 이상을 차지하고 있다. 다음으로 장가(5757…577)가 약 260수, 세도카(577577) 60여수, 붓소쿠세키카(佛足跡歌, 575777) 1수, 렌가(連歌) 1수가 실려 있다. 이들 노래는 내용에 따라 잡가(雜歌), 상문(相聞), 만가(挽歌)로 분류할 수 있다. '잡가'는 궁중의례나 연회, 자연, 여행, 전설 그 밖의 것을 포괄한다. '상문'은 남녀의 사랑가가 많고 부모자식, 형제자매간의 정을 다룬 것도 있다. '만가'는 관을 운반하면 부르는 노래로 죽은 사람을 애도하고 인생의 비애를 담고 있다.

『만요슈』는 가풍의 변천과 대표적 가인을 중심으로 4기로 나눈다. 제1기(발생기)는 645~672년간의 노래로 고대가요의 집단적 성격에서 벗어나서 개성적인 와카가 등장하는 시기이다. 대표적 가인은 조메이(舒明) 천황, 나카노오에 왕자(中大兄皇子), 아리마 왕자(有間皇子), 누카타 공주(額田王) 등을 들 수 있다. 제2기(확립기)는 672~710년간의 노래로 와카의 내용과 표현기법이 다양해지고 일본 시가 사상 드물게 장가가 발달한 시기이다. 대표적 가인으로는 가키노모토노 히토마로(柿本人麻呂), 오쓰 왕자(大津皇子), 다케치노 구로히토(高市黒人) 등을 들 수 있다.

제3기(전성기)는 710~733년간의 노래로 중국 문학과 사상의 영향을 받아 가풍이 성숙해지고 세련되게 된다. 대표적 가인으로는 야마베노 아카히토(山部赤人), 오토모노 다비토(大伴旅人), 야마노우에노 오쿠라(山上憶良) 등을 들 수 있다. 제4기(쇠퇴기)는 734~759년간의 노래로 귀족시대의 조락과 함께 힘차고 생명력이 넘치는 노래는 쇠퇴하고 옛날을 회고하는 감상적이며 기교적인 가풍이 유행하게 된다. 대표적 가인으로는 오토모노 야카모치(大伴家持)를 들 수 있다.

『만요슈』에 실린 노래의 전체적인 특징은 고대인의 소박하고 꾸밈없는 성향과 정감이 노랫말에 그대로 드러난다는 점에 있다. 이것은 후대 가집의 경우 가인들이 자신의 감정을 있는 그대로 직접적으로 표출하기보다는 화조풍월(花鳥風月) 즉 자연의 풍물에 빗대어서 간접적 기교적 심리적으로 표현하는 태도와는 대조적이다. 『만요슈』의 노래는 읽으면 바로 그 뜻을 파악할 수 있을 만큼 전달하려는 메시지가 소박하고 구체적이고 직설적인데, 그것을 근세의 국학자 가모노 마부치(賀茂眞淵, 1697~1769)는 '마스라오부리(丈夫風)-대장부풍-'라고 하였다.

해설 『만요슈』의 소재와 내용은 그 시대적 배경이나 참여 작가의 수만큼이나 다양하고 개성적이지만, 압도적인 비중을 차지하고 있는 것은 남녀의 사랑이다. 남녀의 사랑은 시대를 초월하여 일본 문학의 핵심적 주제라고 할 수 있는데, 만요 가인들에게 연애감정은 정신생활의 중추적 영역을 차지하고 있다고 해도 과언이 아니다. 필자는 만요슈에 나타난 일본인의 연애 정서는 다소 '이기적'이라고 생각한다. ≪1. 만남의 전조≫에 수록한 노래처럼 고대 일본인들은 자기 눈썹이 가렵거나 혹은 재채기가 나오거나, 간혹 옷끈이 풀리거나 하면 그것을 전부 상대방이 자기를 사랑하기 때문이라고 해석했다. 또 다음 노래들에서 알 수 있는 것처럼 꿈에 연인이 보이는 것도, 그것을 자기가 보고싶어하기 때문이라고 해석하지 않고 상대방이 자기를 그리워하기 때문이라고 풀이했다.

　　마노(眞野) 개펄가
　　구름모양의 다리처럼
　　날 그리워하나요
　　당신이 꿈에 보입니다 (제4권, 490)

　　아, 이토록 그리워하나요
　　베개 당겨 자는 꿈결에
　　당신이 보입니다 (제4권, 633)

　　그대가 날 사랑하기에
　　밤마다 꿈에 나타나
　　잠 못 이루게 합니다 (제4권, 639)

　　밤낮도 구별 못할 정도로
　　그리워하는 이내 맘이
　　혹여 꿈에 보이던가요 (제4권, 716)

또 자기 전에 소매를 걷고 자면 연인이 자신의 꿈을 꾼다하여 일부로 소매를 접고 잔다는 노래도 있다. 이러한 연애 심리는 현대인에게는 미신으로밖에는 여겨지지 않고 또 그 어린아이 같은 자기중심적인 해석에 웃음 짓게 되지만, 초자연적 존재가 가져오는 신비로운 힘에 대한 믿음이 우리의 상상보다 훨씬 강력했을 그 시대 사람들에게 미신은 미신 이상의 신성한 의미와 마술적인 힘을 발휘했을 것이다. 인간의 자기본위적인 본성을 숨김없이 드러내며 거기에 마이너스적 가치를 매기지 않는 만요의 가풍이 생명력 넘치는 힘찬 울림으로 광채를 발하게 되는 것은 후대 일본 시가의 내면적 이지적 기교적 전개방식과 대조를 이루기 때문이다.

일본 상대는 자유연애가 허용되는 시대였지만, 남녀가 마음 놓고 교제하기 위해서는 여자 쪽 어머니의 허락이 필요했다. 당시의 혼인은 남자가 따로 거처하는 부인의 집으로 찾아가는 형태였다. 따라서 아이의 양육은 전적으로 여자가 맡았다. 『만요슈』에는 부모가 '父母'가 아닌 '母父'로 표기되어 있다. 이것은 가정에서나 사회적으로 아버지보다 지위가 높았던 어머니의 위상을 말해주는 일단이다. ≪2. 무서운 건 장모님≫에 뽑아놓은 시들처럼 적령기의 딸들이 아버지가 아닌 어머니의 눈치를 보는 이유도 바로 그런 이유에서이다.

그러나 엄마가 아무리 감시를 한다 해도 이미 사랑에 눈이 먼, 남자와 영혼이 맞아버린 딸을 막을 수는 없다. '가뜩이나 숱도 없는 눈썹을' 마구 긁게 한, 자꾸만 재채기를 나게 했던 사람과 마침내 사랑을 이루게 되면, 두 사람은 서로의 속옷을 바꿔 입었다(≪3. 연인들의 속옷 교환≫).

남녀가 성교 후 서로의 속옷을 바꿔 입는 행위가 왠지 선정적 외설적으로 느껴지는 건 필자의 어떤 교양(?)에서 비롯되는 것인지 모르겠지만, 여하튼 함께 만리장성을 쌓은 남녀가 속옷을 교환하며 다시 만날 때까지 벗지 말자고 약속하는 에로틱한 풍속이 고대 일본에 있었다. 입던 옷을 타인에게 건네준다는 것은 자신의 영혼을 상대방의 신변 근처에 둔다고 하는 주술적 의미가 있다고 한다.

골라 읽기

1. 만남의 전조

〈제4권, 562〉
　　쉴 새도 없이
　　사람 눈썹을 마구
　　간지럽혀서
　　긁게 하여 놓고는
　　볼 수도 없는 그대[2]

〈제11권, 2575〉
　　만나기 힘든
　　그대가 보고파서
　　왼쪽 손의
　　활 잡는 쪽 눈썹을
　　괜스레 긁어 보네[3]

〈제11권, 2808〉
　　눈썹 긁으며

---

[2] いとまなく/ひとのまよねを/いたづらに/かかしめつつも/あはぬいもかも. 원문은 無暇/人之眉根乎/徒/令掻乍/不相妹可聞. 이하 원문은 생략한다.

[3] めづらしき/きみをみとこそ/ひだりての/ゆみとるかたの/まよねかきつれ.

재채기를 해가며
　　　기다렸나요
　　　언제나 볼까 하고
　　　몸이 달아온 나를4)

〈제11권, 2809〉
　　　오늘에서야
　　　재채기가 나오고
　　　눈썹 간지런
　　　이유를 알았다네
　　　바로 당신 때문에5)

〈제12권, 2903〉
　　　아 가뜩이나
　　　숱도 없는 눈썹을
　　　있는 대로 막
　　　긁게 하여 놓고선
　　　볼 수도 없는 당신6)

〈제12권, 3145〉
　　　그리운 님이
　　　날 그리워하는가
　　　나그네길에

---

4) まよねかき/はなひひもとけ/まてりやも/うつかもみむと/こひこしあれを.
5) けふなれば/はなのはなひし/まよかゆみ/おもひしことは/きみにしありけり.
6) いとのきて/うすきまよねを/いたづらに/かかしめつつも/あはぬひとかも.

입은 채 잠들건만
　　　옷끈 절로 풀리네7)

〈제12권, 3147〉
　　　절로 풀리네
　　　여행길에 옷끈이
　　　집의 아내가
　　　날 기다리다 지쳐
　　　탄식을 하나보이8)

2. 무서운 건 장모님

〈제11권, 2527〉
　　　게 누구시오
　　　대문 앞에서 나를
　　　부르는 이는
　　　엄마한테 혼나고
　　　우울해진 이 몸을9)

〈제11권, 2570〉
　　　이리 그리다
　　　죽을 것만 같아서

---

7) わぎもこし/あをしのふらし/くさまくら/たびのまろねに/したびもとけぬ.
8) くさまくら/たびのひもとく/いへのいもし/あをまちかねて/なげかふらしも.
9) たれそこの/わがやどきよぶ/たらちねの/ははにころはえ/ものおもふわれを.

고대인의 에로티시즘　37

고했지요
엄마께 고했지요
쉬지 말고 오소서10)

〈제12권, 3000〉
마음 통하면
함께 자고 싶거늘
밭을 망치는
멧돼지 감시하듯
엄마 날 지키시네11)

〈제14권, 3359〉
수루가 해변
바다 칡덩굴처럼
아 오랫동안
당신만 의지하다
엄마와 틀어졌네12)

〈제14권, 3393〉
쓰쿠바 산(筑波嶺)13)의
여기저기에 있는
산지기처럼
엄마 날 지키건만

---

10) かくのみし/こひばしぬべみ/たらちねの/ははにもつげつ/やまずかよはせ.
11) たまあへば/あひぬるものを/をやまだの/ししだもるごと/ははしもらすも.
12) するがのうみ/おしへにおふる/はまつづら/いましをたのみ/ははにたがひぬ.
13) 이바라기 현(茨城県) 남서부에 있는 산.

눈이 맞아 버렸네[14]

〈제14권, 3519〉
　　그대 엄마께
　　혼나고 나는 가오
　　나오시구려
　　그리운 내 님이여
　　보고나 가고 싶소[15]

3. 연인들의 속옷 교환

〈제4권, 636〉
　　내 입던 옷을
　　정표로 드리리다
　　잘 간직하여
　　베갯맡에 두었다가
　　걸치고 주무시죠[16]

〈제4권, 637〉
　　소중한 님의
　　정표인 이 옷자락
　　님이라 여겨

---

14) つくはぬの/をてもこのもに/もりへすえ/ははいもれども/たまそあひにける.
15) ながははに/こられあはゆく/あをくもの/いでこわぎもこ/あひみてゆかむ.
16) あがころも/かたみにまつる/しきたへの/まくらをさけず/まきてさねませ.

멀리하지 않으리
　　　말을 할 리 없지만[17]

〈제7권, 1091〉
　　　젖을 정도로
　　　비여 내리지 마라
　　　그리운 님이
　　　정표로 주신 옷을
　　　내 속에 입었으니[18]

〈제14권, 3350〉
　　　쓰쿠바 산의
　　　뽕잎 먹은 누에로 짠
　　　옷이 있다 해도
　　　오직 님의 옷만이
　　　입고 싶을 뿐이네[19]

〈제5권, 3584〉
　　　헤어지면은
　　　쓸쓸하시겠지요
　　　나의 이 옷을
　　　안에 입으시지요
　　　곧 다시 볼 때까지[20]

---

17) わがせこが/かたみのころも/つまどひに/あがみはさけじ/こととはずとも.
18) とほるべく/あめはなふりそ/わぎもこが/かたみのころも/われしたにけり.
19) つくばねの/にひぐはまよの/きぬはあれど/きみがみけしし/あやにきほしも.
20) わかれなば/うらがなしけむ/あがころも/したにきませ/ただにあふまでに.

〈제15권, 3585〉
　그리운 님이
　안에 입으라면서
　보내주신 옷
　그 옷에 달린 끈을[21]
　나는 풀지 않으리[22]

〈제15권, 3667〉
　나그네길도
　오래되었나 보오
　내 입고 있는
　그리운 님의 옷에
　때가 낀 걸 보니까[23]

〈제15권, 3733〉
　그리운 님이
　정표로 준 이 옷이
　혹 없었다면
　무엇에 의지하며
　목숨을 이어갈까[24]

---

21) 일본 고대에 관계를 맺은 남녀가 아침에 헤어질 때, 의복의 끈을 서로 매어주며 다른 날 다시 만날 때까지 풀지 말자고 약속하는 관습이 있었다.
22) わぎもこが/したにもきよと/おくりたる/ころものひもを/あれとかめやも.
23) わがたびは/ひさしくあらし/このあがける/いもがころもの/あかづくみれば.
24) わぎもこが/かたみのころも/なかりせば/なにものもてか/いのちつがまし.

〈제15권, 3753〉
　　만날 날까지
　　위안으로 삼으사
　　부족한 제가
　　떨리는 마음으로
　　지은 옷이랍니다[25]

---

25) あはむひの/かたみにせよと/たわやめの/おもひみだれて/ぬへころもそ.

영원한 처녀 가구야히메

다케토리 이야기(竹取物語)

개요 제목의 『다케토리 이야기』에서 '이야기'로 번역한 '物語'란 말은 일본어로 '모노가타리(ものがたり)'라고 읽는다. 이 말은 '소설'에 해당하는 일본말로, 모노가타리는 일본 고전의 대표적 산문 양식이다. 모노가타리 문학은 크게 전기(伝奇) 모노가타리와 노래(歌) 모노가타리로 나눈다. 전자는 허구적이고 전기적인 요소가 강하고, 후자는 와카를 중심으로 노래의 유래나 배경에 대해서 단편소설식으로 엮은 것이다. 다케토리 이야기는 전기 모노가타리의 대표작이자 '모노가타리의 시조'라고 일컬어지는 작품이다.[1] 성립연대와 작가는 미상이다.

줄거리는 '다케토리-대나무를 캐는-' 할아버지가 대나무 속에서 작은 여자아이를 발견하고, 데려다 키운 지 3개월 만에 성인이 되어 많은 구혼자의 청혼을 물리치고 달로 승천한다는 이야기이다. 플롯에

---

1) 무라사키 시키부(紫式部)는 『겐지 이야기(源氏物語)』에서 '다케토리 이야기'를 '모노가타리의 시조'라고 적고 있다.

보이는 소인(小人) 출생담과 천녀 승천담은 이 작품이 창작되기 이전부터 널리 유포하던 전설이었다. 작가는 민간에 전승되어오던 전설을 축으로 하여 구혼 모티브를 새로 추가하여 기승전결이 분명한 소설로 완성하였다. 구성을 비롯하여 어휘, 문체, 내용상에 드러나는 학식 등으로 미루어 작가는 중국 고전과 불전 등에 지식이 있었던 남자 문인일 것으로 추측되고 있다.

작가는 용의주도하게 자신의 소설을 전설과 차별화시키려고 의도한 것으로 보인다. 전설에 없던 노인의 이름을 '사누키노미야쓰코(さぬきの造)[2])'라고 붙여 죽세공을 하는 사람으로 구체화시켰고, 또 '가구야히메'라는 이름에 대해서 살펴보면 '가구야'라는 말은 '혁혁(赫奕)'이라는 한자의 일본어 발음이다. '가구야'는 '빛나다'의 뜻이고, '히메'는 '공주' 또는 '아가씨'를 지칭하는 말이기 때문에 가구야히메는 '빛나는 공주' 정도로 풀이할 수 있겠다. 그런데 이 이름은 역사상 실제로 존재했던 사누키노다리네 왕자(讚岐垂根王)의 조카딸에 해당하는 '가구야히메 공주(迦具夜比賣命)'를 연상시키는 작용도 하고 있다. 가구야 공주에게 청혼하는 귀족도 역사상 실재했던 인물들을 모델로 한 것이다. 5명의 구혼자 중 이시쓰쿠리(石作)와 구라모치(くらもち)는 가공인물이지만, 오오토모노 미유키(大伴御行), 아베노 미우시(阿部御主人), 이소노카미노 마로타리(石上麿足)는 각각 오토모노 미유키(大伴御行, ?~701), 아베노 미누시

---

2) 원래 '사누키(讚岐/散吉)'는 지명이고, '미야쓰코'는 그 지역의 장이라는 뜻이다. 그것을 인명처럼 사용했다. 원전은 『(日本古典文學全集8)竹取物語・伊勢物語・大和物語・平中物語』(小学館, 1972年)을 사용하였다.

(阿部御主人, ?~703), 이소노카미노 마로(石上麻呂, 640~717)라는 실재 인물이 존재하였다. 특히 오토모노 미유키는 성과 이름이 완전히 일치한다. 당시의 독자들은 모델의 이미지를 떠올리면서 한층 재미있게 이 작품을 감상할 수 있었을 것이다.

해설 전체적으로 보면 ≪1. 다케토리 할아버지와 가구야히메≫의 도입부와 ≪4. 승천≫의 결말에서 볼 수 있는 것처럼 전기적 공상적 색채가 강하지만, 곳곳에 드러나는 작가의 당대 사회에 대한 비판의식과 인간 심리에 대한 통찰력을 간과할 수 없다. 작가는 실존했던 인물들을 작중에 도입하여 독서의 즐거움을 배가시키는 한편, 그들 귀족들의 구혼을 전부 실패담으로 귀결시킴으로써 귀족사회에 대한 비판적 시각을 제시하고 있다.

천녀였던 가구야히메는 5명의 구혼자들의 청혼을 물리치기 위하여 난제를 제시한다(≪2. 구혼≫). 그러나, 이시쓰쿠리는 가짜 주발을 가져와서 바로 탄로가 나고, 구라모치는 본 적도 없는 봉래산을 그럴듯하게 이야기하고 진품 같은 나뭇가지를 가져오지만 돈을 받으러 온 일꾼들 때문에 들통이 난다. 불쥐 가죽을 가져오려던 아베는 상인에게 속아 넘어가고, 오토모는 용을 찾으러 바다로 나갔다가 폭풍우에 혼비백산한다. 이소노카미는 제비집 속의 제비 똥을 움켜쥔 채로 떨어져서 기절한다. 이들 귀족들은 하나같이 어리석고 거짓이 많으며 나약하고 허황된 모습으로 묘사되어 있다. 서서히 천황보다 더 많은 권력을 가지기 시작한 귀족들의 득세에 경계심과 위기의식을 표출한 작가정신이 돋보이는 대목이자, 작가가 귀족 출신이 아니거나 출세에서 밀린 지식인 계급이었을 것으로 생각된다.

한편 작가는 ≪2. 구혼≫ 부분에서는 가구야히메의 청혼 거절 행위를 통하여 인간에 대한 아이러니컬한 방관자적 태도를 취하지만, 후반부에 오면 인간에 대한 연민으로 가득하다. ≪3. 이별≫에서 가구야히메는 원래 천상의 사람이므로 달로 돌아가게 된 것을 기뻐해야 하지만, 다케토리 노부부와 헤어질 것을 생각하고 애수에 젖는다. 또 가구야히메를 잃게 된 할아버지와 천황은[3] 상실감에 애통해하며 그녀가 남겨 놓은 불사약이 무슨 소용이냐며 약을 태워버리고 만다. 소중한 사람과 함께 할 수 있는 시간의 의미와 가치를, 또 그것이 영원히 지속될 수 없다는 인생의 비극적 측면을 작가는 통찰하고 있다.

≪4. 승천≫에서는 날개옷을 입은 가구야히메가 아무런 미련도 없이 인간계를 떠나게 된다. 가구야히메의 승천은 신비로움과 아름다움의 원천인 '달'이라는 초월적 세계와 천녀의 존재를 통해 현실세계의 유한함과 인간존재의 한계성을 대비적으로 보여준다. 또한 아련하게 여운이 남는 결말 처리를 함으로써 이룰 수 없는 사랑에 대한 아쉬움과 영원히 처녀로 남은 가구야히메에 대한 궁금증 상상력을 발동시켜 그 후의 이야기를 계속해서 끄집어내는 훌륭한 산파의 역할을 하고 있다.

---

[3] 5명의 귀족들의 구혼 실패 후, 천황이 가구야히메에게 청혼한다. 천황은 소문으로만 듣던 가구야히메의 집으로 찾아가고 궁궐로 데려가고자 한다. 그러나 가구야히메는 천황의 구혼 역시 거절한다. 그로부터 3년이 지난 8월 15일, 가구야히메는 마중 나온 사신들과 함께 달나라로 승천한다.

골라 읽기

1. 다케토리 할아버지와 가구야히메

　지금은 옛날이 되었지만, 대나무를 캐는 노인이 있었다. 들이나 산을 헤치고 들어가서 대나무를 베어 여러 가지 용도로 사용하고 있었다. 이름은 '사누키노미야쓰코'라고 했다. 그런데 하루는 대나무 중에 밑동이 빛나는 것이 하나 있었다. 이상히 여겨 다가가서 들여다보았는데, 대나무 속이 환하게 빛나고 있었다. 보니까 한 10센티쯤 되는 사람이 매우 귀엽게 앉아 있었다. 할아버지는

"내가 아침저녁으로 보는 대나무 속에 들어 계시다니. 나의 자식이 되실 분이신가 봅니다."

라고 하며 손안에 넣어서 집으로 데리고 왔다. 할머니에게 맡겨 키우게 했다. 그 아름다움이란 이루 말할 수가 없었다. 매우 작았으므로 바구니 속에 넣어 키웠다.

　할아버지가 이 아이를 발견할 뒤부터는 대나무를 캘 때마다 속에 황금이 들어있는 대나무를 발견하게 되었다. 이렇게 해서 노인은 점점 부자가 되었다.

　아이는 무럭무럭 자라났다. 삼 개월 정도 지나자 키가 일반 성인만큼 자랐기 때문에, 머리도 올리고 정장을 입혀 성인식을 치렀다. 할아버지

부부는 아이를 집 밖으로 함부로 내놓지 않고 아주 소중하게 키웠다. 이 아이의 아름다운 용모는 달리 비할 데가 없을 정도였고, 집안은 구석구석까지 온통 밝음으로 가득 차 있었다. 할아버지가 기분이 언짢거나 괴로울 때에도 이 아이만 보면 모든 근심이 사라졌다.

2. 구혼

그 중에서 계속해서 구혼을 해오는 사람은 소문이 자자한 풍류남(色好み) 다섯 명으로, 이들은 밤이고 낮이고 찾아왔다. 그 이름은 이시쓰쿠리(石作) 왕자, 구라모치(くらもち) 왕자, 우대신 아베노 미우시(阿部御主人), 다이나곤(大納言)[4] 오토모노 미유키(大伴御行), 추나곤(中納言)[5] 이소노카미노 마로타리(石上麿足) 등이었다. (중략) 이들은 노인을 불러내서,

"따님을 저에게 주십시오."
라고 사정해보았지만,

"제가 낳은 자식이 아니기 때문에 제 마음대로 할 수 없습니다."
라는 대답만 들을 뿐이었다. (중략) 가구야히메는,

"이시쓰쿠리 왕자께서는 부처님의 돌 주발이라는 것이 있습니다. 그것을 가져 오십시오. 구라모치 왕자님께서는 동쪽 바다에 봉래산(蓬莱山)이라고 있습니다. 그곳에 은으로 된 가지와 금으로 된 줄기, 하얀

---

4) 태정관(太政官)의 차관.
5) 다이나곤(大納言)의 차위.

보석을 열매 맺는 나무가 있습니다. 그 가지를 하나 꺾어 오십시오. 다른 한 분은 중국에 있다는 불쥐 가죽으로 만든 옷을 가져 오십시오. 오토모 다이나곤께서는 용의 목에 걸린 오색으로 빛나는 구슬이 있어요. 그것을 가져 오세요. 이소노카미 추나곤께서는 제비의 순산(順産)용 자패를 가져 오십시오."
라고 했다.

3. 이별

　7월 15일 달밤에 가구야히메가 툇마루 끝에 앉아 뭔가 굉장히 고민하는 듯 했다. 공주를 모시는 사람들은 걱정이 되어 다케토리 노인에게 고했다.
　"아가씨는 보통 때도 수심에 찬 얼굴로 달을 쳐다보며 계십니다만, 요즘 들어서는 예삿일이 아닌 듯합니다. 몹시 고민스러운 일이 있는 것이 분명해요. 잘 보시고 신경 쓰세요."
　이것을 듣고 노인이 가구야히메에게 물었다.
　"왜 그렇게 생각에 잠겨 달을 바라보시는 겁니까? 이렇게 좋은 세상인데."
　"달을 보면 세상이 허무해지고 불안한 느낌이 들어요. 달리 걱정거리가 있는 것은 아니에요."
　그러나 그 후에도 가구야히메가 있는 곳에 가보면 역시 뭔가 근심스러운 모습이었다. 이것을 보고 노인은 또 걱정이 되었다.
　"내 소중한 따님, 무엇을 그리 생각하고 계십니까? 고민하는 것이

도대체 무엇입니까?"

가구야히메는 이번에도,

"특별히 고민하는 것은 없습니다. 다만 달만 보면 왠지 불안한 느낌이 듭니다."

라고만 대답할 뿐이었다. 노인은,

"그러면 달을 바라보지 마세요. 달을 안보시면 불안감도 없겠지요."

라고 말하자, 가구야 공주는,

"어떻게 달을 보지 않을 수가 있겠어요?"

라고 하며, 달이 뜨면 툇마루 끝에 앉아 뭔가 심각하게 고민하고 있었다. 저녁마다 달이 뜨지 않을 때는 괜찮다가도 달만 뜨면 때때로 한숨을 쉬고 눈물을 글썽거렸다. 시녀들은

"아가씨는 뭔가 걱정거리가 있는 게 분명해."

라고 속삭거렸지만, 그 이유가 뭔지 부모를 비롯해 아무도 알 수 없었다. 8월 15일이 가까워지자 달밤에 툇마루에 나와 있던 가구야히메는 심하게 울기 시작했다. 이젠 사람들 이목도 신경 쓰지 않고 울고만 있었다. 부모가,

"도대체 무슨 일입니까?"

하고 당황하여 묻자, 가구야히메는

"전부터 계속 말씀드려야겠다고 생각은 했지만, 부모님 마음이 어지러워 지실까봐 지금까지 말씀 못 드리고 지내왔습니다. 그렇지만 이렇게 숨기고 있을 수만은 없다고 생각해서 털어 놓고 말씀드리도록 하겠습니다. 저는 이 인간세계의 사람이 아닙니다. 달나라 사람입니다. 그런데

전생의 인연으로 이 인간세계에 오게 되었습니다. 이제 돌아가야 할 때가 되어서 이번 달 15일에 그 원래 나라에서 저를 맞이하러 사람들이 올 겁니다. 그것을 피할 수 없고 저는 돌아가지 않으면 안 되기 때문에, 저를 잃고 슬퍼하실 부모님을 생각하면 마음이 아파서 봄부터 계속 생각에 잠기곤 하였습니다."
라고 말하며 흐느낀다.

다케토리 노인은

"무슨 말씀을 하시는 겁니까. 제가 대나무 안에서 발견했을 때는 겨우 콩알만 한 크기셨는데, 이제는 나와 나란히 설 만큼 자라신 제 딸을 누가 데려간다 하십니까. 절대로 못 데려갑니다."
라고 하며, 만약 그럴 때에는 차라리 자기가 죽겠노라며 소리치며 운다. 가구야히메는,

"달나라에도 부모님이 있습니다. 아주 잠시 동안이라고 해서 달나라에서 여기로 왔습니다만 이렇게 인간세계에서 긴 세월을 보내 버렸습니다. 달나라의 부모님도 잊고 여기서 오랫동안 즐겁고 친하게 지내왔기에 이제 달로 돌아가는 것이 하나도 기쁘지 않습니다. 그저 슬플 따름입니다. 하지만 제 뜻대로 할 수 없기에 이제 돌아가야 합니다."
라고 하며 노부부와 함께 슬피 운다. 시녀들도 오랜 세월 함께한 아가씨와 헤어진다고 생각하니 견디기 어려웠다. 가구야히메의 마음씨가 곱고 사랑스럽다는 것을 잘 알기에, 이내 보고 싶어질 것이라고 생각되어 음식도 목에 넘어가질 않았다. 다케토리 노부부와 똑같은 심정이 되어서 슬퍼했다.

4. 승천

천인(天人)들이 들고 있는 상자가 있었다. 그 안에는 하늘나라의 날개옷이 들어있었다. 또 하나의 상자에는 불사약(不死藥)이 들어있었다. 천인 하나가,

"항아리에 들어있는 약을 드십시오. 더러운 지상의 것을 드셨으니까, 속이 안 좋으실 겁니다."

라고 하며 항아리를 가지고 다가왔다. 가구야히메는 조금 맛만 보고, 그것을 덜어 선물이라고 하며 벗어놓은 옷으로 싸려고 했다. 그러자 옆에 있던 천인들이 막으면서 하늘나라의 날개옷을 가구야히메에게 입히려고 했다. 가구야히메는 잠깐만 기다리라고 하면서,

"하늘나라의 날개옷을 입으면 인간과는 마음이 달라진다고 합니다. 그전에 한마디 말해두고 싶은 것이 있습니다."

라고 하고 편지를 쓴다. (중략) 그 후 할아버지와 할머니는 피눈물을 흘리며 안타까워했지만 소용없는 일이었다. 가구야히메가 써놓은 편지를 주위 사람이 읽어주었지만,

"뭘 위해 목숨을 아까워하겠소. 누구를 위해서 말이오. 다 부질없는 짓이라오."

라고 하면서 불사약도 먹지 않고 그대로 병이 들고 말았다.

중장은 무사들을 데리고 궁궐로 돌아와서 가구야히메를 붙잡을 수 없었던 상황에 대해서 천황에게 상세히 아뢰고, 불사약이 든 항아리와 공주의 편지를 바쳤다. 천황은 편지를 펼쳐보고 매우 마음아파하며

식사도 거르고 연회에도 참석하지 않았다. 그리고 대신과 고관들을 불러서,

"어떤 산이 하늘과 가장 가까운가?"
라고 물으셨다. 어떤 사람이 말하기를,

"스루가(駿河)에 있다고 하는 산이, 여기서도 가깝고 하늘과도 가깝습니다."
라고 아뢰었다. 천황은 이 말을 듣고,

"두 번 다시 볼 수 없는 가구야히메를 생각하니 눈물이 앞을 가리는구나. 죽지 않는 약이 다 무슨 소용이더냐."
라고 애통해하시며 불사약이 든 항아리와 편지를 신하에게 건넸다. 칙사로는 쓰키노 이와가사(つきのいはがさ)라고 하는 자를 불러서 스루가에 있다는 산 정상으로 가지고 가도록 분부했다. 그리고 정상에서 해야 할 일을 알려주었다. 편지와 불사약이 든 항아리를 나란히 놓고 불을 붙여서 태우라고 명령했다. 그 명령을 받고 칙사는 많은 무사들을 이끌고 산에 올랐다. 그래서 그 산을 '무사가 많은 산' 즉 '후지산(富士山)'이라고 부른다.[6] 그때 태운 연기가 아직도 구름 속으로 피어오르고 있다고 전해진다.

---

[6] 원래 후지산은 '후지(富士)'와 '불사(不死)'의 발음이 일본어로 같기 때문에, '죽지 않는 산'의 의미로 '후지산'으로 불리고 있었다. 그런데 『다케토리 이야기』의 작가는 그러한 전승을 깨고 예상 밖의 해석을 내린 것이다. '불사의 산'이 아니라 한자 그대로 '무사가 가득한 산(富士山)'이라고 하고 있다.

지와 사랑 고킨슈(古今集)

≡개요 『고킨슈(古今集)』는 『고킨와카슈(古今和歌集)』의 줄인 말로, 고(古)는 이전 시대를 가리키고 금(今)은 지금 즉 당대를 뜻한다. 759년 『만요슈』의 마지막 노래가 지어진 후부터 당대까지, 즉 8세기 후반~10세기 초반까지의 약 150년간의 노래를 모은 가집이라는 뜻이다. 『만요슈』 이후 헤이안(平安)[1] 시대 초기까지 와카는 쇠퇴하고 한시문(漢詩文)이 유행하였다. 9세기말에 되면 당(唐)이 쇠퇴하면서 견당사가 폐지되고, 대륙문화 수입의 정체를 대체할 일본풍의 문화 즉 국풍(國風) 문화가 일어나게 된다. 귀족들 사이에 와카의 우열을 겨루는 우타아와세(歌合)[2]와 병풍에 그려진 그림에 와카로 제목을 붙이는 풍습(屛風歌) 등이 유행하면서 와카가 권위를 되찾게 되고, 가풍도 귀족문화를 반영하여 우아

---

1) 간무 천황(桓武天皇, 681~806)이 794년 헤이안쿄(平安京)로 천도하여 1192년 가마쿠라 막부(鎌倉幕府)가 개설될 때까지 약 400년간을 헤이안 시대라고 한다. 일본문학사 연표 참조.
2) 주어진 제목에 따라 좌우로 패를 갈라서 노래의 우열을 가리는 와카 대회.

하고 이지적인 색채를 띠게 된다. 이러한 분위기 속에서 905년 다이고(醍醐, 885~930) 천황의 칙명에 의해서 최초의 칙찬(勅撰) 와카집인 고킨슈가 만들어졌다.

『고킨슈』에 들어갈 와카를 선별한 편자(編者)는 기노 도모노리(紀友則), 기노 쓰라유키(紀貫之)3), 오시코우치노 미쓰네(凡河内躬恒), 미부노 다다미네(壬生忠岑) 등 4명이다. 그 중에서 기노 쓰라유키가 작성한 아래의 가나 서문(仮名序)4)은 일본 최초의 문학론이라는 평가를 받기도 한다.

> 와카라고 하는 것은, 사람의 마음을 씨앗으로 삼아, 여러 가지 언어로써 마치 잎과 같이 표현하는 것이다. 이 세상 사람들은 살면서 여러 가지를 겪게 되기 때문에, 마음에 느끼는 바를 보는 것이나 듣는 것에 빗대어서 말로서 표현하게 된다. 꽃을 보고 지저귀는 꾀꼬리나 물가에 사는 개구리의 울음소리를 듣고 있노라면, 이 세상 모든 살아있는 것 가운데 어느 하나 노래하지 않는 것이 있겠는가. 힘도 들이지 않고 천지를 움직이며, 눈에 보이지 않는 귀신까지도 감동시키며, 남녀의 사이를 가깝게 하고, 사나운 무사의 마음까지도 부드럽게 만드는 것이 바로 노래이다. (하략)

와카의 기원, 본질, 효능 등에 대해서 강조하는 서문에서도 『고킨슈』

---

3) 868년경~945년. 하급 관리면서 가인으로써 명성이 높았다. 도사(土佐) 지방의 수령으로 부임하면서 여성으로 가탁하여 쓴 『도사(土佐) 일기』의 작가이기도 하다. 쓰라유키 외의 편자의 생몰연대는 알 수 없다.
4) 고킨슈의 서문은 2가지로 되어 있다. 하나는 한자로 쓴 마나조(真名序)이고, 하나는 가나로 쓴 가나조(仮名序)이다. 내용은 크게 다르지 않다.

의 편찬이 와카를 한시(漢詩)와 대등한 위치까지 끌어올리고자 했던 의도에서 비롯된 것임을 엿볼 수 있다.

작가는 대부분 귀족출신이다. 이 중 남자가 약 90명, 여자가 약 30명 정도이고, 작가 미상의 노래도 많다. 만요슈와 마찬가지로 전체 20권으로 이루어져 있고, 1,100여수의 와카가 실려 있다. 내용은 춘·하·추·동·사랑·애상·잡가 등으로 나뉘고, 절반 이상이 사계(四季)와 사랑에 관한 노래이다. 사계는 입춘에서 섣달그믐까지의 계절의 추이에 따라, 또 연가(戀歌)는 설렘, 짝사랑, 사랑, 이별로 이어지는 연애의 전개에 따라 배열되어 있다. 고킨슈는 사계가 총 6권, 연애는 총 5권으로, 사계 쪽 노래가 많으며, 순서도 사계가 먼저이다. 일본인의 문화적 감성적 특성에 관해 말할 때 자연친화적이고 섬세한 계절감각을 꼽곤 하는데, 그러한 정서의 원류를 고킨슈에서 찾을 수 있다.

해설 『고킨슈』는 가풍과 가인을 중심으로 3기로 나눈다. 제1기는 작가 미상의 시대로, 직정적인 만요 풍의 노래와 이지적인 고킨 풍의 노래가 혼재한다. 제2기는 6대 가인(六歌仙)의 시대이다. 6대 가인은 6명의 뛰어난 시인을 일컫는 말로, 헨조(遍照), 아리와라노 나리히라(在原業平), 분야노 야스히데(文屋康秀), 기센(喜撰), 오노노 고마치(小野小町), 오토모노 구로누시(大伴黒主)를 가리킨다. 제3기는 고킨슈의 편자, 도모노리, 쓰라유키, 미쓰네, 다다미네가 활약한 시대이다.

≪1. 작가 미상의 노래≫에서는 계절의 추이에 따른 자연의 변화를 읊은 시들을 골라봤는데, 봄의 노래에 눈이 나오고, 5월인데 여름의 노래에 속하는 것은 옛날에는 음력을 썼기 때문이다. ≪2. 절세가인의 노래≫에서는 6대 가인 중에서도 서로 쌍벽을 이루는 아리와라노 나리히라와 오노노 고마치의 노래를 골랐다. 이들은 가인으로도 유명하지만, 일본에서 미남미녀의 대명사로 불리는 인물들이다. 나리히라는 수려한 용모와 뛰어난 와카 솜씨로 일대를 풍미한 풍류남이다.[5] 고마치는 육가선 중 유일한 여성으로, 수많은 염문과 전설의 주인공이다. 그러나 소문만 무성할 뿐, 정작 생몰 년대나 생애에 관해선 알려진 바가 거의 없다. 절세미녀였다고 하며, 고킨슈에 남아 있는 18편의 와카가 그녀의 문학적 재능과 감성을 전하고 있다. 쓰라유키는 가나 서문에서 나리히라에 대해서는 '시심은 넘치나 표현력이 부족하다. 말하자면 시들어 버린 꽃이 색은 바라고 향기만 남은 것과 같다'고 평하고, 또 고마치에 대해서는 '옛날 소토오리히메(衣通姫)[6]의 노래와 같은 계통이다. 정취는 있으나 강하지 않다. 말하자면 고귀한 신분의 여성이 병이 든 것과 같다. 강하지 않은 것은 여자의 노래이기 때문이다'라고 비평하고 있다. 동의하긴 어려운 면도 있지만, 두 사람의 노래가 상당히 감성적인 것은 분명하다. 봄의 꽃을 노래할 때도 꽃 자체를 노래하기 보다는 그 안에 자신의 우수, 비애감을 담고 있다. 늙는 것에 대한 아쉬움은 한 시대를 풍미했던 미남미녀에게는 더욱 강렬한 것인지도 모른다. 나리히라의

---

5) 나리히라는 『이세 이야기』의 주인공이기도 하므로 다음 장을 참조 바란다.
6) 기키 가요의 해설 부분 참조.

권7의 349번 노래와 고마치의 권2의 113번 노래는 가는 세월의 무정함을, 인생의 무상감을 잘 표현하고 있다.

만요의 가풍을 남성적이라는 '마스라오부리'라고 정의한 가모노 마부치는 고킨의 가풍은 그와는 대조적인 '다오야메부리(手弱女風)'라고 하였다. 즉 앳된 여성처럼 감성적이고 섬세한 가풍이라는 뜻이다. 마부치의 정의가 모든 노래에 다 해당되진 않지만, 양 가집의 특징을 이야기할 때는 유효한 점이 없지 않다. 만요의 가인들은 대상을 사실적으로 묘사하는 경향이 강하다. 여기에 비해 고킨의 가인들은 실감을 그대로 노출시키기보다는 사유, 상상, 공상 등의 지적 능력을 활용하여 관념적으로 재구성하여 표출하는 경향이 강하다. 고킨슈의 노래가 내면적인 성향이 강하고, 기교적인 표현기법이 발달한 것도 그런 요인이 작용하고 있어서일 것이다. 그리고 그런 점이 읽는 이로 하여금 우아하고 세련된 인상을 갖게 한다.

≪3. 편자의 노래≫에서는 편자들의 연가(戀歌)를 골라봤다. 고킨슈의 가인들은 『만요수』의 가인들처럼 상대방에게 직접적으로 감정을 토로하지 않는다. 또 애정의 성취나 성애의 도취만을 사랑으로 생각하지 않았다. 그보다는 자신의 연애감정의 여러 상태를 객관화하여 관찰하고, 거기서 오는 기쁨을 발견했다. 요컨대 연애감정 그 자체를 즐겼다고 할 수 있다. 만요슈에서는 꿈에 연인이 보이는 것은 상대방이 자기를 그리워하기 때문이라고 생각했다. 만요 시대 후기가 되면 본인이 보고 싶어 하기에 꿈을 꾼다는 쪽으로 바뀌는데, 고킨슈에는 그것이 완전히 정착된 것을 볼 수 있다. 나리히라의 노래(권13/644)와 고마치의 노래(권

12/552)를 비롯한 꿈에 대한 많은 노래에서 만요와 같은 꿈의 해석은 찾아볼 수 없다. 사람들의 사고가 보다 합리적으로 바뀐 것일까. 그런데 한편에선 만요 시대에는 소매를 접고 자면 연인의 꿈을 꾼다고 했던 것이 고킨 시대에는 옷을 뒤집어 입고 자는 것으로 발전하게 된다. 초자연적인 존재나 신비한 힘에 의지하여 소정의 목적을 달성하려는 주술적 행위, 혹은 거기에 대한 믿음은 문명의 진보와는 관계가 없는 것이 아닐까.

골라 읽기

1. 작가 미상의 노래

〈봄·권1(3), 작가 미상〉
　　봄안개는
　　어디서 일고 있나
　　봄안개는
　　요시노 산에는
　　눈이 내리는데[7]

〈여름·권3(139), 작가 미상〉
　　5월까지 기다려 핀
　　향긋한 귤 꽃
　　그 향기는
　　그리운 옛 사람의
　　소맷자락 향기여라[8]

〈가을·권4(171), 작가 미상〉

---

[7] 春がすみ/立てるやいづこ/みよしのの/吉野の山に/雪は降りつつ. 원전은 『(新潮日本古典集成)古今和歌集』(新潮社, 1978)을 사용하였다.

[8] 五月待つ/花たちばなの/香をかけば/昔の人の/袖の香ぞする.

그리운 님의
두루마기 자락을
팔랑거리며
마음 살랑이게 한
초가을 산들바람9)

〈겨울・권6(314), 작가 미상〉
다쓰다 강에
단풍이 수를 놓네
비단을 짜듯
10월 가을비를
날실과 씨실로 삼아10)

2. 절세가인의 노래

〈권1・봄(53), 아리와라노 나리히라(在原業平)〉
이 세상에
벚꽃이 없었다면
그러하다면
봄을 맞는 마음은
평안했을 것인데11)

---

9) わがせこが/衣のすそを/吹きかへし/うらめづらしき/秋のはつ風. 오영진 역저, 『和歌選集(일본의 옛노래)』, 교학연구사, 1986년, 54쪽에서 재인용.
10) 竜田川/錦織りかく/神無月/しぐれの雨を/たてぬきにして.
11) 世の中に/絶えて櫻の/なかりせば/春の心は/のどけからまし.

〈권13・사랑(644), 나리히라〉
　당신과 자는
　간밤의 꿈 아쉬워
　잠을 청하나
　그러면 그럴수록
　허전함만 더하네[12]

〈권15・사랑(747), 나리히라〉
　달이사 아니리
　봄이사 그 옛날의
　봄이 아니리
　나의 몸 하나만은
　본디의 몸인데도[13]

〈권7・축가(349), 나리히라〉
　오 벚꽃이여
　흩날리는 꽃잎으로
　시야를 가려다오
　늙음이 온다하는
　그 길이 안 보이게[14]

〈권2・봄(113), 오노노 고마치(小野小町)〉
　꽃의 빛깔은

---

12) 寝ぬる夜の/夢をはかなみ/まどろめば/いやはかなにも/なりまさるかな.
13) 『和歌選集』, 60쪽에서 재인용. 月やあらぬ/春やむかしの/春ならぬ/わが身ひとつは/もとの身にして.
14) 櫻花/散りかひくもれ/老いらくの/來むといふなる/道まがふがに.

시들어 버렸구나
허망하게도
나와 세상에 내리는
장마비 바라보는 사이에15)

〈권12・사랑(552), 고마치〉
그대 그리며
잠들어 버렸더니
꿈에 보이네
꿈인 줄 알았으면
깨지나 말았을 걸16)

〈권15・사랑(797), 고마치〉
보이지 않고
변해 버리는 것은
세상 가운데
사람의 마음속의
꽃뿐인가 하여라17)

〈권18・잡가(939), 고마치〉
어머나(あはれ)18) 라는
그 말이야 말로

---

15) 花の色は/うつりにけりな/いたづらに/わが身世にふる/ながめせしまに.
16) おもひつつ/寝ればや人の/見えつらむ/夢と知りせば/覚めざらましを. 加藤周一 저, 김태준・노영희 역, 『일본문학서설1』(시사일본어사, 1995) 128쪽에서 재인용.
17) 色みえで/うつろふものは/世の中の/人の心の/花にぞありける.
18) 감동을 이끌어내는 감탄사.

고달픈 세상을
떠날 수 없게 하는
끄나풀이어라[19]

3. 편자(編者)의 노래

〈사랑・권14(684), 기노 도모노리(紀友則)〉
이른 밤부터
불길로 뛰어드는
여름 벌레들
나도 그와 같은
사랑을 하는 건가[20]

〈권12・사랑(572), 기노 쓰라유키(紀貫之)〉
그대 그리워
흘린 눈물 없다면
내 옷자락의
가슴 언저리는
타고 있을 것이네[21]

〈사랑・권15(794), 오시코우치노 미쓰네(凡河内躬恒)〉
설령 그대가
변한다고 하여도

---

19) あはれてふ/言こそうたて/世の中を/おもひはなれぬ/ほだしなりけれ.
20) よひのまも/はかなく見ゆる/夏虫に/まどひまされる/恋もするかな.
21) きみ恋ふる/涙しなくは/唐衣/胸のあたりは/色もえなまし.

차가워진들
　　함께 나눈 말들은
　　잊을 수 없으리라[22]

〈사랑・권13(625), 미부노 다다미네(壬生忠岑)〉
　　새벽녘 달이
　　무정하게 보이던
　　이별로부터
　　새벽을 맞는 것보다
　　괴로운 것은 없네[23]

---

22) 吉野川/よしや人こそ/つらからめ/早く言ひてし/言は忘れじ.
23) 有明の/つれなくみえし/別れより/暁ばかり/憂きものはなし.

멋을 아는 남자 나리히라

이세 이야기(伊勢物語)

개요 『다케토리 이야기』가 전기 이야기(伝奇物語)의 시조(始祖)라면 『이세 이야기』는 노래 이야기(歌物語)의 효시이다. 노래 이야기는 와카를 중심으로 와카의 유래나 배경에 대해서 단편소설식으로 엮은 것이다. 『이세 이야기』는 『자이고 이야기(在五が物語)』 또는 『자이고 중장의 일기(在五中将日記)』라고도 불린다. 작품 속의 와카가 대부분 '자이고 중장(在五中将)[1]'이라 불렸던 아리와라노 나리히라(在原業平, 825~80)의 노래이기 때문이다.

제목에 '이세(伊勢)'라고 붙인 이유에 대해서는, 여류가인으로 이름 높았던 이세(伊勢, ?~939)[2]가 책의 성립에 관여했기 때문에 그녀의 이름을 딴 것이라는 설과, 후술하는 나리히라와 사이구(斎宮)와의 밀통사건 부분이 이 작품의 하이라이트이기 때문에 그렇다는 설 등이 존재하지

---

1) 나리히라는 아보(阿保, 792~842) 친황의 5번째 아들이었기 때문에 이렇게 불렀다.
2) 헤이안 시대의 여류가인. 36가선의 한명이고 오노노 고마치와 견주되는 인물이다.

만, 확실한 것은 알 수 없다. 작가에 대해서는 나리히라와 이세로 보는 설도 있지만, 나리히라가 남긴 유고(遺稿)에 그의 아들 무네하리(棟梁), 시게하루(滋春) 및 후대인들이 보필한 것이라는 설이 유력하다. 성립연대에 대해서도 의견이 분분한데, 원형은 고킨슈 이전으로, 현재와 같은 형태는 고킨슈 이후로 보는 것이 일반적이다.

전체는 125단으로 구성되어 있고, 각 단은 '옛날에 남자가 있었다(むかし, 男ありけり)'라는 문구로 시작된다. 단과 단은 연관성이 거의 없으며, 각각 한 편씩 독립적인 이야기로 되어 있다. 다만 전체적으로 보면 제1단 성인식에서부터 마지막에 죽음에 이르는 한 남자의 일대기가 그려진 작품이라고 할 수 있다. 작품에 수록된 와카는 총 209수인데, 그 중에서 나리히라의 노래가 아닌 것은 25수에 불과하다. 따라서 이 작품은 나리히라가 지은 와카를 중심으로, 군데군데 나리히라의 일화를 가미하여 서정적인 와카를 소개하기 위한 설화적인 작품으로 볼 수 있다.

해설 아리와라 나리히라는 헤이제이(平城, 774~824) 천황의 아들 아보(阿保, 792~842) 친황의 5번째 아들로 태어났다. '아리와라(在原)'라는 성(姓)은 아보 친황의 자식들이 신하의 신분으로 강등되면서 부여받게 된 성이다. 나리히라는 841년 17세 때 우 근위부 장감(右近衛將監)을 시작으로 25세 때 종5위에 이르고, 875년 우 근위부 부중장(右近衛權中將), 779년 궁중 총책임자(藏人頭)에 오른다. 그러나 정치적으로 성공한 인생이었다고는 하기 어렵다. 나리히라가 황족 출신이면서 크게 출세하지 못한 이유는 우선 당시의 권력층이었던 후지와라(藤原) 가문과의 알력에서 찾을 수 있다. 당시는 중앙의 정치권력이 후지와라 씨 일가에 집중되던 시기였다. 후지와라 후유쓰구(藤原冬嗣, 775~826)가 자신의 딸을 천황에게 시집보내면서 시작된 후지와라 씨의 섭정은, 그의 아들 요시후사(良房, 804~72)가 외손자를 즉위시키면서 헤이안 섭관정치(摂関政治)3)의 전형을 마련한다. 요시후사는 생후 8개월 된 외손자(淸和天皇)를 대신하여 거의 전 정권을 장악하였다. ≪1. 나리히라의 댄디즘≫에 수록한 〈제83단 오노(小野)〉는 동생이었던 세이와 천황(淸和天皇, 850~80)에게 밀려나, 제1황자이면서 친왕에 봉해진 고레타카 친왕(惟喬親王, 844~97)에 관한 이야기이다. 나리히라는 고레타카 친왕의 처지에 대해 동정을 아끼지 않고 있다. 자신도 후지와라 가문에 눌려 일찌감치 정치적 영달의 꿈을 접어야 했던 동병상련의 아픔이 있기 때문이다. 나리히라가 오로지 풍류와 연애 생활에 몰두했던 것은 후지와라 집권세력의 정치와 문화에 대한 반발심과 비판정신을 표출하기 위한 의도가 내포되어 있다.

그러나 그것보다는, 다시 말해 나리히라의 출세 부진은 본인의 방종한 생활에서 기인하는 바가 크다. 나리히라에 대해 알 수 있는 얼마 안 되는 자료 중의 하나인 『일본삼대실록(日本三代實錄)』에는 나리히라의 관력(官歷)이 소개된 다음, 다음과 같은 인물평이 적혀 있다.

---

3) 섭정(攝政)과 관백(関白)이 하는 정치. 섭정은 천황이 어리거나 병이 들어서 천황 대신 정치를 하는 것이고, 관백은 평상시에 천황을 도와 정치를 하는 것을 말한다.

나리히라는 외모가 수려하고 행동은 자유분방하다. 학문적 소양(才學)은 별로 없으나 와카를 곧잘 지었다.[4]

요컨대 나리히라는 뛰어난 용모와 풍부한 감성의 소유자로, 학문은 뛰어나지 않았지만 와카는 잘 지었다. 또 매우 자유분방한 성격으로 때로는 돌출적인 행동도 서슴지 않는 면이 있어서, 여자와의 스캔들로 세상을 떠들썩하게 했던 인물이기도 하다. 따라서 출신은 훌륭했지만 자기 자신의 방정치 못한 품행으로 정치가로서는 뒤처지는 결과를 초래했다고 볼 수 있다. 어쨌든 사회적으로는 그렇지만 이런 인물이야말로 연애소설의 주인공으로는 안성맞춤이다. 『이세 이야기』는 나리히라를 모델로 삼아 본래의 이미지를 충분히 살리면서 한층 더 우아하고 세련된 매력적인 인물로 미화하였다. 그리고 이렇게 해서 탄생된 주인공은 일본인에게 있어 당대에 가장 멋지고 잘나가는 남성을 상징하는 대명사가 되었다.

멋진 남자 나리히라. 그렇다면 멋(미야비)[5]을 아는 남자란 어떤 남자일까.

〈제1단〉은 어떤 남자가 성인식을 마치고 사냥을 나갔다가 아름다운 자매를 엿보게 된다. 남자는 입고 있던 옷자락을 잘라 정열적인 와카를 적어 보낸다. 마음에 드는 여성을 만났을 때 바로 그 자리에서 좋은 와카를 읊을 수 있어야 멋진 남자라고 할 수 있다. 〈제9단〉은 '자신을

---

4) 業平ハ体貌閑麗, 放縱拘ラズ, 略ボ才学無ク, 善ク倭歌ヲ作ル.
5) 미야비(みやび)는 아(雅), 풍아(風雅), 풍류(風流) 등의 한자를 사용하는 말로, 귀족풍의 우아하고 세련된 감각을 가진 것, 또 남녀사이나 풍류에 일가견을 가진 것을 가리킨다.

쓸모없는 사람[6]이라고 생각한 한 남자가 고향을 떠나 방랑하는 이야기이다. 객지에서 불현듯 고향에 두고 온 아내를 떠올리고 노래 한 수를 읊는다. 그리움이 절절한 노랫말에 듣던 사람들은 모두 감동하여 건반(휴대하기 쉽게 말린 밥)이 불 정도로 눈물을 흘린다. 이렇듯 멋진 남자에게는 만인을 감동시킬만한 풍부한 감성과 넘치는 카리스마가 있다. 〈제63단〉은 남자를 원하는 99살 된 노파의 소원을 나리히라가 들어준다는 이야기이다. 보통 남자라면 자기가 좋아하는 여자하고만 사랑하지만, 멋을 아는 남자라면 꼭 좋아하지 않더라도 상대의 심정을 헤아리는 측은지심-박애(博愛)정신?-을 겸비하고 있어야 한다. 〈제82단〉은 전술한 바와 같이 원래대로라면 황위를 계승해야할 사람이었지만 후지와라 씨의 압정에 의해 황위를 빼앗기고 출가한 고레타카 친왕에 대한 나리히라의 감정이입이다. 멋진 남자는 남의 아픔까지도 함께 나누고 도와주려하는 따뜻한 인간애의 소유자이다.

이와 같이 『이세 이야기』는 나리히라로 연상되는 주인공 남자의 뛰어난 감수성이 돋보이는 낭만적인 이야기들로 가득한데, 그 중에서도 백미(白眉)는 ≪2. 나리히라의 여자≫에 수록한 특별한 여성들과의 로맨스이다. 〈제6단〉은 나리히라와 후지와라 다카이코(藤原高子, 842~910)의 아주 유명한 연애사건이다. 다카이코는 후지와라 나가라(藤原長良)의 딸로, 나중에 세이와 천황의 황후(二条后)가 된 사람이다. 여자가 매우 고귀한 신분이라는 것은 나리히라가 보쌈하여 업고 갈 때 풀잎에 맺힌

---

[6] 자신의 이상을 실현할 수 없는 나리히라의 현실사회에 대한 좌절감, 비판의식 등이 내포된 표현으로 볼 수 있다.

이슬을 보고 저건 뭐냐고 묻는 대목에서도 잘 나타난다.7) 손에 넣기 힘들어 납치까지 시도한 나리히라였지만, 결국 그녀의 오빠들에게 다시 빼앗기고 만다. 여자가 이슬을 보고 백옥인가요 하고 물었을 때 도망치 느라 마음이 바쁜 나머지 아무 대답도 못했던 것을 후회하며, 이슬이라 고 말해주고 그때 같이 사라져버렸으면 좋았을 것이라고 안타까워하는 나리히라의 모습에서 이룰 수 없는 사랑에 대한 애잔함이 묻어난다.8)

나리히라에게는 '아리쓰네의 딸(有常女)'9)이라는 아내가 있었다. 〈제 23단〉에는 두 사람의 결혼 이야기가 나온다. 우물가에서 서로 키를 재어보던 소꿉친구가 성장하여 부부가 되고, 다른 여자가 생겨 3각 관계가 되지만 남편을 진심으로 사랑하는 아내 곁으로 돌아온다는 한편 의 드라마 같은 이야기이다. 그런데 남편이 나중에 생긴 여자에게 정이 떨어지는 이유가 재미있다. 여자가 주걱으로 직접 밥을 푸는 것을 보고 남자는 완전히 정이 떨어지게 되었다고 한다. 당시에 밥을 푸는 것은 신분이 낮은 사람들의 일이었다. 멋을 중시하는 우리의 주인공으로써는 용서가 안 되었나보다.

〈제69단〉은 나리히라와 사이구(斎宮)와의 로맨스이다. 사이구는 이 세 신궁(伊勢神宮)에 봉직했던 미혼의 황녀(皇女)를 가리킨다. 세속을

---

7) 이것은 여자가 진짜로 이슬을 몰랐다는 말은 아니고, 나리히라의 '백옥인가요'하는 와카를 도출해내기 위한 허구적 장치로 볼 수 있다.
8) 『고킨슈』의 ≪2. 절세가인의 노래≫에 수록한 나리히라의 '달이사 아니리…'(권15/747)라는 노래는 다카이코에 대한 미련을 읊은 것이다.
9) 정확한 이름은 알 수 없고, 아버지가 기노 아리쓰네(紀有常)였기 때문에 '아리쓰네의 딸'로 불린다. 아리쓰네와 나리히라는 절친한 친구 사이였다. 또 아리쓰네의 여동생(静子)의 아들 이 고레타카 친왕이다.

벗어나서 신을 모시는 청정(淸淨)한 여인이기에, 남녀사이의 연정을 품는 것은 당사자는 말할 것도 없고 상대방도 금기(禁忌)였다. 따라서 나리히라와 사이구의 동침은 금기에 도전하는 파격적인 사랑이라고 할 수 있다. 『이세 이야기』의 제목에 '이세'가 붙은 것도 이런 파격적인 사랑이 이 작품의 하이라이트이기 때문이라고 보는 설도 있다. 또 초창기에는 이 이야기가 제1단에 들어가 있었다는 설도 있다.

나리히라와 사이구의 남의 눈을 피해 간신히 이룬 '꿈인지 생시인지' 분간 할 수도 없는 금단의 사랑은 단 하룻밤으로 끝이 난다. 국학자 모토오리 노리나가(本居宣長, 1730~1801)는,

> 밀통은 좀처럼 만나기 어렵고 더군다나 사람들이 용서하지 않는 도리에 어긋나는 것이기에, 특히 더 절절하며 일생토록 잊기 어려운 것이다. 애틋함이 깊어질 수밖에 없다.[10]

라고 말하고 있는데, 밀통도 오직 딱 한번으로 끝나는 밀통은 그 애틋함이 더할 것이다. '그냥 건너도 젖지 않을…'이라고 앞 구절만 적어 보낸 사이구의 노래는 그런 그녀의 마음을 전하고 있다. 남자는 나머지 구절을 꼭 다시 만나자는 희망의 메시지로 달아준다. 기약할 수 없는 이별을 여자를 위해 긍정적으로 제시해준 것이다. 멋진 남자는 윤리에 위배되는 것도 불사할 수 있는 용기와 정열의 소유자임과 동시에 상대방의 입장에 서서 배려할 수 있는 아름다운 마음과 영혼의 소유자인 것이다.

---

10) 「紫文要領」,『本居宣長集』, 新潮社, 1983.

골라 읽기

1. 나리히라의 댄디즘[11]

〈제1단 성인식(初冠)[12]〉

옛날에 한 남자가 성인식을 마치고 나라(奈良)의 가스가(春日) 마을에 있는 영지로 매사냥을 나갔다. 그 마을에는 아주 예쁜 자매가 살고 있었다. 이 남자는 그 자매를 살짝 엿보았다. 뜻밖에도 이런 시골에는 전혀 어울리지 않는 아름다운 모습이었기 때문에 남자는 마음이 흔들렸다. 남자는 입고 있던 옷의 소매를 찢어 거기에 다음과 같은 노래를 적어 보냈다. 남자는 어지러운 시노부즈리(しのぶずり) 무늬[13]의 옷을 입고 있었다.

가스가 들녘에 연보랏빛 풀들이 하늘거리듯

---

[11] dyndyism. 19세기 초 영국의 청년 신사 사이에서 유행한 남자의 우아하고 세련된 멋이나 치장, 또 그것을 지향하는 태도, 정신을 가리킴.

[12] 귀족 남성은 12~3세에 성인식을 행하고 두세 살 연상의 여자를 정실로 맞았다. 정실로 2명 이상을 두는 경우도 있고, 결혼 후에도 신분과 능력에 따라 여러 명의 처를 둘 수 있었다.

[13] 지금의 후쿠시마 시(福島市)에 해당하는 지역인 미치노쿠니(陸奥国) 시노부 군(信夫郡)에서 생산되는 직물의 문양. 원전은 『(日本古典文學全集8)竹取物語・伊勢物語・大和物語・平中物語』(小学館, 1972年)을 사용하였다.

아름다운 그대들을 본 후
　　　내 마음은 한없이 설렙니다

　그 자리에서 바로 적은 즉흥적인 노래였다. 남자는 이럴 때 시를 적어 보내는 것이 풍류가 있는 것으로 생각했나 보다. 이 노래는,

　　　옷에 난 어지러운 문양처럼
　　　혼란한 이 마음은 당신 때문입니다

라는 노래의 정취를 표현한 것이다. 옛날 사람은 이렇게 정열적이고 멋스러운 행동을 했던 것이다.

〈제9단 동쪽 여행(東下り)〉

　옛날에 한 남자가 있었다. 자신을 쓸모없는 사람이라고 생각하고 교토를 떠나 동쪽 지방으로 살만한 곳을 찾아 떠났다. 오래전부터 친구였던 사람 한 두 명과 함께 길을 떠났다. 길을 몰라 여기저기 헤매면서 미카와(三河) 지방의 야쓰하시(八橋)라고 곳에 도착했다. 그곳을 '야쓰하시-여덟 개의 다리'라고 부르는 것은, 강물이 거미다리처럼 팔방으로 갈라지기에 마치 다리를 8개 걸쳐놓은 것과 같다고 해서 붙은 것이다. 강가의 나무그늘에 앉아 건반(乾飯)을 먹었다. 강가에는 제비붓꽃(燕子花)이 흐드러지게 피어있었다. 그것을 보고 어떤 사람이 가·키·쓰·바·타-제비붓꽃의 일본어 발음- 다섯 글자를 노랫말에 넣어서 여정(旅情)을 읊어 보라고 제안했다. 남자는 읊기를,

긴 세월 입어, 길들여진 옷처럼, 편안한 당신
멀고먼 여행길에, 그대 생각뿐이요14)

라고 했다. 듣고 있던 사람들이 건반 위에 눈물을 떨구는 바람에 밥알이 불고 말았다.

가던 길을 계속하여 스루가(駿河) 지방에 도착했다. 우쓰산(宇津山)에 이르러 들어서려던 길이 너무 어둡고 좁은데다가 담쟁이덩굴과 단풍나무가 무성하여 불안한 마음이 일었다. 괜찮겠지 하며 걱정스럽던 차에 마침 지나가던 수도승(修道僧)을 만났다. 길을 물어보자,

"이런 길을 왜 가려고 하십니까?"

하고 대답하는 스님의 얼굴을 쳐다보니 반갑게도 아는 사람이었다. 고향에 있는 그분15)에게 편지를 써서 전해달라고 부탁했다.

스루가에 있는 우쓰 산에 왔건만
생시16)에도 꿈에서도 만날 수가 없네요

후지 산(富士山)을 바라보니, 5월 말이 다 되었는데도 아직 눈이 새하얗게 쌓여 있었다.

시절 모르는 산은 후지 산이구나

---

14) 구정호 역, 『이세모노가타리(伊勢物語)』, J&C, 2003, 38쪽에서 재인용. 원문에는 'から衣/きつつなれにし/つましあれば/はるばるきぬる/たびをしぞ思ふ'라고 가・키・쓰・바・타가 한 글자씩 들어가 있다.
15) 남자의 애인으로 높은 신분의 여성으로 추측됨.
16) 우쓰 산의 '우쓰(うつ)'를 생시(生時)라는 일본어 'うつつ'와 연결시킨 노래이다.

지금이 어느 땐데 눈이 내리는가

　이 산은 교토에 있는 히에 산(比叡山)을 20개정도 포개놓은 것처럼 높고, 모양은 염전에 소금을 쌓아놓은 것(塩尻)처럼 생겼다.
　계속 가다보니 무사시(武蔵) 지방과 시모쓰후사(下つ総) 지방 사이에 꽤 큰 강이 있었다. 이것을 스미다 강(隅田川)이라고 했다. 강기슭에 모여 앉아 고향생각을 하며 너무 멀리 온 것이 아닌가 하고 다들 쓸쓸해져 있는데 뱃사공의 소리가 들렸다.
　"어서 배를 타시오, 곧 날이 저물 거요."
　배를 타고 강을 건너자 사람들은 더욱 쓸쓸해졌다. 고향에 두고 온 사람을 그리워하지 않는 이가 없었다. 그때 주둥이와 다리가 붉고 도요새 크기만 한, 하얀 새가 물위에서 노닐면서 물고기를 잡아먹고 있었다. 서울(京都)에선 볼 수 없는 새였기 때문에, 아무도 그 새의 이름을 알지 못했다. 그래서 사공에게 이름을 물으니,
　"저 새가 바로 '미야코도리(都鳥-서울 새-)'지요."
라고 대답했다. 남자가,

　　　그런 이름을 가졌으니 물어보고 싶구나
　　　내 사랑하는 이는 잘 지내고 있는가 하고

라고 읊으니, 배 안은 온통 울음바다가 되었다.

__〈제63단 백발의 노파〉

옛날에 이성을 그리던 한 여자가 있었다. 어떻게 해서든 정이 깊은 남자를 만나고 싶다고 원했지만, 그런 말을 꺼낼 기회가 마땅치 않았다. 그래서 꾸지도 않은 꿈 얘기를 지어내서, 세 아들에게 들려주었다. 두 아들은 건성으로 들었지만, 막내아들은

"좋은 분을 만나실 꿈입니다."

라고 받아주었다. 여자는 매우 기뻤다. '다른 사람은 안 될 거야. 자이고 중장님과 만나게 해드려야지'라고 생각한 막내아들은 나리히라가 사냥하는 곳으로 찾아가서 타고 있는 말을 붙잡고 '이러 이러해서 간청 드립니다'하고 사정했다. 나리히라는 안쓰럽게 생각해서17) 여자와 함께 잤다. 하지만 그 후로 남자가 오지 않자, 여자는 남자의 집으로 찾아가서 몰래 안을 엿보았다. 얼핏 여자를 본 남자는,

> 백 살에서 한 살 모자라는
> 백발의 노파가 날 사랑하고 있나?
> 환영(幻影)이 보이네

라고 읊었다. 남자가 외출하려고 하자 노파는 허겁지겁 가시나무와 탱자나무에 걸려 넘어지면서 집으로 돌아와 얼른 자리에 드러누웠다. 남자는 여자가 한 것처럼 몰래 서서 방안을 엿보았다. 여자는 탄식하며,

---

17) 남자를 그리는 늙은 여자의 애욕과 그런 어머니의 마음을 헤아리는 아들의 효심에 동정심이 일어서.

　　　　내 옷자락을 이부자리로 삼아18) 잠을 청합니다
　　　　오늘 밤에도 그대를 만날 수 없기에

라고 읊었다. 남자는 이것을 듣고 가엾게 생각되어 그날 밤은 같이 잤다. 세상의 이치로 따지면 사랑하는 사람을 사랑하고 사랑하지 않는 사람은 사랑하지 않는 법인데, 이 남자는 사랑하는 사람이나 사랑하지 않는 사람이나 차별하지 않는 마음을 가지고 있었다.

〈제83단 오노(小野)19)〉

옛날 미나세(水無瀨)에 있는 별궁으로 고레타카 친왕(惟喬親王)이 매사냥을 갔을 때, 말 관청(馬寮)20)의 장관으로 있던 노인21)이 보필했다. 며칠 후 교토로 돌아가는 친왕을 배웅하고 장관이 서둘러 돌아오려 했는데, 친왕은 술과 포상을 하사하고자 놓아주지 않았다. 장관은 마음이 급해서,

　　　　오늘밤은 풀 베개도 못 하겠지요
　　　　봄의 밤은 가을처럼 길지 않기에22)

라고 읊었다. 때는 3월 말이었다.23) 친왕은 밤을 지새우며 이별을 아쉬

---

18) 사랑하는 남녀는 서로의 소맷자락을 깔고 같이 자는 것에 대해 혼자 잠을 청해야 하는 자신의 상황에 대한 묘사.
19) 교토에 있는 지명.
20) 말에 관계된 일을 하는 관청.
21) 주인공 나리히라를 가리킴.
22) 곧 날이 새기 전에 떠나야 하는 심정을 읊은 노래.

워했다. 정성껏 모셨건만 친왕은 생각지도 않게 출가해버리셨다. 이듬해 정월에 배알하려고 오노(小野)로 찾아갔는데, 히에 산(比叡山) 기슭이어서 눈이 많이 쌓여있었다. 눈을 헤치고 암자로 찾아가 얼굴을 뵈니 망연히 슬픈 모습을 하고 계셨다. 한참동안 옛날 일 등을 떠올려가며 이런 저런 말씀을 올렸다. 더 있고 싶었지만 공사(公事)가 다망하여 그럴 수도 없었다. 저녁 무렵 돌아가려고 일어서면서,

> 현실이 아닌 꿈으로만 생각됩니다
> 이런 곳에서 당신을 뵙게 될 줄이야[24]

라고 읊고, 슬피 울면서 돌아왔다.

2. 나리히라의 여자

〈제6단 아쿠타가와(芥河)〉

옛날에 한 남자가 있었다. 얻기 힘든 고귀한 여인을[25], 긴 세월 구혼(求婚)하던 여인을 겨우 훔쳐내어 어두운 밤에 도망쳤다. 여자를 업고 아쿠타가와 라는 강가를 걷고 있는데, 여자가 풀잎에 맺힌 이슬을 보고
"저게 뭔가요?"

---

23) 음력 3월말이기 때문에 밤이 짧아지기 시작할 때이다.
24) 눈을 헤치고 들어가야 하는 산 속 암자에서 홀로 쓸쓸한 생활을 하고 있는 고레타카 친황에 대한 안타까움을 노래한 것.
25) 후지와라 다카이코(藤原高子). 해설 부분 참조.

하고 물었다. 갈 길은 멀고 밤은 깊은데 천둥이 치고 비까지 심하게 내렸기 때문에, 남자는 그곳이 귀신이 나오는 곳인 줄도 모르고 쓰러져 가는 헛간으로 여자를 밀어 넣었다. 그리고 활과 화살 통을 매고 문간을 지켰다. 남자는 어서 날이 새기만을 바랬다. 그런데 귀신이 나타나 여자를 한입에 삼켜버렸다. 여자는
"살려줘요!"
하고 비명을 질렀지만, 천둥소리 때문에 남자는 그 소리를 들을 수 없었다. 이윽고 날이 밝아와 남자가 안을 들여다보았지만 여자는 온데 간데없었다. 남자는 발을 동동 구르고 울어보지만 소용없는 일이었다.

'백옥인가요?'하고 그녀가 물었을 때
'이슬입니다' 대답하고 사라져 버렸으면 좋았을 걸

이것은 니조 황후(二条后) — 후지와라 다카이코, 즉 '고귀한 여인' — 가 사촌인 후궁26)을 모시고 있었을 무렵, 황후의 용모가 뛰어나기에 어떤 남자가 보쌈을 해갔다. 때마침 황후의 오빠인 호리카와(堀河)27) 대신 (大臣)과 구니쓰네(国経) 다이나곤(大納言)이 입궐하던 차였기에, 여자 울음소리를 듣고 남자를 붙잡아 황후를 구했다. 이것을 귀신이 잡아간 것이라고 표현한 것이다. 황후가 아직 젊었을 때, 즉 입궁하기 전의 일이다.

---

26) 후지와라 아키라케이코(藤原明子).
27) 후지와라 모토쓰네(藤原基経).

__〈제23단 우물가(井筒)28)〉

 옛날에 지방을 돌며 근무하는 지방 관리의 자식들이 우물가에서 놀곤 했다. 성장하여 어른이 되었는데 총각도 처녀도 서로 부끄러워하고 있었다. 남자는 이 여자를 색시로 삼아야지 하고 생각했다. 여자도 이 남자를 남편으로 생각했기 때문에 부모가 다른 남자와 맺어주려 하여도 말을 듣지 않았다. 그러던 중에 남자로부터 노래가 건네졌다.

  우물가에서 견주던
  나의 키가
  다 자라버렸다오
  당신 못 보는 사이에

여자가 답가를 읊었다.

  견주던 머리카락도
  어깨까지 닿아요
  당신이 아니고서
  누가 올려줄까요

 이런 식으로 와카를 서로 주고받으며, 어릴 적부터 품어 왔던 뜻대로 서로 맺어졌다. 그런데 세월이 흘러 여자 쪽 부모가 죽자 경제적 기반이 없어졌다.29) 생활이 힘들어진 남자는 가와치(河內)30) 지방의 다카야스

---

28) 원래의 제목인 '이즈쓰(井筒)'는 우물에 빠지지 않도록 나무나 돌로 둘레를 친 울타리를 가리킨다.
29) 이 시대의 일본의 결혼 형태는 처가 쪽이 경제적인 후원을 했다.

(高安)라는 마을에 새로 여자를 마련했다. 그런데 첫 번째 여자는 싫어하는 내색을 전혀 보이지 않았다. 남자는 이 여자에게 다른 마음이 있다고 생각하고 가와치로 간다고 해놓고 뜰에 숨어서 몰래 여자의 행동을 지켜보았다. 여자는 아주 곱게 화장을 하고 우수에 찬 얼굴로,

> 바람이 불면 파도가 일 듯
> 산 도적이 나온다는 다쓰타 산(龍田山)을
> 이 밤에 당신은
> 혼자 넘으려 하십니까

라며 남자를 염려하는 노래를 불렀다. 남자는 감동하여 가와치에 가지 않게 되었다.

남자는 우연한 기회에 가와치에 가게 되었다. 가와치에 사는 여자는 처음에는 교양이 넘치는 모습을 하고 있었는데, 지금은 풀어져서 직접 주걱을 들고 공기에 밥을 푸고 있었다.[31] 남자는 완전히 정이 떨어져서 영 가지 않게 되었다. 가와치에 사는 여자는 야마토(大和)[32] 쪽을 바라보며 노래를 불렀다.

> 당신 계신 곳만 바라보며 산답니다
> 구름아, 이코마 산(生駒山)을 가리지 말아다오
> 설령 비가 내려도

---

30) 오사카(大阪)의 남부.
31) 당시에 밥을 푸는 것은 신분이 낮은 여자가 하는 일이었다.
32) 현재의 나라(奈良)현.

이윽고 남자로부터 오겠다는 전갈이 왔다. 여자는 기뻐하며 기다렸지만 남자는 번번이 오지 않았다.

  오신다는 밤이 날마다 헛되이 지나갑니다
  못 믿을 당신이지만 그리며 세월만 보냅니다

여자는 애태우며 기다렸지만, 남자가 다시 오는 일은 없었다.

〈제69단 사냥의 칙사(狩の使)33)〉

 옛날에 한 남자가 있었다. 그 남자가 이세(伊勢) 지방으로 사냥의 칙사로 갔을 때, 이세 신궁(神宮)의 사이구(斎宮)34)는 다른 분보다 각별히 모시라는 부모님의 당부를 받고 아주 극진하게 대접했다. 아침에는 사냥을 나갈 수 있게 준비해 주고, 저녁에 돌아오면 자신의 숙소에서 있는 정성을 다해서 모셨다.

 이틀째 되는 날 밤, 남자는 사이구 생각이 간절했다. 사이구 또한 남자를 만나면 안 된다고는 생각하지 않았다. 하지만 보는 눈이 많아서 접근이 쉽지 않았다. 남자는 정사(正使)의 자격으로 왔기 때문에 사이구의 처소와 너무 떨어진 곳에 묵을 수 없었다. 남자의 숙소가 여자들 침소와 가까웠기 때문에 사이구는 다른 사람들이 잠들어 조용해진 밤 11시 경에 남자의 처소로 왔다. 남자도 여자 생각에 잠 못 이루며,

---

33) 천황이 칙사를 파견하여 사냥-매를 이용해서 새를 잡음-을 하면서 지방 군수의 통치력을 감찰하는 역할.
34) 이세 신궁에 봉사하던 미혼의 황녀.

누워서 바깥쪽을 쳐다보고 있었다. 어슴푸레한 달빛 사이로 작은 계집종을 앞세우고 여자가 서있었다. 남자는 기뻐하며 여자를 데리고 들어와 오전 2시까지 함께 있었다. 하고픈 말을 미처 다 하기도 전에 여자는 돌아가 버렸다. 남자는 너무 슬퍼서 잠도 오지 않았다. 다음날 아침 여자의 반응이 궁금해서 조바심이 났는데, 사람을 보낼 수도 없는 노릇이기에, 가슴 졸이며 기다리고 있었다. 날이 밝고 조금 지났을 때 여자 쪽에서 다른 말은 없이 노래만 한 수 건네 왔다.

   당신이 온 건지 제가 간 건지 알 수 없어요
   꿈인지 현실인지 잠결인지 생시인지

남자도 슬퍼하며 노래를 불렀다.

   슬픔에 빠진 저는 아무것도 알 수 없답니다
   꿈인지 생시인지 오늘밤에 다시 가르쳐 주세요

  남자는 노래를 여자에게 보내고 사냥을 나갔다. 몸은 들판에 있어도 마음은 딴 곳에 가있었다. 밤이 되면 바로 만나러 가야지 하고 마음먹고 있었는데, 지방 수령이자 그곳 담당관인 사람이 밤새도록 주연을 베푼 관계로 그럴 수가 없었다. 남자는 날이 밝으면 오와리(尾張) 지방으로 떠나야 했기 때문에 남몰래 피눈물을 흘렸지만, 결국 사이구를 만날 수가 없었다. 동이 틀 무렵 여자 쪽에서 보내온 술잔을 받친 접시에 노래가 적혀 있었다. 접시를 들어 읽어 보니,

그냥 건너도 젖지 않을 만큼 얕은 강이었군요[35]

라고만 쓰여 있고, 뒷 구절이 없었다. 그 접시에 횃불을 지핀 숯으로 노래의 뒷 구절을 이어 적었다.

다시 만난다는 관문을 넘어서 꼭 다시 만나요

라고 쓰고, 날이 밝자 오와리 지방으로 향했다. 사이구는 세이와(淸和) 천황 때의 사람으로, 몬토쿠(文德) 천황의 따님이며 고레타카(惟喬) 친왕의 동생이다.

---

[35] 옷의 아랫단을 걷지 않고 건너도 젖지 않을 정도로 수심이 얕은 강이군요 라는 뜻으로, 둘의 사랑이 고작 하룻밤의 인연밖에 안 된다는 아쉬움을 토로한 것.

내밀한 고백

가게로 일기(蜻蛉日記)

▤개요 일기는 원래 어떤 사안을 잊지 않기 위한 비망(備忘)용으로, 또는 자손을 위한 선례를 남기기 위해 귀족이 그때그때의 일들을 한문으로 적어두던 실용적인 것이었다. 그것이 가나문자의 발달과 함께 개인의 심정을 자유자재로 표현하는 자기표현의 수단으로 발전하면서 점차 문학성도 띠게 되었다. 기노 쓰라유키(紀貫之)가 여성으로 가장하고 적은 『도사(土佐) 일기』(935년경)는 일본 최초의 일기문학이다. 그 후 여성들에 의해 일기문학이 활발하게 쓰여졌는데, 『가게로 일기』는 최초의 여류 일기문학이다.

작가 '미치쓰나(藤原道綱)의 어머니'[1]는 일본의 3대 미인으로 꼽힐 정도로 용모가 출중하고, 가인으로도 이름이 났던 재색을 겸비한 여성이었다. 중류 귀족층에 속하는 후지와라노 도모야스(藤原倫寧)의 딸로

---

[1] 본명은 알 수 없으며, 아들 이름을 따서 '미치쓰나의 어머니'로 불린다.

태어나, 당대 최고 명문가의 귀공자인 후지와라노 가네이에(藤原兼家, 929~990)와 결혼하였다. 『가게로 일기』는 가네이에와의 약 20여년에 걸친 결혼생활에 대해서 적은 것이다.

전체는 상중하 3권으로 이루어져 있다. 상권은 954년에서 968년까지, 중권은 969년에서 971년까지, 하권은 972년에서 974년까지로 되어 있다. 일기는 그때그때 적어나간 것이 아니고, 작가가 20년 전의 일을 회고하며 적은 것이기 때문에 정확한 집필 시기는 알 수 없다. 제목은 작가가 자신의 불안한 결혼생활을 '가게로(かげろう)'에 비유하여 직접 명명하였다. 가게로는 '청령(蜻蛉)'이라는 한자로 쓰면 '하루살이'를 뜻하고, '양염(陽炎)'이라는 한자로 쓰면 아지랑이를 뜻한다. 두 다 불안하고 덧없는 느낌을 주는 공통점이 있다.[2]

작가는 서문에서 『가게로 일기』의 창작 의도와 의의를 다음과 같이 밝히고 있다.

> 젊은 날은 덧없이 흘러가고, 세상일을 허무하게 느끼며, 뭔가 어정쩡한 채로 결혼생활을 유지하고 있는 사람이 있었다. 용모는 보통 축에 끼지 못 하고 사려가 깊은 편도 아니어서 남편이 소홀히 대하는 것도 무리는 아니라고 여기면서 세월을 보내고 있었다. 그러다가 요즘 세간에 나도는 읽을거리를 가만히 들여다보니, 사실이라고는 도저히 믿어지지 않는 이야기까지 적어놓고 있다. 그렇다면 보통 사람들이 경험할 수 없는 내 자신의 이야기를 일기로 쓴다면 아주 진귀한 작품이 되지

---

[2] 일설에 의하면 늦은 가을부터 이른 봄의 청명한 날에 거미줄이 바람을 타고 둥실둥실 날아가는 모습을 가리킨다고도 한다.

않겠는가. 아주 고귀한 신분의 사람에게 시집을 간 여자의 생활은 어떤 것입니까 하고 묻는 이가 있다면, 그 좋은 답이 될 수 있으리라. 아주 오래 전의 일, 또 바로 얼마 전의 일, 막상 쓰려고 하니 기억이 분명치 않다. 아마 그랬었지 하는 것이 적지 않다.[3]

자신의 작품이 다른 허구적인 창작물들과는 달리, 실제생활에 기반을 둔 매우 참신한 것임을 강조하고 있다. 개인의 체험적인 글이 가지는 의미와 가치를 분명히 자각하고 있었던 것이다.

해설 헤이안 시대의 결혼은 남녀가 동거하지 않고 남자가 밤에 방문하는 식으로 이루어졌다. 남녀 모두 배우자의 정조를 기대하지 않았고, 결혼만큼이나 이혼도 쉬웠다. 이 결혼 양식은 귀족남성을 중심으로 일부다처(一夫多妻)로 진행되는 경향이 강했다. 따라서 한 사람을 깊게 사랑하는 타입의 여성이거나 독점욕이 강한 여성들은 견디기 힘든 면이 있었다. 가게로 일기의 작가야말로 바로 그런 여성들의 대표자격이다. 작가는 일부다처제의 피해자로서, 자신이 당한 아픔과 고뇌를 구구절절이 호소하고 있다.

≪1. 여자로서≫에 수록한 〈954년 여름〉 일기는 가네이에 작가인 '미치쓰나의 어머니'에게 청혼하는 내용이다. 그의 청혼은 작가를 불쾌하게 할 만큼 귀공자에게 어울리지 않는 무례한 것이었다. 이것은 가네

---

[3] 원전은 『(日本古典文學全集9)土佐日記・蜻蛉日記』(小学館, 1973年)을 사용하였다.

이에 쪽은 당시 무서울 것이 없는 최고집안이었고, 작가네 아버지는 중앙정계에 끼지 못하는 중류층이었기 때문에 그렇기도 했지만, 가네이에의 거침없는 성격을 말해주는 일단이기도 하다. 작가는 가네이에의 그런 성격과, 미래가 뻔한 즉 상류층 귀족의 일시적인 호색상대는 싫었기 때문에, 가네이에의 청혼을 처음에는 거절한다. 그러나 가네이에는 소문이 자자한 미모의 작가를 놓칠 수 없었다. 아주 열심히 열렬한 연가를 보내는 노력을 거듭하여 드디어 사랑을 일구어낸다.

내키지 않은 결혼이었지만[4] 일단 몸을 허락하고 부부가약을 맺게 되면 여자는 남자의 방문을 하염없이 기다릴 수밖에 없다. 자신이 염려했던 불안한 결혼생활은 그대로 현실이 된 것이다. 가네이에의 사랑은 지속될 것인지, 자신의 앞날은 어떻게 될 것인지, 또 태어날 아이의 장래는…, 근심은 끝이 없었다. 작가는 아름답고 지적이고 또 최상급 귀족의 아내라는 특권을 누리고 있었지만, 항상 불안하고 우울한, 불행감으로 가득한 생활을 보냈다. 또 질투심이 병적일 만큼 강했다. 남편과 바람을 피웠던 여자가 남편한테 버림을 받고, 또 그녀가 낳은 사내아이까지 죽어버리자 '내가 괴로워했던 것보다 훨씬 더 비탄에 빠져 있을 것을 생각하니, 이제야 속이 후련하다'(957년 8월 일기)라고 적고 있는

---

4) 남자가 3일 연속해서 여자를 찾아오면 결혼이 성립되었다. 결혼식은 첫날밤(新枕)·3일 밤의 떡(三日夜餠)·피로연(所顯)의 순서로 진행되었다. '첫날밤'은 말 그대로 남자와 여자가 처음 같이 자는 것이다. 남자가 방문한 지 3일째 되는 날엔 장모가 '3일 밤의 떡'을 준비하여 신랑에게 먹인다. 그것이 끝나면 '피로연'을 열어 여자네 식구와 남자가 대면하고, 세상에 알려지게 된다. 가네이에에게는 미치쓰나의 어머니와 결혼하기 전에 도키히메(時姬)라는 정실이 있었다. 그렇다고 미치쓰나의 어머니가 가네이에의 첩이 된 것은 아니다. 이것 또한 정식 결혼이다.

대목은 가히 충격적이다. 『마쿠라노소시(枕草子)』의 작가 세이쇼나곤(淸少納言)도 '미운 사람이 불행한 일을 당하는 것은 죄가 되겠지만 기쁘다'(254단)라고 적고 있는데, 자신의 치정(癡情)이나 악덕(惡德)을 적나라하게 까발리는 일본 문학의 특징이 이미 헤이안 시대 여류문학에서부터 발견된다는 점이 흥미롭다.

나중에 다시 언급하겠지만 세이쇼나곤(마쿠라노소시의 작가)이나 무라사키시키부(겐지 이야기의 작가)는 당시 직업을 가진 여성들이었다. 또 남편과의 이혼, 사별의 경험도 있고, 다른 이성과의 접촉도 활발한 편이었다. 그것이 작품에도 반영되어 그녀들의 문장은 자신감이 넘치고, 다각적인 인간 관조와 가치관의 제시가 돋보인다. 전업주부로서 오직 한 남자밖에 모르는 정숙하고 자존심이 강했던 미치쓰나의 어머니는 세상물정에는 어두웠다. 그녀가 남편의 사랑을 갈구하며 가슴에 병을 키우는 동안, 남편은 형제들과 피도 눈물도 없는 치열한 정권 싸움을 벌이고 있었다.5) 작가의 정치, 사회에 대한 무관심, 몰이해는 남편이 주도하여 제거한 미나모토노 다카아키라(源高明)를 깊이 동정하는 부분에서도 잘 나타난다.6) 이러한 태도는 세상을 바라보는 시야가

---

5) 가네이에는 후지와라 모로스케(藤原師輔)의 아들로, 형제들과의 치열한 권력 다툼 끝에, 아들 미치나가(道長) 손자 요리미치(頼通)로 이어지는 후지와라 씨 전성기를 이룬 인물이다. 딸 센시(詮子, 도키히메의 딸)와 엔유(圓融) 천황의 아들 가네히토(懷仁)를 천황으로 세우기 위해, 자기 장남과 짜고 가잔(花山) 천황을 억지로 출가시켰다. 가네히토가 이치조(一条) 천황으로 즉위하면서 관백이 되어 천하를 휘둘렀다.

6) 안나(安和)의 변(969년). 미나모토노 다카아키라가 외손자(무라카미 천황의 아들 다메히라 爲平)를 황태자로 세우는 것을 저지하기 위해, 후지와라 씨가 반역죄를 씌워 다카아키라를 규슈로 몰아낸 사건. 『가게로 일기』에서 사회적 사건이 언급된 것은 거의 이것이 유일하다. 작가는 다카아키라와 그 가족들을 동정하여 적지 않은 지면을 할애하여 안타까움과 슬픔을

좁았던 작가 개인의 한계로 지적할 수 있다. 다만 문학자의 비정치적 성향은 일본 문학 전반에 보이는 특징이다. 따라서 작가의 역량 부족으로 저평가하기 보다는, 오히려 그런 편향적인 지향이 있었기에 개인의 내밀한 심리를 고백하는 사소설풍의 저술이 가능했던 것으로 파악하는 것도 유의미할 것이다.

여자로서 불행했던 작가에게는 무럭무럭 성장해가는 아들 미치쓰나만이 유일한 희망이자 낙이었다. ≪2. 엄마로서≫는 자식을 기르는 모성(母性)과 자식이 가져다주는 기쁨을 잘 묘사하고 있다. 예나 지금이나 엄마의 마음은 한가지인 것 같다. 아들－미치쓰나 16세, 작가 35세－이 궁중에서 열리는 활쏘기 대회에 뽑혀 나가게 되자, 그 준비에 여념이 없는 작가의 모습, 또 애쓴 아들이 부디 잘 해주기를 바라는 모습 등은, 오늘날의 엄마들의 모습과 다르지 않다. 노력한 보람이 있어 많은 사람들의 칭찬과 천황으로부터 포상을 받은 아들을 대견해하며 기뻐하는 모습에서 '여자'에서 '엄마'로, 삶의 지평을 확장한 충만감이 전해진다.

일기는 가네이에와의 관계가 소원해져, 그가 전혀 방문하지 않게 된 974년경, 결혼한 지 21년째 되던 해의 섣달 그믐날로 끝이 난다. 그 후 작가는 20년 정도 더 살아서, 995년 60세 전후의 나이로 생을 마쳤다.

표시하고 있다.

골라 읽기

1. 여자로서

__〈954년 여름〉

시시하게 끝난 혼담은 제쳐두고, 병위부(兵衛府) 차관님7)께서 구혼을 청하는 일이 있었다. 보통 사람이라면 정식 수순을 밟든지, 아니면 아랫사람을 시키든지 할 것이다. 그런데 이 분은 아버지한테 농담 반 진담 반으로 언뜻 비치셨다. 감히 어울리지 않는다고 의사를 밝혔는데도 이 분은 전혀 아랑곳 하지 않고, 말을 탄 사자를 보내왔다. 누구냐고 물어볼 필요가 없을 정도로 떠들썩하게 소란을 피웠기 때문에 당혹해하며 편지를 받았다. 편지를 뜯어보니, 사용한 종이도 이럴 때 어울리는 종이가 아니었고, 보통 이런 편지는 정성을 다해서 쓰는 것이라고 들었는데, 정말 그 분이 썼을까 싶은 마음이 들 정도로 형편없는 편지였다. 거기에는,

　　　소문으로만 듣고 만날 수 없는 것은 슬프지요
　　　직접 만나서 다정한 이야기를 나눠요

---

7) 후지와라 가네이에(藤原兼家).

내밀한 고백

라고만 적혀 있었다. '어떻게 해요? 답장을 해야 할까요?'라고 어머니에게 의논하자 '그럼, 해야지'하고 말씀하셨다.

── 〈955년 9월〉

임신으로 몸이 무거워져서 봄과 여름을 어렵게 나고, 8월 말경에 아이를 낳았다. 출산 전후 남편의 배려는 극진했다.

9월이 되어서 그 사람이 돌아간 뒤에, 상자가 있길래 무심코 열어봤다. 안에는 다른 여자에게 보내는 편지가 들어있었다. 화가 치밀어 내가 편지를 봤다는 사실만이라도 알려주고자 여백에 노래를 적었다.

다른 여자에게 보내는 편지가 보입니다
이제 이쪽으로는 영영 발길을 끊으시려는 것인지요?

그러는 사이에 염려했던 바대로 10월 말경 3일 밤을 연속해서 모습을 보이지 않을 때가 있었다.8) 그 뒤 한참 만에 아무 일도 없었다는 듯한 얼굴로 찾아와서,

"당신이 날 사랑하는지 확인하려 싶어서 뜸했던 거야."
하고 딴청을 폈다.

저녁때가 다 되었는데 '궁궐에 급한 일이 생겨서 가봐야겠는데'하고 일어섰다. 왠지 미심쩍은 마음이 들어서 사람을 시켜 뒤를 밟았더니,
"마치노코지(町の小路) -동네 이름- 근처에서 내리셨습니다."

---

8) 가네이에가 다른 여자와 또 결혼을 한 것을 의미함.

라고 전했다. 그러면 그렇지 하고 속이 상했지만, 달리 뾰족한 수도 없었다. 2, 3일 정도 지나서 새벽에 문 두들기는 소리가 났다. 그 사람인 줄 뻔히 알면서도 내키지 않아서 문을 안 열어주고 있었다. 그랬더니 금세 그 여자네 집 쪽으로 가버렸다. 다음 날 이대로 참고 있을 순 없다고 생각하고,

한숨지으며 혼자서 자는 밤이
새벽이 오기까지 얼마나 긴 것인지
당신은 모르시겠지요

라고 편지를 써서 색깔이 변한 국화꽃 가지에 꽂아 보냈다.[9] 남편이 보낸 답장에는 '날이 샐 때까지 기다려서라도 당신이 문을 열어줄 때까지 있고 싶었지만, 급한 일로 하인이 와서 어쩔 수가 없었소. 당신 심정은 이해하오'라는 내용의 글과 노래가 적혀 있었다.

겨울밤도 길지만
당신 집 대문이 열리는 것도 더디니
괴롭기는 서로 마찬가지라오

---

9) 「헤이안 시대의 귀족들은 남자가 여자 집에서 자면 반드시 동트기 전에 자기 집으로 돌아가야 했다. 왜냐하면 돌아가는 것을 다른 사람에게 들켜서는 안 되기 때문이다. 그리고 돌아가면 곧바로 여자에게 편지를 보내야 했다. 여자는 반드시 답장을 하는데, 이것은 성의 매너라기보다 오히려 남녀 교제의 매너이다. 남자가 돌아갈 때도 "돌아갑니다"라는 말을 남기거나, 나중에 하인을 통해 그런 글을 전하기도 했다. 편지는 반드시 나뭇가지에 매달았다. 직접 전달하는 것은 예의에 어긋난다는 발상에서였다. 접은 편지를 나뭇가지에 묶는다는 것은 두 사람의 마음과 영혼을 묶는다는 발상에서 유래되었다. 이것도 남녀 교제의 훌륭한 매너였다.」(『일본인의 성』, 히구치 기요유키 저, 유은경·이원희 역, 예문서원, 1995, 177쪽).

그 무렵만 해도 그나마 나은 편이다. 그 후로는 대놓고 그 여자네 집으로 들락거렸다. 조금쯤은 이쪽을 배려하여 내가 눈치 못 채게 궁궐에 용무가 있다든지 말해주면 좋으련만, 그런 배려조차 없는 것이 더욱 견딜 수 없었다.

〈957년 8월〉

그렇게 지내고 있는데, 그 한창 꽃을 피우던 여자네 집으로 남편이 발길을 뚝 끊었다. 그 여자가 아이를 낳은 뒤였다. 미운 생각에 그 여자가 앞으로 오래오래 살면서 내가 느꼈던 괴로움만큼 똑같이 맛봤으면 좋겠다고 생각했는데, 정말 그렇게 되고 말았다. 남편이 찾지 않을뿐더러, 그렇게 야단법석을 떨며10) 낳은 아이까지 죽고 말았다. 그 여자는 천황의 손녀이긴 했지만, 서출(庶出)인 황자의 자식이었다. 미천하기 그지없는 출신인 것이다. 아무것도 모르는 사람들이 치켜세워주자 우쭐대다가 그 모양 그 꼴이 되었으니 기분이 어떨까. 내가 괴로워했던 것보다 훨씬 더 비탄에 빠져 있을 것을 생각하니 이제야 속이 후련하다. 그 사람은 요즘 첫 번째 부인의 집으로 자주 간다고 한다. 이쪽으로는 가끔씩 들릴 뿐이다. 속상한 마음이 들지만, 아이가 어느새 말을 하기 시작했다. 그 사람이 돌아갈 때 '곧 다시 오리다'라고 하곤 하는데, 그 말을 기억했다가 똑같이 흉내를 낸다.

---

10) 가네이에는 마치노코지에 살던 여자의 출산일이 다가오자 방향이 좋은 곳으로 이동하기 위해 여자를 데리고 미치쓰나의 어머니가 살던 집 앞을 통과한 적이 있었다. 당시 상류 귀족이 애인을 동반하고 외출하는 것은 극히 이례적인 일이었다.

2. 엄마로서

__〈970년 3월〉

3월 중순에 궁중에서 활쏘기 대회가 열리는데, 그 준비가 대대적으로 이루어지고 있다고 한다. 아들 미치쓰나가 고테구미(後手組)-우방(右方)-의 궁수(弓手)로 뽑혔다.

"우리 편이 이기면 춤도 춰야 되요."

라며 사람들은 기대에 차있다. 요즘은 모든 것을 잊고 그 준비로 바쁘다. 춤 연습을 위해 매일같이 음악을 연주하며 소란스럽다. 활쏘기 연습을 하러 갔던 아들이 상품을 받아왔다. 너무 대견하고 자랑스럽다.

3월 10일, 오늘은 내 앞에서 예행연습을 했다. 스승인 오노 요시모치(多好茂)는 춤을 잘 춰 여자들한테서 많은 돈을 받았다. 남자들도 전부 옷을 벗어서 상으로 주었다. 그 사람은 다른 일로 못 오고, 하인들만 참석했다. 행사가 거의 끝나갈 무렵, 요시모치가 나비춤(胡蝶楽)[11]을 추며 앞쪽으로 나오니까 그에게 황색 옷을 벗어주는 이가 있었다. 그 옷이 나비춤에 사용하는 황매화 색깔하고 너무 잘 어울린다는 생각이 들었다. 또 12일에는 그 사람 집에서 고테구미 궁수들이 전원 모여서 춤을 피로하였다. 일정이 끝나고,

"당상관(殿上人)들이 많이들 오셔서, 요시모치는 선물에 파묻힐 지경이었어요."

라며 하인들이 말을 전한다. 나는 아들이 잘했을까 하고 걱정스러웠는

---

[11] 4명이서 추는 동무(童舞).

데, 밤에 많은 사람들의 배웅을 받으면서 돌아왔다. 그리고 조금 지나자 그 사람이 남의 이목도 신경 쓰지 않고 방으로 들어와서,

"미치쓰나가 얼마나 춤을 잘 추던지, 그 얘기를 해주려고 온 거야. 다들 눈물까지 흘리며 감동했지 뭐야. 내일하고 모레는 내가 못 가서 걱정이야. 15일 날은 아침 일찍 와서 여러 가지 도와주리다."

라고 말하고 돌아갔다. 평소에는 늘 원망스러웠던 그이지만, 오늘은 한없이 감사하고 기뻤다.

드디어 당일이 되었다. 그 사람도 아침 일찍부터 많은 사람들을 데리고 와서 의상 등을 챙겨주었다. 아들을 배웅하며 부디 잘해주기를 바랐다. 사람들 말로는 '고테구미가 질 거야. 궁수들이 별로야'라고 하기 때문에 모처럼 연습한 춤을 못 추게 될까봐 걱정이었다. 어떻게 됐을까, 잘 했을까 하고 초조해하다가 어느새 밤이 되었다. 달빛이 밝아서 격자문도 내리지 않고 기다리고 있는데, 하인들이 달려왔다.

"지금 누구 차례지?"

"도련님 상대는 우 근위부 중장(右近衛中將)이셨는데, 도련님께서 승리하셨습니다."

내심 걱정스러웠는데, 너무 장하고 기쁘기 이를 데 없었다.

"다들 지는 줄 알았는데, 도련님 덕분에 무승부가 되었습니다."

라고 전해주는 사람도 있었다. 무승부가 되면 화살을 먼저 쏜 팀부터 라료오(羅陵王)[12]을 추게 된다. 아들과 동갑인 조카도 함께 추기로 되어

---

12) 아악(雅樂)의 하나.

있었다. 연습할 때도 아들이 엿보기도 하고 조카가 엿보기도 하곤 했었다. 라료오 다음에는 아들이 춤을 추었는데, 매우 훌륭했다고 한다. 천황으로부터 의복을 하사받았다. 대궐에서 라료오를 췄던 조카와 함께 같은 수레를 타고 돌아왔다. 오늘 있었던 일들을, 내 위신을 세워준 일하며 고관들이 감격하여 눈물을 흘린 얘기 등을 몇 번이나 울면서 이야기했다. 궁술을 가르친 스승을 불러 여러 가지 감사의 표시를 하였다. 불우한 내 신세를 한탄하던 것도 전부 잊어버리고, 기쁘기 한이 없었다. 그 날 밤은 물론이고 그 다음 2, 3일 동안 지인들은 물론이고 법사들까지 아들을 축하하기 위해 사자를 보내오거나 직접 찾아오는 것이 신기할 정도로 기뻤다.

⟨970년 6월⟩

다음날 아침 그 사람은,
"일이 있어서 오늘은 못 오고, 내일이나 모레 오리다."
하고 나갔다. 진심은 아니겠지만, 조금이라도 내 기분을 풀어주려고 한 말일 것이다. 겉으로는 아무렇지도 않은 듯 행동하지만, 혹시 이번이 마지막이 아닐까 조바심이 난다. 방문하지 않는 날이 거듭될수록 정말 그런가 싶어져서 이전보다도 더욱 서글픈 느낌이 든다.

곰곰이 생각하면 할수록 차라리 죽고 싶다는 마음뿐이었지만, 다만 자식 하나 있는 것이 눈에 밟힌다. 어엿하게 성장시켜 안심할 수 있는 처자와 결혼시킨 후라면 마음 편하게 죽을 수 있겠지만, 지금 죽는다면 저 아이가 의지할 곳이 없어서 얼마나 허전할까 하는 생각을 하니 도저히 죽을 수가 없었다.

"어찌 해야 할까. 비구니가 되어서 속세에 대한 미련을 끊을 수 있는지 없는지 시험이라도 해봐야 될까."
라고 무심코 내뱉은 말을, 아직 어려서 깊은 사정을 알 리 없을 터인데, 아들은 어깨를 들썩이며 엉엉 운다.

"어머니가 그렇게 하시면 저도 스님이 되겠습니다. 저 혼자 어떻게 세상 사람들 속에서 살아가겠습니까?"
라고 하며 한바탕 또 엉엉 소리를 내며 운다. 나도 눈물을 참기 어려웠지만, 아들이 너무 진지하게 받아들이는 것이 가슴 아파서 농담처럼 얼버무리려고,

"그런데 스님이 되면 매13)를 기를 수 없는데, 어쩌지요?"
라고 물었다. 그러자 아들은 일어나서 힘껏 달려가더니만, 묶어 놨던 매를 잡아 하늘로 날려버렸다. 보고 있던 사람들도 눈물을 못 참았고, 나는 마찬가지였다. 마음에 느끼는 바를 읊으면 다음과 같다.

> 남편과의 불화 때문에 비구니가 된다 하니
> 아들은 매를 날리며 스님이 된다 하네
> 애달퍼서 어찌하리

해가 지고 난 후 그 사람한테서 편지가 왔다. 새빨간 거짓말이라는 것을 잘 알기에 '지금 좀 기분이 그래요'하고는 아무런 답장도 없이 사자를 돌려보냈다.

---

13) 사냥할 때 쓰는 매로, 귀족들 중에는 매를 이용해서 사냥하는 기술에 능한 자가 많았다.

남자의 본성과 여자의 야성
곤자쿠 설화집(今昔物語集)

개요 『곤자쿠 설화집』은 12세기경에 1000여 편의 설화를 집대성하여 만들어진 설화집이다. 작가 및 정확한 성립 년도, 편찬 목적 등에 대해서는 아직 풀리지 않은 부분이 많다. 전체는 31권으로 이루어져 있고, 권8·18·21권은 현존하지 않는다. 인간의 실체를 다양한 시각으로 접근하는 이 작품은 일본 산문 계열 중에서 기념비적인 작품으로 꼽힌다. 각 이야기의 첫 구절은 '지금은 옛날이 되었지만(今は昔)'으로 시작하고, 서명(書名)은 옛날부터 있던 이야기와 오늘날의 새로운 이야기를 종합해서 담았다는 뜻을 담고 있다.

전체는 천축(天竺:인도)·진단(震旦:중국)·본조(本朝:일본) 3부로 구성되어 있고, 각 부는 불법설화와 세속설화로 이루어져 있다. 인도, 중국, 일본 3국은 서양의 존재를 몰랐던 시대에는 일본인들에게 온 세계를 의미했다. 그리고 그 세계를 지배하는 사상은 불법(仏法)이었다. 불법에서는 석존의 생애에서 불멸(仏滅) 후의 불법의 유포, 중국 일본으로의 전래 등이 다루어진다. 세속에서는 불법의 중요성이 세속(世俗), 숙집(宿執), 영귀(靈鬼), 골계(滑稽), 악행(惡行) 등의 주제별로 나뉘어서 설파되고 있다. 편자는 이 세상에 존재하는 모든 삼라만상의 영위를 법계(法界)의 일상(一相)으로 파악하는 불교적 세계관을 바탕으로 법계 즉 현세의 실상-특히 인간의 실체-을 낱낱이 밝히는 작업을 통하여 불법에 의한 세속 포섭(包攝)의 가능성과 불교사상의 중요성을 강조하고자 하였다.

해설 동시대 다른 문학이 주로 귀족사회의 상류문화를 그린 것에 반해 『곤자쿠 설화집』에는 귀족 외에도 승려, 무사, 학자, 서민, 도둑, 거지 등 다양한 계층의 사람들이 등장하여 그들이 속한 사회의 다양한 문화와 가치관을 보여준다. 가령 ≪1. 또 하나의 여성상≫에 등장하는 여성들은 다른 헤이안 문학에서는 보기 힘든 인물상이다. 〈28권 1화〉의 여주인공은 고상한 귀족층 여성처럼 남편의 바람기에 속만 태우지는 않는다. 남편의 따귀를 후려쳐서라도 남편의 못된 버릇을 바로잡을 수 있는 위풍당당한 여성이다. 〈28권 14화〉에 나오는 계집종 '야에(八重)'는 높은 신분의 스님을 거의 가지고 노는 격이다. '누가 너 같은 것을 넘본다고 부채로 얼굴을 가리느냐'며 빈정대는 스님을 향해 야에는 멋지게 한방 날려준다. 머리를 민 스님을 '털 빠진 개'로 비유하여 '너 같은 중(털 빠진 개) 놈이 건드릴지도 모르니까'하고. 필자는 비교도 안 되는 신분의 사람에게 거침없이 일침을 가하는 야에의 입담도 재미있지만, 한방 먹은 스님을 비롯하여 많은 사람들이 야에를 칭찬하는 모습이 신선하게 느껴진다. 또 마지막에 편자가 '예전에는 여자들도 이처럼 재치 있는 말을 할 수 있는 자가 있어서 세상 사람들이 즐거웠다'는 취지의 말을 덧붙이고 있는 것도 인상적이다. 〈29권 23화〉는 여자가 자기 남편이 보는 앞에서 다른 남자에게 강간을 당한다는 이야기이다. 일반적 가치판단으로는 이유를 불문하고 죄의식을 가져야할 것만 같은 강간당한 아내가, 도리어 상황판단이 미숙했던 남편의 어리석음을 책망하며, 또다시 그런 실수가 되풀이된다면 같이 살 수 없다고 이혼을 전제하는 가치관의 제시가 흥미롭다.

≪2. 또 하나의 남성상≫에 수록한 〈28권 2화〉는 무사들의 추태(醜態)에 관한 이야기이다. 『곤자쿠 설화집』에는 다가오는 새 시대의 주인공인 무사를 다룬 이야기가 적지 않다. 그래서 곤자쿠는 다음 시대의 『헤이케 이야기(平家物語)』의 무사상을 예고하며, 당대뿐만 아니라 다가오는 미래상을 꿰뚫고 있다는 점에서 높이 평가되기도 한다.[1] 그러나 곤자쿠에 등장하는 무사들은 헤이케에 비해 여러 면에서 저급하다고 할 수 있다. 그것은 헤이안 시대의 무사의 위상을 그대로 반영하고 있기 때문이다. 〈28권 2화〉의 무사들은 난생처음 우차(牛車)를 타고 차멀미로 죽을 고생을 한다. 편자는 용맹하다고 칭송이 자자한 무사들이 차멀미로 고생하는 촌스러움을 유머러스하게 그리며 한심하다고 평가하고 있다. 이밖에도 이 책에는 싣지 못했지만 식사법을 몰라 낭패

---

[1] 『일본문학사서설1』(加藤周一 저·김태준 노영희 역, 시사일본어사, 2000), 193~194쪽 참고.

를 당한 무사의 이야기라든가, 거북이와 키스하다가 물려죽을 뻔한 이야기 등 아직은 무식하고 우매한 집단으로 무사들이 묘사되고 있다.

〈28권 38화〉는 지방관의 부패상을 꼬집는 이야기이다. 생사의 갈림길에서조차도 탐욕적인 지방관의 모습을 통해서, 악정에 수탈당하고 고통받았을 서민들의 입장에 시선을 보내고 있다. 〈29권 18화〉는 1951년 베니스 국제영화제 그랑프리로 전세계의 이목을 받은 구로사와 아키라(黒沢明, 1910~1998) 감독의 영화 「나생문(羅生門)」의 토대가 된 작품이다. 장례식조차 치를 돈이 없어서 시체를 갖다 버리는 사람들과, 죽은 시체들 속에서 머리카락을 뽑아서 생활하는 노인, 그런 노인을 위협해서 물건을 빼앗는 도둑의 실상이 적나라하게 묘사되어 있다.

곤자쿠의 편자는 시종 대상과 일정한 간격을 유지하는 냉정하고 여유 있는 자세로, 인간을 생존욕, 성욕, 물욕, 권세욕 등과 같은 본능 추구의 존재로 파악하고 있다. 이와 같은 인간관 및 사회 저변에 대한 관심, 또 사회적 암부(暗部)에 대한 비판 정신 등은 일본문학사상 보기 드문 문학적 성과라고 할 수 있다.

『곤자쿠 설화집』은 미완성으로 끝난 이유에서인지 중세시대까지는 세상에 알려지지 않은 채로 묻혀 있었다. 그 이름이 세상에 알려진 것은 1720년에 국학자 이자와 반료(井沢蟠龍)가 출판하고 나서의 일이다. 그러나 이 설화집을 일약 일본 최고(最高)의 고전의 반열에 올려놓은 사람은 근대 단편소설의 귀재로 일컬어지는 아쿠타가와 류노스케(芥川龍之介, 1892~1927)이다. 아쿠타가와는 곤자쿠를 소재로『나생문(羅生門)』,『코(鼻)』,『마죽(芋粥)』,『호색(好色)』,『덤불속(薮の中)』등의 수작을 발표하여, 곤자쿠가 갖는 높은 문학적 가치를 문단과 학계에 각인시켰다. 아쿠타가와는 곤자쿠에 대한 감상을 적은 에세이에서 이 설화집의 매력을 '야성미(野性美)'라고 극찬한 바 있다. 곤자쿠 설화집이 만들어진 헤이안 말기는 고대 국가의 율령제가 붕괴되고 중세의 봉건체제로 도입하는 과도기였다. 낡은 질서가 무너지고 그것을 대체할 새로운 질서가 정립되지 않은 상태에서 사회는 극심한 혼란에 빠져 있었다. 사람들은 정신적 공황을 극복하고 살아남기 위해 발버둥치지만, 뚜렷한 해결책을 찾지 못한 채 우왕좌왕하고 있었다. 곤자쿠의 편자는 바로 그런 위기의 시대를 극복할 수 있는 생명력 있는 가치관을 사람들에게 심어주고자 했던 것으로 생각된다. 지나치게 감성적인 여타 헤이안 문학과는 달리 『곤자쿠 설화집』에 인간의 야성-자연 또는 본능 그대로의 성질-, 또 그 야성이 불러오는 불가지(不可知)적 힘의 약동을 그린 이야기가 많은 이유도 거기에 있을 것이다.

골라 읽기

1. 또 하나의 여성상

__〈28권 1화 시게카타가 바람피운 이야기〉

지금은 옛날이 되었지만, 매년 2월 첫 번째 오일(午日)이 되면 장안의 모든 사람이 모여서 이나리(稻荷) 신사(神社)에 참배하러 가곤 했다. 그런데 예년보다 유난히 참배자가 많은 해가 있었다. 그 날은 근위부(近衛府)[2]에서 일하는 관리(舍人)들도 많이 참가하였다. 오와리 가네토키, 시모쓰게 긴스케, 마무타 시게카타, 하다 다케카즈, 마무타 다메쿠니, 가루베 긴도모 등 이름을 대면 알 만한 사람들이 술과 도시락 등을 준비해서 하인들을 대동하고 참배하러 가는 중이었다. 오가는 사람들로 길은 매우 북적였는데, 그 중에 눈에 띄게 곱게 차려입은 여자가 있었다. 짙은 보라색 상의에 알록달록한 기모노를 겹쳐 입고 요염한 자태로 걷고 있었다.

여자는 관리들이 이쪽으로 걸어오는 것을 보고 얼른 나무 그늘 쪽으로 몸을 피했다. 관리들은 괜한 농지거리를 걸어보기도 하고 여자의

---

[2] 육위부(六衛府)의 하나로 궁궐의 경비 · 의장(儀仗) · 제사(祭祀) · 공봉(供奉) 등의 임무를 맡던 관리. 원전은 『日本古典文學全集24 今昔物語集』(小学館, 1976年)을 사용하였다.

얼굴을 쭈욱 훑어보기도 하면서 지나갔다. 마무타 시게카타(茨田重方)는 원래부터 여자를 상당히 밝히는 남자로 여자문제 때문에 자주 부부싸움을 하곤 한다. 그런 시게카타가 예쁜 여자를 보고 그냥 지나칠 리 만무했다. 시게가타는 여자에게 다가가서 시종 눈을 떼지 않고 계속 말을 걸면서 유혹했다. 그러자 여자는

"부인도 계시는 양반의 말씀을 누가 믿겠어요?"
라고 했다. 간드러진 목소리가 시게카타를 더욱 자극한다.

"있잖아 자기, 내가 마누라가 있긴 한데. 그게 말이지 얼굴은 꼭 원숭이 같고 심보도 고약해서 내 당장이라도 이혼해버리고 싶은 마음은 굴뚝같지만, 다만 옷 솔기라도 터졌을 때 꿰매줄 사람이 없는 것도 아쉽고 해서 당분간 그냥 데리고 사는 거야. 마음에 드는 상대가 생기면 바로 차버릴 생각이라니까. 내 말 믿어."

"그 말 정말이시죠? 농담은 아니시겠죠?"

여자가 이렇게 말을 받자 시게카타는

"이곳 신께서도 날 버리시지 않았군요! 내 오랜 바람을 드디어 이루게 해주시다니, 그동안 열심히 참배한 보람이 있군요. 오, 신이시여! 정말, 감사합니다! 그런데 그쪽은 독신이십니까? 어디 사세요?"
하고 물었다. 여자는

"저도 지금은 남편이라고 할 만한 사람은 없어요. 전에 한 때 궁중에서 일한 적이 있었는데, 남편이 그만두라고 해서 그만 뒀지요. 그런데 남편이 죽는 바람에 요 3년간은 의지할 사람도 없고 해서 이 신사에 참배하러 오곤 하지요. 당신의 마음이 진심이시라면 집을 가르쳐 드리

지요. 아, 아니에요. 난생 처음 만난 분의 말을 그대로 믿을 순 없지요. 어서 가세요. 저도 가야 해요."
라고 발길을 재촉한다. 시게카타는 기도하듯 두 손을 모아 이마에 대고 여자에게 고개를 들이밀며,

"오, 신이시여, 도와주소서. 그런 무정한 말씀은 거두어 주소서. 당장 그대의 집으로 가겠소. 그리고 절대로 마누라 집으로는 얼씬도 않겠소."
라고 애원한다. 그 순간 여자는 남자의 상투를 모자채로 움켜잡고 산이 흔들릴 정도로 세게 뺨을 내리쳤다. 시게카타는 깜짝 놀라

"이게 무슨 짓입니까!"
하고 고개를 들어 여자를 보았다. 놀랍게도 거기에는 자기 마누라가 서있었다. 그의 아내가 감쪽같이 속인 것이다. 시게카타는 눈을 휘둥그렇게 뜨고,

"뭐야 당신! 미쳤어?"
하고 소리쳤다. 여자는

"당신은 어떻게 이런 부끄러운 짓을 할 수 있어요! 당신 친구들이 남편 단속 잘 하라고 해도 날 약 올리는 말쯤으로 여기고 믿지 않았는데, 그게 다 사실이었군요. 아까 당신이 한 말처럼 오늘부터 나한테 오면 여기 신사의 신벌(神罰)을 받게 될 거에요. 어떻게 그런 말까지 할 수 있는 거예요! 그 귀싸대기를 박살내서 모든 사람들의 웃음거리로 만들어 버릴 테니까."
하고 소리를 있는 대로 질러댔다. 시게카타는

"진정해. 진정해. 당신 말이 다 맞아."

하고 아무리 다독거려도 여자는 쉽게 용서가 되지 않는 모양이었다. 다른 동료들은 이런 일이 생긴 줄은 꿈에도 모르고 '시게카타는 왜 안 오지?'하고 뒤를 돌아보니까 여자와 실랑이를 벌이고 있었다. 무슨 일인가 싶어 달려와 보니 시게카타가 마누라에게 쩔쩔매고 있었다. 동료들은 여자에게,

"아주 잘 하셨어요. 그래서 우리가 여러 번 귀띔을 했던 겁니다."
하고 치켜세웠다. 여자는

"바로 이 분들 보는 앞에서 당신의 그 못된 버릇을 단단히 고쳐주려고 했던 거예요."
라고 하며 그제야 상투를 놓아주었다. 시게카타는 쭈글쭈글 구겨진 모자를 손으로 펴가며 위쪽으로 발길을 향했다. 여자는

"당신은 오늘부터 아까 그 여자네 집으로 가면 돼요. 나한테 오면 다리몽둥이를 분질러 버릴 테니까."
하고 아래쪽으로 내려갔다.

아내가 사람들 앞에서 그렇게 개망신을 시켰지만, 시게카타는 다시 집으로 돌아갔다. 그리고 열심히 아내의 비위를 맞추자, 여자도 조금씩 마음을 풀었다. 시게카타는,

"당신은 역시 내 마누라야. 암 그렇고말고. 그러니까 그런 대단한 일도 할 수 있었던 거야."
하고 여자를 띄워보지만 여자는,

"입 닥쳐요. 이 바보 얼간이. 장님도 아니면서 마누라도 몰라보고, 목소리도 못 알아들어 웃음거리가 되다니. 한심해도 유분수지!"

남자의 본성과 여자의 야성

라고 하며 여전히 핀잔을 주곤 했다. 그 후 이 일은 소문이 퍼져 특히 젊은 귀족들 사이에 회자되었기 때문에, 시게카타는 젊은 귀족들 모이는 곳에는 얼씬도 못하게 되었다.

그런데 여자는 시게카타가 죽은 후에 시집갈 나이가 되어서 다른 사람의 아내가 되었다고 전해진다.3)

〈28권 14화 스님이 하녀에게 당한 이야기〉

옛날 스자쿠(朱雀) 천황 시대에 닌조(仁淨)라는 스님이 살았다. 설법이 훌륭하기로 유명했다. 또한 말솜씨가 뛰어나서 여러 당상관이나 귀족 자제들의 좋은 말동무가 되곤 했다.

그가 궁궐에서 열리는 법회에 참석하기 위해 입궐했다. 어전(御殿)으로 향하고 있는데 길목에 야에(八重)라는 하녀가 서 있었다. 노송나무로 된 부채로 얼굴을 가리고 있었다. 이것을 본 닌조는,

"뒷간에 담까지 칠 필요는 없을 것 같은데. 누가 넘어온다고."4)

라고 하면서 지나갔다. 그러자 하녀는,

"혹시 털 빠진 개라도 들어오면 안 되잖아요!"5)

라고 받아쳤다. 닌조는 어전에 올라 당상관들과 만난 자리에서 이 이야기를 했다.

"보기 좋게 야에한테 한방 먹었지 뭡니까."

---

3) 이 글로 미루어 여자가 시게카타의 아내였을 때는 상당히 어린 나이였다고 추측된다.
4) '너 같은 못난이를 누가 넘본다고 부채로 얼굴을 가렸냐'는 뜻.
5) '너 같은 머리 깎은 중이 넘볼지도 모르니까' 하는 뜻.

이야기를 들은 당상관들은 야에를 크게 칭찬했다. 닌조도 무척 재미있고 기특하게 생각되었다. 그 후 야에에 대한 평판이 높아져서 황족들도 칭찬을 아끼지 않았다.

닌조는 입담이 좋기로 둘째가라면 서러운 자이거늘, 그런 그를 꼼짝 못하게 야에가 되받아치다니, 얄미울 정도로 멋지다. 옛날에는 여자라도 이처럼 재치 있는 말을 할 수 있는 사람들이 있기에 세상 사람들도 즐거워했다고 전해진다.

__〈29권 23화 아내가 강간당한 이야기〉

옛날에 교토에 사는 남자가 단바(丹波)6) 지방 출신의 아내를 데리고 단바로 향하고 있었다. 남자는 처를 말에 태우고 등에는 화살이 든 통을 매고 손에는 활을 들고 길을 가고 있었다. 오에 산(大江山) 근처에서 큰 칼을 차고 힘이 아주 세어 보이는 젊은 사내와 동행하게 되었다. 함께 걸어가면서 이야기를 나누다가 남자는

"그쪽은 어디까지 가십니까?"

하고 물었다. 그러자 칼을 찬 사내는 묻는 말에는 대답도 않고,

"내가 차고 있는 이 칼로 말하면 무쓰(陸奧) 지방에서 대대로 전해지는 명성 높은 칼이요. 한번 볼 테요?"

라고 하며 칼을 빼서 보여준다. 그야말로 아주 멋진 칼이었다. 남자는 칼을 보자 욕심이 났다. 사내는 그런 기색을 눈치채고

"이 칼을 그렇게 갖고 싶다면, 그 활과 바꿉시다."

---

6) 옛지명. 지금의 교토 및 효고 현(兵庫縣)의 일부.

라고 제안했다. 남자는 자신의 활은 그리 좋지 않은데 사내의 칼은 아주 오래된 좋은 물건이었기 때문에, 갖고 싶은 마음이 굴뚝같은데다가 크게 이득이 되리라고 생각하고 두말 않고 얼른 바꿨다. 그리고 계속 길을 가는데 사내가

"내가 이렇게 활만 가지고 있으면 남들 눈에 이상하게 보일거요. 화살 2개만 빌려주시오. 그쪽을 위해서도 나눠가지고 가는 편이 좋지 않겠소?"

라고 했다. 남자는 이 말을 듣고 맞는 말이라고 생각하고, 멋진 칼과 별로인 활을 바꿔서 기분도 좋고 해서 화살 2개를 뽑아서 사내에게 주었다. 그러자 사내는 활과 화살을 손에 들고 뒤편에 서서 따라 갔다. 남자는 화살 통은 여전히 등에 지고 바꾼 칼을 허리에 차고 길을 재촉했다. 한참 가다가 점심을 먹기 위해 덤불 속으로 들어갔다. 남자는

"사람들이 보면 그러니까 안쪽으로 더 들어갑시다."

라고 하며 덤불이 우거진 속으로 들어갔다. 남자가 여자를 안아 말에서 내리는데, 이젠 활을 든 사내가 갑자기 남자를 향해서 화살을 겨냥했다.

"움직이면 쏠 거야."

남자는 생각지도 못한 일이라 그저 시키는 대로 했다. 사내는

"안쪽으로 더 들어가, 어서"

하고 남자를 위협했다. 남자는 처를 데리고 산속으로 더 깊이 들어갔다. 사내는 이번엔 칼을 버리라고 명령했다. 칼을 빼앗은 사내는 남자를 나무에 칭칭 묶었다. 그리고 여자에게 다가왔다. 나이는 스무 살쯤 되어 보이고 천한 신분이지만 여성스럽고 아주 청순해보였다. 사내는

마음을 빼앗겨 저도 모르게 여자의 옷을 벗기기 시작했다. 여자는 반항할 것도 같은데 사내가 시키는 대로 옷을 벗었다. 그러자 사내도 옷을 벗고 여자를 쓰러뜨렸다. 사내가 시키는 대로 아내가 순순히 따르는 것을 남편은 나무에 묶인 채로 바라보고 있었으니, 그 심정이 오죽했을까.

잠시 후 사내가 일어나서 옷을 걸치고 화살 통을 둘러매고 칼을 집어 허리에 차고 활은 손에 들면서 말에 올라 여자를 향해 말했다.

"아쉬운 마음은 들지만 해서는 안 될 짓이니까 이만 가보겠소. 당신 남편은 살려주기로 하지. 내 서둘러 길을 가야 하니 이 말은 빌리기로 하겠소."

사내는 그길로 말을 몰아 어디론가 사라졌다.

여자는 남편에게 다가와서 포박을 풀었다. 남자는 얼이 나간 얼굴을 하고 있었다. 여자는

"당신은 왜 그렇게 어리석어요. 앞으로 또 이런 일이 생기면 당신하곤 못 살아요."

남자는 아무 말도 못하고 아내를 따라 단바로 향했다.[7] 사내는 참으로 멋지다. 이 사내는 여자의 옷까지는 빼앗지 않았다. 아내가 있는 남자는 한심하기 짝이 없다. 산 속에서 만난 생판 모르는 놈에게 활과 화살을 내어주다니. 사내의 행방은 알 수 없다고 전해진다.

---

7) 작가는 여기까지 기술하고 마지막에 자신의 견해를 덧붙이고 있다. 여자를 겁탈한 사내를 칭찬하는 부분은 언어도단으로 생각되지만, 처가 있는 남자의 상황판단력의 미숙과 위기대처능력의 부족을 비판하는 가치관의 제시가 인상적이다.

2. 또 하나의 남성상

__〈28권 2화 무사들이 멀미한 이야기〉

옛날에 셋쓰(攝津)8) 지방의 수령 미나모토노 요리미츠(源賴光)에게 다이라노 사다미치(平貞道), 다이라노 스케타케(平季武), 사카타노 긴토키(坂田公時)라는 충직한 부하가 세 사람 있었다. 이들은 위풍당당하고 무예가 뛰어난 데다 담력이 세고 사려가 깊어서 어디 하나 흠잡을 데가 없었다. 관동 지방에서도 뛰어난 활약을 보여 그곳 사람들도 겁을 내는 무사들이었기 때문에 요리미츠는 이들을 총애하여 곁에 두고 중용하였다.

어느 해 가모(賀茂) 축제가 열리고 있을 때 세 사람은 가장 볼 것이 많은 둘째 날 행사에 무슨 수를 써서라도 가보려고 궁리를 짜고 있었다.

"말을 대동하고 무라사키노(紫野)에 가는 것은 아무래도 좀 그래. 얼굴을 가리고 갈 수도 없는 노릇이고 말이지. 꼭 좀 보고 싶은데 어떡하면 좋을까?"

하고 한 사람이 말했다. 듣고 있던 사람이

"스님의 수레를 빌려 타고 구경을 가면 어떨까?"

라고 했다. 다른 사람이,

"타본 적도 없는 수레를 탔다가 귀족들한테 걸리기라도 하면 어떡해. 수레에서 끌려나와 실컷 쳐 맞고 개죽음을 당할지도 모른다고."

라며 걱정을 했다. 그러자 한 명이

---

8) 지금의 오사카 부(大阪府) 북서와 효고 현(兵庫縣) 남동부.

"휘장을 쳐서 여자들 수레처럼 꾸미면 어떨까?"
라고 했다. 무사들은 일제히 '그거 참 좋은 생각이군'이라고 하면서 스님의 수레를 빌려왔다. 휘장을 늘어뜨리고 무사들은 촌스러운 남색 바지를 입고 수레에 올라탔다. 신발은 모두 수레 안으로 넣고 소매도 밖으로 안 나오게 조심했기 때문에 밖에서 보기에는 궁녀들이 탄 수레처럼 보였다.

무라사키노를 향해 수레를 몰고 가는데, 세 사람 모두 아직 수레를 한 번도 타본 적이 없었다. 마치 상자에 물건을 넣고 마구 흔들어대는 것처럼 세 사람은 수레에 머리를 부딪치고 서로의 얼굴에 부딪치고 발라당 뒤집어졌다가 엎어졌다가 난리가 아니었다. 어떻게 몸을 바로 할 수가 없었다. 이런 식으로 계속 흔들리니까 셋 다 멀미를 심하게 하여 바닥에 토악질을 하고 모자도 떨어뜨리고 말았다. 수레를 끌고 가는 소는 획획 기운차게 끌고 갔다. 세 사람은 시골 사투리로,

"천천히 좀 가유, 천천히 좀 가유."
하고 계속 소리를 질렀다. 뒤에 따라 오던 수레나, 그 수레에 붙어 걸어가던 하인들은 그 목소리가 이상하게 여겨졌다.

"대체 저 수레에는 어떤 사람들이 탄 거야? 마치 기러기들이 울어대는 것 같군. 시골 처자들이 생전처음 구경나온 것일까? 하지만 목소리는 남자 목소리인걸."
하면서 도무지 영문을 몰라 했다.

드디어 무라사키노에 도착했다. 소를 풀고 수레를 세웠다. 너무 빨리 도착해서 축제 행렬이 지나가는 것을 기다리는 동안 세 사람은 멀미

때문에 속이 울렁거리고 어지러워 모든 것이 거꾸로 보였다. 멀미가 너무 심해 세 사람 모두 엎어져 잠들고 말았다. 행렬이 지나가는 시간이 되었지만, 이들은 죽은 듯이 자고 있었기에 전혀 알아채지 못했다. 이윽고 행렬이 다 지나가고 여기저기서 수레에 소를 매고 돌아갈 채비를 하느라 부산을 떨자 겨우 눈을 떴다. 멀미로 속은 울렁거리고, 잠이 드는 바람에 축제행렬까지 놓친 것이 화도 나고 분했다.

"돌아가는 길에 또다시 수레에 흔들린다면 우리는 도저히 살아남지 못할 거야. 천 명의 적병 속으로 말을 몰고 뛰어드는 것은 일상다반사니 두렵지 않지만, 비루한 소몰이꾼 하나에 몸을 맡기고 가는 것은 이젠 사양이야. 이걸 타고 가면 우리는 가다가 죽을 거야. 잠시 여기서 인기척이 없어지는 것을 기다렸다가, 걸어서 돌아가는 것이 상책이야."

라고 의논하고, 사람들 발길이 뜸해지자 세 사람은 수레에서 내려서 수레만 먼저 돌려보냈다. 그리고 모두 신발을 신고 모자를 코끝까지 푹 눌러쓰고 부채로 얼굴을 가리고서 집이 있는 셋쓰로 돌아갔다.

이 이야기는 스케타케가 나중에 전한 것이다. 스케타케는

"아무리 용맹한 무사라도 우차(牛車) 싸움9)에서는 형편없지. 그 후로는 우차라면 완전히 질려버려서 수레 근처에는 얼씬도 않게 되었지 뭐야."

라고 했다. 그렇게 용감하고 사려 깊은 무사들이었지만 아직 한 번도 우차를 타 본적이 없었기에 차멀미로 죽을 뻔하다니, 한심하다고 하지

---

9) 소가 끄는 수레를 타고 하는 싸움.

않을 수 없다.

__〈28권 38화 벼랑에 떨어진 수령 이야기〉

옛날에 시나노(信濃) 지방에 후지와라노 노부타다(藤原陳忠)라는 수령(受領)이 있었다. 다스리던 지방의 임기가 끝나 말에 짐을 가득 싣고 사람들을 이끌고 상경하던 중에 말이 벼랑 아래로 굴러서 같이 밑으로 떨어졌다. 골이 깊은 골짜기였기 때문에 수령의 생존은 어려워보였다. (중략) 그런데 멀리 골짜기 아래쪽에서 뭐라고 외치는 사람소리가 희미하게 들렸다.

"수령님 목소리 아냐!"

이쪽에서도 큰소리로 대답을 하자, 수령은 또 뭐라고 고함을 쳤다.

"쉿, 조용히 해봐. 뭐라고 하시니까 잘 들어봐."

다들 숨을 죽이고 귀를 기울였다.

"새끼줄에 바구니를 달아 내려 보내라고 하시는데."

수령이 어디 나뭇가지에라도 걸려서 살아있는 모양이라며 새끼줄은 죄다 모아서 길게 이어서 아래로 내려 보냈다. 계속 내려가던 줄이 멈추고 나서 잠시 후,

"그만 됐어, 잡아당겨."

"잡아당기라는데."

이번에는 힘을 합쳐 끌어올리는데 이상하다 싶을 만큼 무게가 가벼웠다.

"이상한데. 바구니가 왜 이렇게 가볍지? 수령님이 타셨으면 훨씬

무거울 텐데."

"나뭇가지 같은 것을 붙잡고 계시니까 가벼운 거겠지, 뭐."
하고 바구니를 올려보니 사람은 없고 느타리버섯만 가득 담겨있었다. 사람들은 영문을 몰라 서로 얼굴만 쳐다봤다.

"어떻게 된 거지?"
하고 의아해하고 있는데,

"바구니를 다시 내려 보내!"
하고 외치는 소리가 났다. 바구니를 다시 내려 보내자 이번에는 아주 무거웠다. 많은 사람들이 달려들어 들어 올리자 수령이 타고 있었다. 수령은 한손으로는 줄을 잡고 한손으로는 느타리버섯을 잔뜩 움켜쥐고 있었다. 수령이 무사해서 다행이라고 기뻐하며,

"그런데 이 느타리버섯은 다 뭡니까?"
하고 물었다. 수령은,

"아까 골짜기 아래로 떨어졌을 때, 말은 바닥으로 떨어지고 난 다행히 나뭇가지에 걸렸지. 나뭇가지를 잡고 매달려 있는데, 아래쪽에 큰 나무가 있길래 거기에 걸터앉아 숨을 고르고 있는데, 그 나무에 느타리버섯이 잔뜩 나있지 뭔가. 그냥 버리기 아까워서 손에 닿는 대로 따서 바구니에 담아 보낸 걸세. 지금도 거기엔 지천으로 널렸네. 아까워 죽겠어. 왠지 손해 본 느낌이라니까."
라고 했다. 사람들은 그 말에 웃음을 터뜨렸다. 그러자 수령은 말을 이었다.

"자네들, 웃을 일이 아니야. 운 좋게 보물산에 들어갔다가 빈손으로

나온 기분이라니까. 왜, 속담에도 있지 않나. 수령은 쓰러져도 그 자리의 흙이라도 집으라고 말이야."

듣고 있던 나이든 차관(目代)은 속으로는 어이없어 하면서도 이렇게 말했다.

"그럼은요, 아주 잘 하셨습니다. 바로 옆에 있는 것을 가지시는데 누가 뭐라고 하겠습니까? 누구라도 그렇게 했을 것입니다. 워낙 지혜로운 분이시라 죽음을 목전에 둔 위기상황에서도 조금도 평정심을 잃지 않으시고 여느 때와 다름없이 느타리버섯을 따셨군요. 바로 그러하시기 때문에 임지(任地)도 잘 다스리시고 조세도 빠짐없이 징수하셔서 뜻하는 모든 것을 이루시고 상경하시게 된 것이지요. 여기 사람들도 수령님을 부모처럼 따르고 공경하고 있습지요. 앞으로도 천만세 부귀영화를 누리실 겁니다."

생각건대, 그렇게 위급한 상황에서도 마음의 평정을 잃지 않고 느타리버섯을 딸 수 있다는 것은 얼마나 탐욕스런 마음인가. 그런 인간이라면 재임 중에는 얼마나 거두어들였을지 상상하고도 남음이 있다.

___〈29권 18화 나생문에 올라간 도둑 이야기〉

옛날에 셋쓰(攝津) 지방에서 도둑질을 하기 위해 교토로 올라온 남자가 있었다. 아직 해가 안 져서 나생문(羅生門) 밑에 숨어서 어두워지기를 기다리고 있었다. 스자쿠(朱雀) 쪽으로 가는 사람들의 발길이 많아서 뜸해질 때까지 문 앞에서 서성이고 있는데, 이번에는 야마시로(山城)

쪽에서 사람들이 몰려왔다. 사람들 눈을 피해 문 위쪽으로 조심조심 올라갔다. 어둠 사이로 희미한 불꽃이 보였다. 도둑은 이상하다 여기며 쳐진 발 사이로 가만히 들여다보았다. 젊은 여자의 시체가 놓여있고, 그 머리맡에 나이가 상당히 들어 보이는 백발의 노파가 앉아 있었다. 노파는 죽은 사람의 머리털을 움켜잡고 힘껏 잡아당기고 있었다.

도둑은 마음이 산란해져서 '혹시 귀신이 아닐까'하고 두려운 마음이 들었다. 하지만 '내가 만약 저 죽은 사람이라면 기분이 어떨까. 가만히 있을 순 없지'하고 문을 가만히 열고 칼을 뽑아들었다.

"움직이지 마."

하고 달려들자, 노파는 놀라 당황해하는 모습이었다. 도둑은

"이봐 할멈, 당신은 누구요? 왜 여기서 이러고 있는 거요?"

하고 물었다. 노파는

"이 분은 저희 마님입니다. 얼마 전에 돌아가셨는데 장례를 치러줄 사람이 없어서 여기 이렇게 버려두고 있습니다. 마님 머리카락이 아주 길기 때문에, 이것을 뽑아서 가발을 만들려고 그랬습니다. 제발 목숨만 살려주시오."

도둑은 죽은 사람이 입고 있던 옷과 노파의 옷가지를 전부 빼앗고, 노파가 들고 있던 머리다발까지 낚아채서 아래로 부리나케 내려가서 도망쳤다.

나생문 위에는 죽은 사람의 해골이 뒹굴고 있다. 죽은 사람의 장례를 치러줄 돈이 없는 사람들이 이곳에다 시체를 버리기 때문이다. 이 이야기는 그 도둑이 다른 사람한테 한 얘기를 사람들이 다시 옮긴 것이다.

천년전의 커리어우먼
마쿠라노소시(枕草子)

개요 『마쿠라노소시』는 1001년경 세이쇼나곤(清少納言)에 의해서 쓰여진 일본 최초의 수필문학이다. 무라사키시키부(紫式部)의 『겐지 이야기』와 함께 헤이안 문학의 쌍벽을 이루는 작품이다.

세이쇼나곤의 정확한 생몰 연대는 알 수 없다. 대략 966년경에 태어나 1021~27년경에 사망한 것으로 알려진다. '세이 쇼나곤'의 '세이(清)'는 성(姓)인 '기요하라(清原)'를 줄인 말이다. 쇼나곤(少納言)은 관직명인데, 세이쇼나곤의 경우 정확한 출처가 불분명하다. 당시 여자들은 본명을 기재하지 않고, ~의 딸이나, ~의 엄마, 혹은 아버지나 남자 형제의 관직명을 따서 불렀다. 무라사키시키부의 경우 '시키부(式部)'는 부친의 관직명이다. 그런데 세이쇼나곤의 경우 일가(一家) 중에 쇼나곤이라는 관직에 있던 사람이 없다. 따라서 정확한 유래를 알기 어렵다.[1]

---

1) 세이쇼나곤의 본명이 '나키코(なき子)' 또는 '나기코(諾子)'라는 설도 있다.

기요하라 가문은 학자 집안으로 아버지 모토스케(清原元輔)는 36가선의 한 명이었고, 조부 후카야부(清原深養父)도 『고킨슈』에 17수의 와카가 실릴 정도로 명성이 있었다. 쇼나곤은 981년경 다치바나 노리미쓰(橘則光)와 결혼하여 아들 2명을 두고 있다. 991년경에 남편과 이혼하고, 993년 28살 때쯤 궁궐에 들어갔다. 이후 천황의 비인 중궁(中宮) 데이시(定子)[2]를 모시는 궁녀(女房)[3]로서 궁중에서 생활하며 자신의 재능을 마음껏 발휘하게 된다.

제목 『마쿠라노소시』의 의미는 좀 간단하지 않다. 단서가 되는 것이 ≪2. 인텔리 여성의 개성≫에 수록한 〈제323단 발문〉이다. 중궁의 오빠인 고레치카(藤原伊周)가 천황(一条天皇, 986~1011)과 중궁에게 종이책(草子, 묶음 책)을 선물한다. 중궁이 쇼나곤에게 "여기에 뭘 쓰면 좋을까?" 하고 묻자, 쇼나곤은 "마쿠라(枕)로 쓰는 것이 좋을 듯 합니다"라고 했다. 여기서 이 '마쿠라'가 뜻하는 것이 무엇인지가 수수께끼이다. 우타마쿠라(歌枕, 와카에 읊어지는 명소) 또는 마쿠라(枕, 베개)처럼 가까이 두고 메모하는 책자 등의 제설이 존재한다. 쇼나곤은 발문에서,

이 책은 눈에 보이고 마음에 떠오르는 것, 또 신기하다고 생각되는

---

[2] 후지와라노 데이시(藤原定子, 977~1000). 이치조(一條) 천황의 황후. 아버지는 미치타카(道隆). 990년 후궁으로 입궁하여 중궁이 되었다. 부친의 사망으로 996년 출가, 1000년 셋째아이 출산 직후 사망하였다.
[3] 일본어로 '뇨보'라고 발음한다. 궁녀 중에서 신분이 있는, 우리나라의 상궁정도에 해당한다. 후지와라 씨는 섭관정치를 펴기 위해 딸을 후궁으로 들여보낼 필요가 있었다. 그들은 천황의 간택을 얻기 위해 자신의 딸을 지도해줄 사람들을 지성과 교양을 겸비한 지방 수령의 딸 중에서 골랐다. 그들이 바로 세이쇼나곤이나 무라사키시키부 같은 여성들이다.

것을 심심할 적마다 사람들이 읽을 것을 염두에 두지 않고 적은 것이 다. (중략) 그냥 내 마음에 떠오르는 것을 장난삼아 적은 것이다. (중략) 이 책은 아무거나 그냥 내 마음에 와 닿는 여러 가지, 가령 사람들 사이에 이야기되는 와카나 소설, 세상사, 비, 바람, 서리, 눈 같은 것을 적은 것이기 때문에 재미있게 느껴지는 부분도 있을 것이다.[4]

라고 적고 있다. 요컨대『마쿠라노소시』는 자연과 인간사 만반에 걸친 쇼나곤의 관심, 체험, 이해, 감상 등을 떠오르는 대로 마음대로 적은 것이다. 따라서 수필이라는 장르가 아직 없었던 시대에 문학의 새로운 지평을 마련한 획기적인 작품이라고 할 수 있다. 이 작품이 있었기에 중세에『쓰레즈레구사』가 나올 수 있었다고 해도 과언은 아니다.

약 300여단에 이르는 분량을 내용과 형식에 따라 분류하면 크게 유취(類聚)적 장단, 일기(日記)적 장단, 수상(隨想)적 장단으로 나눌 수 있다. 유취적 장단은 특정 소재나 취향을 중심으로 그것과 관련한 사항을 쭉 열거하는 형식으로 ~은(는), ~것 등으로 이루어진 문장이 많다. 작가의 기발한 착상과, 섬세하고 예리한 감각, 톡톡 튀는 개성이 간결하고 명쾌한 문체를 통해 잘 표현되어 있다. 일기적 장단에는 쇼나곤이 모셨던 중궁 데이시와 주변 귀족들의 일화, 일상에 대한 회상이 중심이다. 골라 읽는 〈제105단〉과 〈제284단〉이 여기에 해당한다. 중궁과 관련 귀족을 찬미하는 내용이 많고, 작가의 자화자찬담도 수록되어있어 흥미를 끈다. 수상적 장단은 유취나 일기 장단에 속하지 않는 것을 가리킨다.

---

4) 원전은『(日本古典文學全集11)枕草子』(小学館, 1974年)을 사용하였다.

일본인들이 마쿠라노소시 하면 떠올리는 〈제1단 봄은 새벽녘〉에서 볼 수 있는 것처럼, 청아(清雅)한 미의식을 바탕으로 작가의 감상, 비평 등을 서술하는 가장 수필다운 부분이다. 그러나 이상의 구분은 어디까지나 편의상의 구분일 뿐, 한 장단 속에 서로 혼합되어 있어 구분하기 어려운 경우도 많다.

해설 세이쇼나곤은 자신의 책이 세상사 가운데서 '흥미롭다(오카시)' 고 생각한 것을 쓴 것이라고 했는데, 실제로 그녀는 이 '오카시'란 말을 전편에 걸쳐 약 400번 정도 사용하고 있다.5) 그래서 『마쿠라노소시』를 오카시(をかし)의 문학이라고도 부른다. 이것과 대비해서 『겐지 이야기』는 '모노노아와레(もののあはれ)'의 문학이라고 부른다. 오카시, 모노노아와레 둘 다 정취나 운치가 있는 것을 가리키는 말이기 때문에 이해하기 어려운 측면이 있다. 모노노아와레는 우리말로 하면 '그윽하다', '애틋하다', '가엾다', '슬프다'라는 말로 번역된다. 어떤 대상에 감정이입이나 몰입했을 때 발생되는 정서라고 할 수 있다. 반면 오카시는 우리말로 하면 '멋지다', '흥미롭다', '재미있다', '감동적이다'라는 말로 번역할 수 있다. 대상 속으로 들어가지 않고 상대하면서 느끼는 지적이고 현실적인 감각이라고 할 수 있다. 쇼나곤은 '오카시'란 말을 통해 자신의 지성과

---

5) 오카시 정취에 대한 이해를 돕기 위해 선독 부분에서 원문에 '오카시(をかし)'라고 되어 있는 부분은 전부 표시해 두었다.

개성을 유감없이 표출하고 싶어 했다고 할 수 있다.

쇼나곤이 자신의 지성-그것은 보통 한학(漢學)에 대한 지식이다-을 과시하는 대목은 여러 곳에서 발견된다. 선독하는 부분에서는 〈제284단 향로봉의 눈〉을 들 수 있다. 눈이 많이 온 날 격자문을 닫아놓고 얘기를 나누다가 중궁이 문득 밖을 내다보고 싶어진다. 문을 열라고 바로 시키지 않고 『백씨문집(白氏文集)』-중국 당나라 시인 백거이(白居易)의 시문집-에 나오는 시를 인용하여 향로봉의 눈은 어찌 되었냐고 물어본다. 쇼나곤은 격자문을 올리게 하고 발을 들어 자기도 그 시를 알고 있다는 것을 행동으로 보여준다. 그녀는 경쟁에서는 반드시 이겨야 하고(254단), 1등이 되지 않을 바에는 차라리 죽는 것이 낫다(105단)고 생각하는 지기 싫어하는 여성이었다.

쇼나곤의 자아도취적이고 독선적인 성격에 대해서는 일찍이 무라사키시키부를 비롯하여 많은 사람들이 비난의 대상으로 삼아왔다. 시키부는

> 세이쇼나곤은 오만하고 잘난 체가 심한 여자입니다. 아주 영리한 척 하며 한자를 쓰고 한문학 지식을 자랑하지만, 잘 보면 부족한 점이 많습니다. 이처럼 자기가 다른 사람하고는 다르다고 잘난 척을 떠는 사람은 반드시 결점이 드러나게 되고 장래 또한 좋을 일이 없습니다. 풍류 좀 안다고 하는 사람들을 보면, 아주 삭막하고 아무것도 아닌 일에도 정취가 어떻고 하면서 떠들어댑니다. 별것도 아닌 것에 일일이 풍정(風情)을 발견하려고 하니까, 자연히 아무 흥취도 없는 경박한 것이 되고 마는 것이지요. 그런 사람의 말로(末路)가 어찌 좋을 수

있겠습니까. (『무라사키시키부 일기(紫式部日記)』)

라고 하면서 쇼나곤의 '오카시'의 남발 즉 아무것에나 감동하는 감각의 낭비에 대해서 가차 없는 비판을 가하고 있다. 쇼나곤 같은 여자가 어떻게 끝이 좋을 수 있겠느냐고 악담까지 퍼붓고 있으니, 싫기는 어지간히 싫었나보다.

1000년이 지난 오늘날까지 이 두 사람을 강력한 라이벌 관계로 인식하는 것은 전적으로 시키부(의 일기)에 의한 것이다. 사실 쇼나곤이 시키부에 대해서 어떻게 생각했는지는 기록이 없어 알 수 없다. 그렇다면 무라사키시키부가 세이쇼나곤에 대해서 왜 그렇게 원한(?)에 사무친 감정을 가지게 된 것일까. 우선 공적인 면에서 살펴보면, 두 사람은 서로 대항적인 관계에 있는 주인을 섬기고 있었다. 쇼나곤이 모신 후지와라 데이시와 시키부가 모신 후지와라 쇼시(藤原彰子)[6]는 둘 다 이치조 천황의 부인들이었다.[7] 자연히 데이시를 중심으로 한 쇼나곤 그룹과 쇼시를 중심으로 한 시키부 그룹은 적대관계에 놓을 수밖에 없다. 따라서 데이시를 세상에 둘 도 없는 사람으로 이상화하여 찬미하는 쇼나곤을 시키부는 받아들이기 어려웠다. 또 두 사람은 문필 면에서도 호적수였다. 시기적으로 겹치지는 않지만, 시키부로서는 당시 상당한 문명을 얻고 있었던 쇼나곤을 의식하지 않을 수 없었다고 생각된다. 한편 개인

---

6) 『겐지 이야기』 해설 참조.
7) 미치쓰나의 어머니(가게로 일기의 작가)의 남편 가네이에(兼家)에게는 4명의 아들이 있었다. 장남 미치타카(道隆)의 딸이 데이시(定子)이고, 4남 미치나가의 딸이 쇼시(彰子)이다. 따라서 데이시와 쇼시는 서로 사촌지간이다.

적으로는 쇼나곤이 마쿠라노소시에 자기 남편에 대한 험담을 늘어놓은 것이 시키부의 심기를 불편하게 했다고 보인다. 쇼나곤은 123단에서 시키부의 남편이 때와 장소를 모르고 화려한 옷을 입는다고 적고 있다.

필자가 생각하는 세이쇼나곤의 (글의) 단점은 놀라울 정도로 정치적 사회적 관점이나 입지가 결여되어 있다는 사실이다. 그리고 바로 그 점이 시키부를 비롯하여 많은 사람들이 그녀의 글에서 거부감을 느끼게 된다고 생각한다. 쇼나곤은 중궁 데이시의 행복한 날들에 대해서만 기록하고 있다. 그러나 실제로 중궁이 행복했던 시절, 다시 말해 그녀의 친정이 번영했던 기간은 그리 길지 않았다. 995년에 아버지가 죽고 미치나가의 계략에 의해 오빠들의 실각(996년)되면서 집안은 몰락한다. 데이시는 오직 이치조 천황밖에 의지할 곳이 없어졌는데, 그 이치조 천황에게 미치나가의 딸인 쇼시가 들어오게 된다(999년). 그런데 여기에 대한 언급이 마쿠라노소시에는 전무하다. 이 무렵에 해당하는 기록 어디에도 중궁의 불행과 몰락에 대한 것은 없다. 서술자(쇼나곤)의 감정의 기복이나 어두움도 발견할 수 없다. 물론 마쿠라노소시는 중궁을 찬미하기 위한 궁중일기라고 해도 틀리지 않다. 하지만 그렇다고 해도 쇼나곤의 정치사회적 시야 및 가치관의 결여는 독선적인 경향의 그녀의 성격과 배타성이 강한 궁녀집단이라는 소속이 가져온 폐단이라고 지적하지 않을 수 없다.

쇼나곤은 자기 자신도 그리 높지 않은 귀족 출신이면서[8] 하층민에

---

[8] 쇼나곤의 아버지 모토스케(淸原元輔)는 이름난 가인이었다고는 하지만, 지방관을 역임할 정도의 귀족층이었다.

대해 철저한 편견과 혐오감을 가지고 있다. 선독하는 〈제52단〉의 '어울리지 않는 것'의 예로 든 다음과 같은 것이나,

천한 사람의 집에 눈이 내리는 것. 거기에 달빛까지 비치면 무척 아까운 생각이 든다.

〈제126단〉에서 '초라하게 보이는 것'의 예로 든 다음과 같은,

늙은 거지. 아주 춥거나 더울 때 미천한 여자가 지저분한 차림으로 애를 업은 것. 작은 판잣집이 검게 그을려 더러운데다 비까지 젖은 것.

문장을 읽으면, 과연 그녀의 일류 지향의 끝은 어디를 향하고 있었나 하는 절망감이 든다.

쇼나곤은 36살 되는 해인 1001년, 중궁의 상(喪)을 치른 후 궁중을 떠났다. 약 9년간에 걸친 궁중생활을 마감한 것이다. 그 후 재혼했다는 말도 있고, 전국 여기저기를 떠돌아 다녔다는 전설도 있다. 만년은 시키부의 저주대로 그리 행복하지 않았던 것으로 알려진다. 영락한 모습으로 50세 후반이나 60세 초반에 세상을 떠났다고 전해질 뿐이다.

골라 읽기

1. 감동의 연발

__〈제1단 봄은 새벽녘〉

봄은 새벽녘. 조금씩 밝아오던 산 능선이 점점 환해지며, 보랏빛 구름이 가늘고 길게 뻗어 있다.

여름은 밤. 달이 뜬 밤은 말할 것도 없고,[9] 어두워도 반딧불이 반짝거리며 날아다니는 모습이 보기 좋다. 비가 내려도 운치가 있다.[10]

가을은 해질녘. 석양이 환히 비추고 산봉우리가 가깝게 보일 때, 까마귀가 둥지를 향해 삼삼오오 짝을 지어 날아가는 광경은 가슴 뭉클한 감동이 있다.[11] 기러기가 행렬을 이뤄 저 멀리로 날아갈 때, 그 모습이 점점 작아져 가는 것을 보는 것도 아주 멋지다.[12] 해가 지고 들려오는 바람소리, 벌레소리도.

겨울은 새벽녘. 눈 내린 아침은 더욱 좋다. 서리가 새하얗게 내린

---

[9] 보통은 가을의 달을 정취가 있다고 표현하는데 작자는 독특하게 여름의 달을 '정취가 있다(をかし)'라고 표현하고 있다.
[10] をかし.
[11] あはれなり.
[12] いとをかし.

아침이나, 또 그렇지는 않지만 아주 추운 날 서둘러 불을 지피며 숯을 나르는 모습은 이맘때에 어울리는 풍경이다. 낮이 되어 추위가 누그러지면서 화롯불이 하얀 재로 변하고 마는 것은 아쉽다.

〈제2단 일 년 열두 달〉

계절은 정월, 3월, 4·5월, 7·8월, 9·11월, 12월. 모든 계절이 그때그때에 따라 1년 내내 정취가 있다.13)

〈제74단 은밀한 만남은〉

사람 눈을 피해 만남을 가질 때는 여름이 제격이다.14) 짧은 밤이 금세 환해져서 눈도 붙이지 못한 채 아침을 맞는다. 열어둔 문 사이로 아침공기가 들어와서 주변이 온통 서늘하게 보인다. 밤새 못 다한 얘기를 주고받는데, 갑자기 우리 앞으로 까마귀가 높이 날아가면, 까마귀에게 들켰구나 하는 기분이 든다.15)

〈제305단 병은〉

병은 가슴병, 귀신이 씌이는 것(모노노케).16) 각기병. 이유 없이 식욕이 없는 것도 병이다.

---

13) をかし.
14) をかしけれ.
15) をかしけれ.
16) 「사랑의 기쁨과 슬픔-겐지 이야기-」의 주 9) 참조.

열여덟이나 열아홉 살쯤 되는, 길고 탐스러운 머리칼과 희고 아름다운 피부를 가진 아주 예쁘게 생긴 여자가, 심한 치통으로 흘러내리는 머리카락이 눈물에 젖어 엉겨붙는 줄도 모르고 얼굴이 빨개진 채 아픈 곳을 누르고 있는 모습은 애틋한 느낌을 준다.[17]

지난 8월경에 희고 부드러운 웃옷에 멋진 치마를 받쳐입고 고운 빛깔의 겉옷을 걸친 궁녀가 가슴병을 심하게 앓았다. 동료 궁녀들이 차례로 문병을 왔는데, 그 중에는 '저런, 세상에. 늘 이렇게 아픈 거예요?' 하며 건성으로 물어보는 사람도 적지 않았다. 하지만 아픈 여자에게 마음이 있는 남자는 진심으로 안타까워하며 한숨짓는다. 더군다나 몰래 혼자 짝사랑하는 남자라면 여자한테 가보지도 못하고 깊은 한숨만 내쉬게 되는데, 그 모습이 애틋한 느낌을 준다.[18]

2. 인텔리 여성의 개성

〈제21단 장래희망도 없이〉

이렇다 할 장래에 대한 희망도 없이 그저 남편만을 바라보며 진정한 행복도 아닌 것에 행복을 느끼며[19] 하루하루를 착실히 살아가는 여자는 나로서는 너무 답답하고 한심하게 여겨진다. 웬만한 신분이 있는 딸이

---

17) をかしけれ.
18) をかしけれ.
19) 남편의 출세 등을 가리킴.

라면 사람들 사이에 섞이게 하여 세상 돌아가는 이치를 알게 하고 싶다. 궁녀(內侍)[20]라도 잠시 시켜보는 것이 좋을 거라고 생각된다.

'궁중에서 일하는 여자들은 얼굴이 너무 알려져서 좀 그래'하면서 안 좋게 생각하거나 비난하는 남자들은 정말이지 밉살스럽다. 그러나 한편으론 일리가 없진 않다. 세상에서 가장 귀하신 천황을 비롯해 고관(上達部)[21], 당상관(殿上人)[22], 4위, 5위, 6위 할 것 없이 모든 사람들에게 궁녀의 얼굴은 알려진다. 상궁의 시종이며 그 본가 사람들, 몸종 같은 상것들에 이르기까지 모르는 사람이 없다. 하지만 그것은 남자 궁인들도 마찬가지이다. 궁중에서 일하는 이상 만인에게 얼굴이 팔리는 것은 어쩔 수 없는 일이다.

궁녀 중에는 나중에 정부인이 되어서 사람들에게 마님이라 불리는 사람도 있다. 이 경우 이미 얼굴이 너무 알려져서 보는 이에게 그윽한 인상을 주기 어려운 것이 사실이다. 하지만 때때로 입궐하여 축제(賀茂祭)[23] 행사 등에 관여할 수 있다는 것은 얼마나 영예로운 일인가. 또 아주 집안에 들어앉는 경우도 있는데 그것 역시 매우 좋다고 생각한다. 지방 수령인 남편이 고세치(五節)[24]에 나갈 소녀(舞姬)를 진상하거나 할 때, 안주인이 그런 일에 관해서 지식이 풍부한 궁녀 출신이라면,

---

20) 후궁에 관한 예식 및 사무를 맡아보던 관청인 나이시노쓰카사(內侍司)에 봉사하는 궁녀.
21) 태정대신(太政大臣)・좌대신(左大臣)・우대신(右大臣)・대납언(大納言)・중납언(中納言)・참의(參議) 및 삼품 이상의 당상관의 총칭.
22) 4품・5품 이상과 6품의 구로우도(藏人)로서 정전(正殿)에 오름이 허락된 당상관.
23) 교토(京都)의 가모(賀茂) 신사(神社)에서 거행되는 제례의식. 아오이 마쓰리(葵祭)를 가리킨다.
24) 음력 동짓달에 궁중에서 거행되는 무악(舞樂). 귀족들이 무희를 헌상한다.

엉뚱하고 촌스러운 질문을 해서 창피를 당하는 일 따위는 없을 테니까 말이다.

〈제77단 있기 어려운 일〉

있기 어려운 일. 장인한테 칭찬받는 사위. 시어머니한테 귀염 받는 며느리. 털이 잘 뽑히는 족집게. 주인 험담 안 하는 시종. 조금도 흠잡을 데가 없을 정도로 용모, 마음가짐, 풍채 모두 뛰어나서 세상을 살아가는 데 완벽한 사람. 같은 곳에 근무하면서 부끄러울만한 짓을 조금도 하지 않는 사람도 좀처럼 있기 어렵다. 이야기책이나 가집을 옮겨 적을 때 원본에 먹물 안 묻히는 것, 좋은 책일수록 주의해서 조심스럽게 하는데도 반드시 더럽히게 된다. 남자도, 여자도, 스님조차도, 서로 변치말자고 굳게 약속한 사람들이 끝까지 가는 경우도 있기 어렵다. 또 시키는 대로 말을 잘 듣는 하인도 있기 어렵다.

〈제119단 그림으로 그리면 못한 것〉

그림으로 그리면 별 볼일 없어지는 것. 패랭이꽃. 창포. 벚꽃. 소설 속에 아름답게 그려진 남녀의 모습.

〈제120단 그림으로 그리면 나은 것〉

그림으로 그리면 더욱 멋지게 보이는 것. 소나무. 가을 들녘. 산골 마을. 산길. 학. 사슴.

__〈제131단 멋쩍은 것〉

　멋쩍은 것. 다른 사람 부르는 데 자기 부르는 줄 알고 나오는 사람. 뭔가를 주려고 했을 때는 더욱 멋쩍다. 별 뜻 없이 다른 사람 얘기나 험담을 했는데, 그것을 어린아이가 듣고 그 사람 앞에서 그대로 얘기하는 것. 슬픈 얘기를 하며 사람들이 울 때, 정말 안됐다고 생각하면서도 눈물이 안 날 때는 심히 멋쩍다. 일부러 울상을 짓고 슬픈 생각을 해봐도 효과가 없다. 기쁜 일을 들었을 때는 저절로 눈물이 솟구치거늘….

__〈제144단 아무 쓸모없는 것〉

　아무 쓸모없는 것. 얼굴이 못 생겼으면서 성격까지 나쁜 것. 옷에 풀 먹이려고 써놓은 죽에 물이 들어가 못 쓰게 된 것. 이런 내용까지 적는 내가 너무 심하다고 사람들이 말할지도 모르지만, 이제 와서 그만 둘 수도 없다. 또 출상(出喪)할 때 쓰는 부젓가락도 아무데도 쓸데가 없다. 이런 것은 누구나 경험을 통해 알고 있을 것이다. 이 책은 사람들 눈에 띌 리 만무하고, 또 사람들이 읽을 것을 기대하지도 않기 때문에, 아무거나 사람들이 싫어할 내용까지도 그냥 생각나는 대로 적은 것이다.

__〈제155단 귀엽고 사랑스러운 것〉

　귀엽고 사랑스러운 것. 박에 그려진 아이 얼굴. 새끼 참새를 찍찍찍 쥐 울음소리를 내서 부르면 총총 뛰어오는 것. 또 새끼의 다리를 못

가게 묶어놓으면 어미가 먹이를 물고 와서 입에 넣어주는 것도 사랑스럽다. 두 살 박이 아이가 이쪽으로 기어오다가 작은 티끌 같은 것을 발견하고 고사리 같은 손으로 집어서 어른한테 보여주는 모습은 정말이지 사랑스럽다. 단발머리를 한 소녀가 머리카락이 흘러내리는 것도 모르고 뭔가를 골똘히 바라보는 모습도 사랑스럽다. 옷의 허리부분을 끈으로 질끈 동여맨 모습도 귀엽고 사랑스럽다. 작은 동자가 옷을 말끔하게 차려입고 늠름하게 걸어가는 모습도 사랑스럽다. 귀엽게 생긴 아기를 잠시 안고 어르는 동안 스르르 잠들어버리는 것도 사랑스럽다. 인형놀이 도구, 연못에 떠있는 작은 연꽃잎, 작은 접시꽃, 뭐든지 작은 것은 다 사랑스럽다.

__〈제284단 향로봉의 눈〉

눈이 아주 많이 왔을 때, 여느 때와는 달리 격자문을 내리고 화로에 불을 지피고 모여앉아서 이야기를 나누고 있었다. 중궁께서
"쇼나곤아, 향로봉(香爐峰)의 눈은 어찌 되었는고?"
하고 물으셨다. 나는 격자문을 올리게 하고 발을 높이 말아 올렸다.[25] 그러자 중궁께서 웃으셨다. 사람들은 "우리도 그 시를 알고 있긴 했는데, 지금은 그 생각을 미처 못 했어. 역시 중궁님을 모시는 상궁이라면

---

25) 중궁이 『백씨문집』 권16 '향로봉 아래 새로 산거를 마련하고 초당이 완성되어 동벽에 쓴 시(香爐峯下新卜山居草堂初成偶題東壁)'에 나오는 '향로봉의 눈'을 언급하자, 세이쇼나곤이 원시의 "향로봉의 눈을 발을 들어 쳐다본다(香爐峯雪撥簾看)"는 시구를 직접 행동으로 보여준 것.

저 정도는 되어야 해"하며 칭찬했다.

〈제323단 발문〉

내 마음에 멋지다고 생각되는 것을 다른 사람에게 말하기도 하고, 또 이렇게 적기도 했는데, 중궁님께 폐가 되는 것은 아닌지 송구한 마음도 든다.

하지만 이 책은 눈에 보이고 마음에 떠오르는 것, 또 신기하게 생각되는 것을 심심할 적마다 사람들이 읽을 것을 전혀 염두에 두지 않고 적은 것이다. 따라서 다른 사람들에 대해 지나치게 말한 부분도 있다. 그래서 잘 숨겨놓는다고 했는데 생각지도 않게 세상에 알려지게 되었다.

대신26)이 중궁께 종이를 헌상했는데, 중궁께서
"여기에 무엇을 쓰면 좋을까?"
라고 하시며,
"주상께서는 사기(史記)라고 하는 책의 일부분을 적으셨다고 하는데. 나는 고킨슈라도 적을까."
라고 말씀하셨다. 그래서 나는
"저에게 주시면 마쿠라로 삼고 싶습니다."
라고 말씀드렸다.
"그럼 자네가 갖게."

---

26) 중궁의 오빠 후지와라 고레치카.

하고 하사하신 것을 시골로 가지고 내려왔다. 중궁님을 모시던 때가 그리워져서 고사(故事)든 뭐든 종이 있는 대로 쓰다보니까, 점점 종잡을 수 없는 내용만 많아졌다.

  이것은 세상 사람들이 재미있고 멋지다고 생각할 만한 것을 골라 적은 것이 아니다. 그냥 내 마음에 떠오르는 것을 장난삼아 적은 것이다. 따라서 다른 저작물과 섞여서 동등하게 평가받으리라고 기대하지 않는다. 그런데 읽어본 사람들이 "훌륭해요"라고 말해주니 그저 신기할 따름이다. 사람들의 좋고 그름의 평가에는 그 사람의 가치관이 드러난다. 애당초 이 책을 사람들에게 보인 것이 잘못이다. 이 책은 아무거나 그냥 내 마음에 와 닿는 여러 가지, 가령 사람들 사이에 이야기되는 와카나 소설, 세상사, 비, 바람, 서리, 눈 같은 것을 적은 것이기 때문에, 재미있게 느껴지는 부분도 있을 것이다.[27] 반대로 '이상한 것에만 관심과 흥미를 느끼는 모양이군'[28]하면서 비난한다고 해도 나로서는 변명의 여지가 없다.

3. 잘못된 일류지향

__〈제52단 어울리지 않는 것〉

  어울리지 않는 것. 안 이쁜 머리[29]를 한 사람이 흰 옷을 입은 것.[30]

---

27) をかしく興ある事もありなむ.
28) あやしくかかる事のみ興あり, をかしくおぼゆらむ.

안 이쁜 머리에 꽂까지 꽂은 것. 글씨도 못 쓰면서 빨간 종이에 쓴 것. 천한 사람의 집에 눈이 내리는 것. 달빛이 비치는 것도 무척 아까운 생각이 든다. 달 밝은 밤에 지붕도 없는 우차를 좋은 소가 끌고가는 것. 나이 든 여자가 남산만한 배로 헉헉대며 돌아다니는 것. 늙은 여자가 젊은 남자랑 사는 것도 보기 흉한데, 남자가 다른 여자네 간다고 질투하는 것은 정말이지 볼썽사납다. 나이 지긋한 남자가 야옹야옹하며 고양이 소리를 내는 것. 수염이 덥수룩한 늙은이가 이빨로 알밤을 까먹는 것. 이 없는 노파가 매실을 먹고 시다고 찡그리는 것. 천한 여자가 다홍색 치마를 입은 것. 요즘에는 너 나 할 것 없이 그렇게 입고 다닌다.

〈제105단 일등이 아니라면〉

중궁님 형제분을 비롯해 여러 높은 귀족들이 중궁 앞에 모여 있었는데, 방 기둥에 기대 다른 궁녀들과 얘기를 나누던 내게 중궁께서 뭔가를 던져주셨다. 펴 보니

"내가 그대를 아끼는 것이 좋은가, 싫은가? 만약 그대가 첫 번째가 아니라면 어떤가?"

라고 쓰여 있었다.

전에 중궁님 앞에서 이런저런 얘기를 나누다가,

"만약 내가 다른 사람한테 첫 번째로 사랑받지 못한다면 다 소용없다

---

29) 머리카락이 길이나 색깔, 윤기 등이 모두 안 좋은 것.
30) 흰 옷을 입으면 머리 부분이 눈에 잘 띄기 때문인 것으로 사료됨.

고 생각해요. 차라리 미움을 받거나 무시당하는 편이 낫지요. 나는 두 번째나 세 번째는 죽어도 되기 싫어요. 반드시 첫 번째만 될 거에요" 라고 했더니 다른 궁녀들이 "법화경에서 말하는 일승법(一乘法)이네요" 라고 하며 함께 웃은 적이 있는데, 그것을 말씀하시는 것 같았다. 중궁께서 붓과 종이를 주셨기에,

"저는 9품 연대(蓮臺) 중에서 하품(下品)이라도 괜찮습니다."31)

라고 써서 올렸다. 그러자 중궁께서는

"저번의 그 기세는 다 어디로 간 거야? 이건 아니지. 처음에 했던 말을 그대로 끝까지 밀고 나가야하지 않겠어?"

라고 말씀하셨다.

"그것은 상대방에 따라서 얼마든지 달라질 수 있습니다."

라고 말씀드렸다.

"그게 바로 틀렸다는 거야. 제일 첫 번째인 사람에게 제일 첫 번째로 사랑받으려고 애써야 한다는 거지."

라고 말씀하셨다. 정말 멋진 말씀이 아닐 수 없다.32)

〈제126단 초라하게 보이는 것〉

초라하게 보이는 것. 6, 7월 한낮의 가장 더울 때, 초라하고 더러운

---

31) 불교의 극락왕생에는 상품상생(上品上生)에서 하품하생(下品下生)에 이르는 9단계가 있다. 여기서는 극락왕생을 이룰 수 있다면 하품이라도 만족하겠다는 것으로, 요컨대 작가가 중궁의 사랑을 받을 수 있다면 꼭 첫 번째가 아니어도 괜찮다는 것을 표현한 것이다. 정순분 역, 『마쿠라노소시(枕草子)』, 갑인공방, 2004, 216쪽 참조.
32) いとをかし.

수레를 말라빠진 소에게 끌게 하고 터벅터벅 처량하게 걸어가는 사람. 비도 안 오는데 거적을 덮어씌운 수레. 반대로 비오는 날에 거적이 없는 수레. 늙은 거지. 아주 춥거나 더울 때 미천한 여자가 지저분한 차림으로 애를 업은 것. 작은 판잣집이 검게 그을려 더러운데다 비까지 젖은 것. 비가 쏟아지는 날 작은 말을 타고 바삐 달려가는 사람.

〈제254단 기쁜 것〉

기쁜 것. 아직 읽은 않은 책이 많은 것. 또 1편을 읽고 다음 편을 읽고 싶었는데, 그 책을 발견했을 때. 그런데 읽고 실망할 때도 있다. 다른 사람이 찢어버린 편지를 이어 붙여서 읽을 수 있게 됐을 때. 불길한 꿈을 꾸고 무서웠는데 아무 일도 아니라고 해몽을 해줄 때도 매우 기쁘다.

지체 높으신 분이 많은 사람들 앞에서 옛날에 있었던 일이나, 최근에 들은 일, 떠도는 소문 등을 말씀하시며 나한테 눈을 맞추고 말씀하시거나 일부러 들려주시는 것은 정말 기쁜 일이다. (중략) 보물찾기든 뭐든 경쟁에서 이기는 것은 기쁜 일이다. 또 아주 잘난 척이 심한 사람의 코를 납작하게 했을 때, 여자보다 남자를 이겼을 때가 더 기쁘다. 상대가 다시 도전해올 것이 분명해서 이쪽에서도 항상 긴장의 끈을 놓지 않는 것도 재미있고[33] 반대로 아무렇지도 않게 행동하기에 이쪽에서도 신경 쓸 필요 없이 시간을 보내는 것도 재미있다.[34]

---

33) をかしき.

미운 사람이 안 좋은 일을 당하는 것도, 죄가 되겠지만 기쁘다. 머리핀을 꽂아 맵시가 날35) 때도 기쁘다. 그 밖에도 많지만, 몇 달 동안 앓던 병이 나았을 때, 특히 사랑하는 사람이 병이 나았을 때는 내 몸이 나은 것보다도 기쁘다.

중궁께서 많은 사람들이 모여 있는 가운데, 늦게 들어와 한쪽 귀퉁이에 앉아있는 나를 보시고 '이쪽으로 오게'하시며 길을 터서 가까이 불러 주시는 것은 이루 말할 수 없이 기쁘다.

---

34) をかし.
35) をかしげなる.

사랑의 기쁨과 슬픔
겐지 이야기(源氏物語)

개요 『겐지 이야기』는 11세기 초 무라사키시키부(紫式部)에 의해서 쓰여진 장편소설이다. 작가가 남편과 사별한 1001년부터 쓰기 시작하여, 그녀가 사망한 1014년경에 완성되었다. 전체 54권으로 되어 있고 약 500명의 인물이 등장한다. 천황 3대에 걸친 약 80년간의 시간이 다루어진 장대한 스케일로, 헤이안 시대의 인간, 풍속, 사상, 미의식 등이 총망라되어 있다.

『겐지 이야기』의 인기와 영향력은 『사라시나 일기(更級日記)』(1060년경)의 작가[1]가 이 작품의 전권을 읽을 수 있다면 황후의 자리도 부럽지 않다고 말했을 정도로 당대는 물론이고 후대까지 지대하다. 무라사키시키부는 전기 모노가타리의 허구성과 노래 모노가타리의 서정성, 또 일기문학의 내면묘사와 같은 전대 문학의 장점을 최대한 살리면서,

---
[1] 스가와라노 다카스에(菅原孝標)의 딸.

문학에 역사성과 사회성을 부여하는 새로운 창작기법을 성공적으로 일궈냄으로써 일본 최고의 걸작을 완성시켰다.2)

　내용은 크게 3부로 나눌 수 있다. 제1부는 권1의 기리쓰보(桐壺)에서 권33의 등꽃(藤裏葉)까지이다. 겐지의 탄생에서부터 결혼, 여성편력, 유배, 부귀영화 등이 그려진다. 특히 겐지가 계모와 밀통하여 레이제이(冷泉) 천황을 낳는 센세이셔널한 사건이 다루어진다. 제2부는 권34의 봄나물(若菜)3)에서 권41의 환상(幻)까지이다. 겐지의 정실인 온나산노미야(女三宮)가 다른 남자(柏木)와의 밀통으로 가오루(薫)를 낳는다. 겐지의 젊은 날에 대한 죄의식과 고독한 만년이 그려진다. 3부는 권42의 니오우노미야(匂宮)에서 권54의 꿈속의 다리(夢浮橋)까지이다. 겐지가 죽은 후의 후일담과 그 자손들의 이야기이다. 출생의 비밀로 괴로워하는 가오루와 주변 인물들의 연애 이야기가 전개된다.

　해설 무라사키시키부는 978년경 후지와라노 다메토키(藤原為時, 947?~1021?)의 딸로 태어났다.4) 그녀의 집안은 세도가인 후지와라노 미치

---

2) 헤이안 시대에는 많은 산문이 창작되지만, 한시문이나 와카에 비해 위상이 낮았다. 무라사키시키부의 폭넓은 지식과 교양, 사고력을 바탕으로 창작된 『겐지 이야기』는 기존의 관념을 깨는 획기적인 것이었다. 특히 역사적 사실에 근거하여 현실을 허구적으로 전개하는 창작방법은 그때까지의 설화적인 창작물들과 일선을 긋는 계기를 마련한다.
3) 각 권의 명칭을 비롯하여 번역에서 전용신 역, 『겐지이야기』, 나남출판, 1999를 참고한 부분이 있다. 원전은 『(日本古典文學大系14)源氏物語』(岩波書店, 1983年)을 사용하였다.
4) 본명이 후지와라 다카코(香子)라는 설도 있다.

나가(藤原道長, 966~1027)와 선조는 같았지만, 중앙정권과는 거리가 먼 중류 귀족에 속했다. 아버지 다메토키는 문장가로 이름이 높았다. 일찍 생모와 사별한 시키부는 아버지로부터 많은 지식을 배운다.『겐지 이야기』에는 당송(唐宋)의 전기류(傳奇類)를 비롯한 중국의 고전, 불경, 일본의 역사서 등에 대한 폭넓은 식견이 나타나 있는데, 아버지의 영향이 컸다고 볼 수 있다.

996년 부친이 에치젠(越前)으로 부임가면서 시키부를 데리고 갔다. 과년한 딸을 동반한 이유에 대해서는 시키부의 결혼문제가 쉽지 않았기 때문이라고 전해진다. 그녀를 사모하던 남자는 후지와라 노부타카(藤原宣孝)라는 사람이었는데, 그에게는 이미 아내도 여러 명이었고 20살된 장남 외에도 자식이 5명이나 더 있었다고 한다. 그러나 노부타카의 끈질긴 구애로, 998년경 시키부는 40대중반의 노부타카와 결혼했다. 결혼한 이듬해에는 딸을 출산한다.

1001년경 남편이 전염병으로 죽는다. 불과 3년간의 짧은 결혼생활이었지만 시키부는 노부타카를 진심으로 사랑했다. 남편의 죽음은 시키부에게는 커다란 충격이자 인생의 좌절이었다. 20대 중반의 미망인은 쓸쓸하고 우울한 생활을 보내며 출가를 진지하게 고민하기도 했는데, 이때 그녀에게 잠재된 예술가적 끼와 혼이 발동한다. 남편을 잃은 상실감을 통해 인간과 세계에 대해 다시 생각하게 된 시키부는 그것을 글로 써서 아버지와 친구들에게 보여준다. 주변 사람들의 호응과 지지에 힘을 얻고, 또 비평을 참고로 하여 시키부는『겐지 이야기』를 써나가게 된다.

전술한 바와 같이 후지와라 씨는 그 일족 내부에서도 자신이 천황의 외조부가 되어 섭관의 자리를 쟁취・유지하여 개인적 영달을 이루기 위하여 치열한 싸움을 벌였다. 그들은 자기 딸을 천황의 후궁으로 들이기 위해서, 즉 천황의 간택을 얻어내기 위해서 딸을 잘 교육시킬 필요가 있었다. 그래서 지성과 교양을 갖춘 지방관의 딸 중에서 그 선생을 물색했다. 그들이 바로 세이쇼나곤이나 무라사키시키부 같은 인텔리 여성들이다. 시키부가 이치조 천황의 중궁인 후지와라 쇼시(藤原彰子)의 궁녀가 된 것은 1005년이다. 『겐지 이야기』로 문명을 떨치던 시키부를 미치나가가 시키부의 아버지에게 부탁해서 자기 딸의 개인교수로 모셔온 것이다.

(쇼나곤이나 시키부와 같은) 지방관의 딸들도 아직 섭관정치가 무르익기 전에는 가령 『가게로 일기』의 작가처럼 일류 귀족과 결혼하여 핵심 권력층이 될 수 있는 기회가 없지 않았다. 그러나 섭관정치가 확립되고 극히 일부 후지와라 씨에게 독점되면서, 아무리 지성과 미모를 갖추었다 해도 지방관의 딸 출신으로는 중앙정계로 나갈 수 없게 된다. 그나마 후궁의 선생(女房) 자격으로 궁궐에 들어가는 것이 중앙 귀족과 접할 수 있는 기회이자 최상층 그룹에 속하길 갈망하는 그녀들의 꿈을 이루는 길이었다.

후지와라 씨 일족의 정치적 야망과 지방관 딸들의 상류지향이라는 이해관계가 맞아떨어지면서, 궁중에는 후궁을 중심으로 유능한 여성들이 모여 당대 최고의 문화 살롱이 형성되게 된다. 후궁의 임무는 천황의 마음을 사서 하루빨리 대를 이을 황자를 낳는 것이다. 후궁을 모시는 궁녀들의 임무도 마찬가지로 자기가 모시는 후궁이 천황의 사랑을 독차지하고, 황통을 계승할 황태자를 생산하는데 도움을 주는 것이었다. 따라서 후궁 살롱의 화제는 아무래도 연애나 결혼이 그 중심이 될 수밖에 없다. 『겐지 이야기』에 드라마틱한 연애·결혼 이야기가 압도적으로 많은 것은 바로 그러한 후궁 문화를 배경으로 하고 있기 때문이다.

≪1. 겐지의 사랑≫의 〈히카루 겐지의 탄생〉에 수록한 것처럼 겐지는 그 모습이 너무도 아름다워 '히카루-빛나는- 왕자님'으로 불렸다. 출신으로 보나 용모로 보나 당대 최고의 남자였던 겐지는 수많은 연애사건을 일으키며 성장해가게 된다.

주변의 상류층 여성밖에 몰랐던 겐지는 어느 비오는 밤에 친구들과 여자에 대한 이야기를 나누게 된다. 이것이 겐지에게 다양한 계층과 여러 성향의 여자를 연애대상으로 확대하는 계기가 된다. 〈훔친 사과〉에 나오는 우쓰세미(空蟬)는 이미 남편이 있는 유부녀이다.[5] 외간 남자의 출현으로, 그것도 신분의 차이가 현격한 고귀한 남자의 출현으로 몸 둘 바를 몰라 하는 우쓰세미를 진정시키는 겐지의 능수능란한 말솜씨가 과연 연애의 귀재답다. 〈동정심도 사랑〉에서의 추녀 스에쓰무하나(末摘花)의 못생긴 모습은 그야말로 적나라하다. 당시의 여자들은 남녀 관계를 맺을 때 말고는 남자에게 얼굴을 드러내는 일이 거의 없었다. 한밤중에 찾아온 겐지는 새벽녘이 되어서야 비로소 여자의 얼굴을 처음 보게 되었는데, 그것이 놀라울 정도의 추녀였던 것이다. 그러나 겐지는

---

5) 겐지의 장인을 모시던 사람의 부친인 이요노스케(伊豫介)의 후처.

나리히라가 그러했던 것처럼, '사랑하는 사람이나 사랑하지 않는 사람이나 차별하지 않는 마음'(이세 이야기, 63단)을 가지고 있었다. 겐지는 스에쓰무하나를 버리지 않고 돌보아준다.

〈초야〉에 실은 것은 겐지가 가장 오랫동안 사랑했던 무라사키노우에(紫の上, 이하 '무라사키'로 약칭)6)와 처음 만나는 장면과 첫날밤을 보내는 대목이다. 어린 무라사키의 인상착의와 심리에 대한 시키부의 묘사가 대단히 인상적인데, 특히 아직 어려서 남녀관계를 몰랐던 무라사키가 어느 날 겐지에게 잡아먹히고 심난해하는 부분은 여성작가이기에 묘사 가능한 영역이었다고 생각된다.

〈위험한 정사〉는 겐지가 정적(政敵)의 딸이자 이복형인 스자쿠(朱雀)천황의 약혼자였던 오보로즈키요(朧月夜)를 건드린 이야기이다. 오보로즈키요는『겐지 이야기』에 나오는 여성 중에서 가장 관능적인 여자라고 할 수 있다. 겐지에게 겁탈당하는 위기의 순간에도 자신이 애교가 없고 성격이 강한 여자로 보이고 싶지 않다는 방정치 못한 생각을 하고 있다. 『겐지 이야기』에는 수많은 연애 이야기가 나오지만, 남녀의 성애가 구체적으로 묘사된 곳은 사실 없다. 그나마 가장 리얼하게 묘사된 곳이 겐지가 우쓰세미와 오보로즈키요를 범하는 부분이다. 독자 여러분의 기대(?)에 조금이나마 부응했기를 기대하면서 소제목을 '위험한 정사'라고 붙인 것은 겐지가 오보로즈키요와의 밀통 때문에 스마(須磨)로 유배

---

6) 겐지 이야기에 나오는 여자들의 이름은 모두 후세에 붙여진 닉네임이다. 원전에는 ~아씨(姫君)나 ~궁으로만 되어 있다. 후대 사람들이 여자가 거처했던 궁이나 관련 내용-가령 와카 속에 나오는 식물이름-을 따서 이름을 붙였다.

를 당하는 시련을 겪게 되기 때문이다.7)

『겐지 이야기』는 주인공 겐지의 사랑을 전면에 내세운 연애소설임에 틀림없지만8) 주제를 애정지상주의로 보기는 어렵다. 작가는 사랑의 기쁨만이 아니라 사랑이 파생하는 아픔과 슬픔을 그리고 있다. 겐지의 수많은 여성편력은 따지고 보면 계모 후지쓰보와의 이룰 수 없는 사랑에 기인한다. 그렇다면 작가는 겐지에게 왜 그런 고통스런 사랑을 시킨 것일까.

≪2. 겐지의 슬픔≫의 〈계모를 사랑한 겐지〉에서 보듯, 겐지는 터부를 알면서도 후지쓰보를 향한 감정을 억제하지 못한다. 후지쓰보에게 '한 가지 결점이라도 있다면 내가 이렇게 힘들어하지 않을 텐데'하며 그녀의 침실로 잠입하는 겐지. 자신의 이상형이자 완벽하게 아름다운 여자를 젊은 겐지는 범하지 않을 수 없었다. 살아있는 몸의 욕구를, 정신적으로 극복하기 어려운 인간의 성욕을 작가는 표현하고 있다고 생각된다.

---

7) 겐지는 배다른 형인 스자쿠(朱雀) 천황이 즉위하고 아버지 기리쓰보 천황도 죽자 역경에 빠져 스마(須磨), 아카시(明石) 등지에서 불우한 세월을 보내게 된다.
8) 겐지의 사랑을 둘러싼 해석은 학자에 따라 다르다. 겐지는 가공의 인물로서 실재 불가능한 이상형의 극단적 형상화일 뿐이라는 설. 또 그가 다수의 여성을 동시에 사랑한 것은 '인간적인 나약함'에서 기인한 것으로, 본래 인간은 욕망 앞에 무력한 존재이다. 그러한 약점이야말로 그의 인간다움을 보증한다는 해석. 또 겐지는 음란하긴 하지만 개별 여자들에게 그때그때 진실했다는 설 등. 또 나카무라 씨는 「겐지모노가타리는 공상소설이 아니고 당시 사회의 실정을 그린 소설이다. 당시는 지금과는 반대로 호색적인 인간이 금욕적인 인간보다 고급이라는 가치체계를 가진 문명이었다. 당시에는 오로지 한 사람에게 맹목적인 연정을 품는 남자는 일종의 환자, 매니어, 또는 감정적으로 미숙한 인간으로 취급되었다. 사랑이라는 것은 보다 세련되고 우아하게 유희적인 감정을 가지고 즐기는 것이 문명인의 교양이었다」(中村真一郎 『色好みの構造―王朝文化の深層―』 岩波新書, 1990)라고 해석하기도 한다.

겐지의 후지쓰보에 대한 사랑과 집착은 죽은 생모에 대한 그리움에서 비롯된 것이라고 할 수 있다. 인간에게는 잊고자 해도 잊을 수 없는 기억이나 애착이 존재한다. 그것은 사람들마다 서로 다른 즉 자신에겐 슬픔이지만 타자에겐 그렇지 않은 상대적인 것이지만, 각자가 느끼는 고통의 무게나 슬픔의 깊이는 크게 차이가 없다고 본다. 작가는 어린 나이에 엄마를 여읜 경험과 그리움을 겐지를 통해 표출한 것이다.

시키부는 인간의 애착이나 집착을 인간의 힘으로 통제 불가능한 것으로 해석하는 자세를 보이고 있다. 그것은 가령 악령9) 묘사에서 확연하게 드러난다. ≪3. 존재의 슬픔≫에 등장하는 로쿠조미야슨도코로(六条御息所, 이하 '로쿠조'로 약칭)는 질투의 화신이자 악마적 존재이다.10) 이미지가 그렇게 굳어진 이유는 그녀가 겐지에게 과도한 집착을 보이며 여러 사람을 불행하게 만들기 때문이다. 로쿠조는 겐지의 사랑이 식자 그 상실감에 허덕인다. 더구나 〈여자의 한〉에서와 같이 겐지의 정실인 아오이노우에(葵の上)에게 수모까지 당하자 자신의 의지로 스스로를 조절하지 못하는 상태가 된다.

아오이노우에의 병세는 점점 나빠졌다. 그것을 로쿠조의 생령(生靈)이

---

9) 모노노케(物の怪). 생령(生靈)이나 사령(死靈) 같은 원혼(冤魂)이 사람 몸에서 빠져나가 다른 사람에게 옮겨 붙는 것. 이 책에서는 '악령'으로 번역했다.
10) 로쿠조는 겐지보다 8살 연상의 미망인이다. 신분도 높고 재산도 상당한 미인으로, 서예솜씨가 뛰어나기로 정평이 나 있었다. 겐지 역시 그녀의 필체에 매료되어 접근하기 시작했고, 주저하는 그녀에게 끈질기게 구애하여 정을 통했다. 그러나 고고하고 까다로운 로쿠조에게 겐지는 점차 부담감을 느끼고 찾지 않게 된다. 로쿠조는 자존심 때문에 겉으로 드러내지 못하고 애욕과 질투심을 속으로 삭히지만, 억눌려진 감정은 악령으로 변화하여 겐지의 여자들을 죽이고 겐지를 불행으로 몰아간다.

라고 말하는 자도 있었고, 그 아버지의 망령(亡靈)이라고 말하는 자도 있었다. 로쿠조는 자기 팔자가 사나운 것을 한탄하긴 했어도 아오이노우에를 저주하는 마음은 없다고 생각했지만. 한편으론 '원한에 찬 혼(魂)은 몸을 떠난다고 하던데, 그런 것일까'하고 마음에 짚이는 것이 없지 않았다. 지난 몇 년간 누구보다 괴로운 나날을 보내 왔지만, 이렇게까지 힘든 적은 없었다. 로쿠조는 수레싸움 때 자기를 업신여기고 무시하던 아오이노우에를 생각하면 스스로도 억제할 수 없는 분노심이 치밀었다. 깜박 졸 때면 아오이노우에로 생각되는 아름다운 여자한테 찾아가서 아주 난폭하게 행동하는 꿈을 꾸곤 했다. 생시 때는 상상할 수도 없는 분노에 찬 거친 모습으로 아오이노우에를 괴롭히는 자기의 모습을 꿈에서 볼 때마다 '혼이 육체를 빠져나간다더니, 정말 그런 것일까'하고 무서운 생각이 들었다.11)

그녀는 자기 자신도 원치 않는 꺼림칙한 존재인 악령이 되어 아오이노우에와 무라사키를 죽음으로 몰고 간다(〈여자의 복수〉).

겐지는 자신이 저지른 죄-계모와의 간통-로 인해 점차 파멸을 맞게 된다. 그의 비극은 스자크 천황의 부탁으로 온나산노미야(女三の宮)를 정실로 맞이하면서 본격화된다. 아오이노우에가 죽은 후 공식적이진 않지만 정실의 위치에 있던 무라사키노우에는 병을 얻고 겐지가 그녀를 간호하는 동안 온나산노미야는 가시와기(柏木)와 밀통사건을 일으킨다. 그리고 둘 사이에는 가오루(薫)가 태어나게 된다. ≪2. 겐지의 슬픔≫의 〈아내의 밀통〉은 아내의 불륜을 확인하는 겐지의 모습이다.

---

11) 권9, 아오이.

아내의 패륜을 통해 비로소 부친의 복잡한 심정을 헤아리게 되는 겐지는 자신의 비극이 아버지를 배신한 운명의 복수임을 깨닫고 전율한다.

죄를 지으면 반드시 벌을 받게 된다는 것은 불교에서 말하는 인과응보(因果應報) 사상이다. 시키부에게 불교 귀의(歸依)에의 의지가 있었던 것은 사실이지만 그렇다고 해서 『겐지 이야기』를 불교문학으로 보긴 어렵다. 연못에 노니는 물새를 보고 '저 물새들도 옆에서 보기에는 아무 생각 없이 즐거워 보이지만 사실은 무척 고통스러울 거야. 나처럼'(『무라사키시키부 일기(紫式部日記)』)이라고 중얼거리는 시키부는 인간을 고통에 시달려야 하는 슬픈 존재로서 파악하지만, 그것을 종교적 깨달음이나 진리를 추구하는 구도(求道)로서 해결할 수 있다고 생각하지 않았다.

필자는 시키부가 욕망이나 의지, 운명 앞에 무력한 인간존재의 나약함과 슬픔에 대해서 묘사하면서 그것을 초극하려고 했다고 생각하지 않는다. 영원(永遠)의 어느 지점을 한 순간 번뜩이며 살다가도록 운명지어진 인간의 숙명을 있는 그대로 받아들이고 있다고 생각한다. 시키부가 묘사한 인간들은 허무하면서도 아름답다고 생각하는데, 그것은 인간을 찰나적인 존재로 파악하면서도 영원을 소유할 수 있는 존재로 표현하고 있기 때문일 것이다. 『겐지 이야기』에는 여러 사랑 이야기가 나오지만, 여운이 짙게 남는 것은 서로 깊게 사랑하면서도 함께 할 수 없는 사람들이다. 이들은 한쪽이 먼저 죽거나 현세적 가치관에 의해 사랑을 지속할 순 없지만 서로의 가슴속에 깊게 남아있다. 기리쓰보 천황이 후지쓰보를 사랑한 것은 그녀가 죽은 기리쓰보를 닮았기 때문이다. 겐지가 후지쓰보를 사랑하게 된 것은 죽은 엄마와 닮았기 때문이다.

또 무라사키노우에에게 끌리는 것은 그녀가 후지쓰보를 생각나게 하기 때문이다. 한 사람을 사랑하고 다른 사람에게서 전 사람의 모습을 발견하고, 다가오는 사랑에 흘러간 감정을 중첩시키는 연상 작용을 통해 못 다한 사랑은 계속되고 있는 것이다.

모토오리 노리나가(本居宣長)는 시키부의 창작의도를 모노노아와레(もののあはれ)를 알게 하기 위한 것이라고 파악한다. 그가 말하는 '모노노아와레를 아는 것'이란,

> 모노노아와레를 안다고 하는 것은 좋은 것을 좋게 나쁜 것을 나쁘게 슬픈 것을 슬프게 애틋한 것을 애틋하게 느낄 수 있는 것, 그것을 바로 모노노아와레를 안다고 하는 것이다. 보는 사람으로 하여금 '인간의 마음이라는 것이 이럴 때 이런 것이구나'하고 알게 하는 것, 이것이 바로 모노노아와레를 안다고 하는 것이다. (「시키부의 글을 읽는 요령(紫文要領)」)

요컨대 어떤 것에 접하여 자연스럽게 느낄 수 있는 감정 일체를 말한다. 문학의 역할이 모노노아와레를 알게 하는 것이라고 설파하는 노리나가는 문학에서는 모노노아와레를 깊이 아는 사람일수록 이상적이라고 주장한다.

> 문학에서는 모노노아와레를 깊이 아는 사람이야말로 '좋은 사람'이다. 겐지 이야기에서 가장 좋은 사람은 겐지이다. 겐지는 사실 음란하기 짝이 없다. 우쓰세미, 오보로즈키요, 후지쓰보를 범한 것은 유·불교의 가르침은 물론이고 일반적 상식으로도 납득하기 어려운 무례 극악한

행위라고 할 수 있다. 그러나 문학에서 좋다고 치는 것은 일반 세상의 통념적 가치와는 다르다는 것을 알아야 한다. 그것은 음란한 것이 좋다는 말은 아니다. 그러나 모노노아와레를 주안으로 삼으려면 반드시 음란한 것이 섞이게 마련이다. 그것은 특히 색욕이 정과 깊게 관계되기 때문이다. 호색에 관련한 것이 아니면 심도 있는 모노노아와레의 양상을 표현하기 어렵다. 특히 밀통은 좀처럼 만나기 어렵고 더군다나 사람들이 용서하지 않는 도리에 어긋나는 것이다. 바로 그렇기 때문에 더 절절하며 일생토록 잊기 어려운 것이다. 애틋함이 깊어질 수밖에 없다. (「시키부의 글을 읽는 요령(紫文要領)」)

일반적으로 반윤리적이고 음란·퇴폐한 것이 주종을 이루는 일본문학을 노리나가의 '모노노아와레론'의 논리로 생각해보는 것도 의미가 없지 않을 것이다.[12] 특히 '좋은 것을 좋게 나쁜 것을 나쁘게 슬픈 것을 슬프게 애틋한 것을 애틋하게 느낄 수 있는 것', '인간의 마음이라는 것이 이럴 때 이런 것이구나'하고 알게 하는 것이 문학의 역할이라고 강조하는 노리나가의 주장에 필자도 동의하는 바이다. 필자는 인간의 감성도 지성이나 이성과 마찬가지로 끊임없이 계발 발전되는 것이라고 믿고 있으며, 그 정점에 닿을수록 깊고 풍요롭게 느낄 수 있다고 생각한다. 감수성을 풍부하게 하여 인간과 인생에 대한 이해를 질적 양적으로 확대시켜주는 것이야말로 문학의 중요한 기능이라고 할 수 있다.

---

12) 겐지 이야기는 사실 일본에서도 호색적인 음란한 서적이라 하여 특히 윤리사상가들에게 비난을 받아왔다. 메이지 시대의 국문학자인 하가 야이치(芳賀失一, 1867~1927)는 이렇게 음란하고 외설적인 책을 일본의 대표작으로 하지 않으면 안 된다는 것은 유감천만이라고 하였다.

골라 읽기

1. 겐지의 사랑

__〈히카루 겐지의 탄생〉

어느 천황 때였을까. 많은 후궁들 가운데 집안은 그리 좋지 않았지만 천황의 총애를 한 몸에 받는 기리쓰보(桐壺)라는 여자가 있었다. 자신이 사랑받으리라 기대했던 좋은 집안 출신의 후궁들은 그녀를 눈엣가시로 여기고 시기했다. 기리쓰보와 비슷한 위치거나 신분이 더 낮은 후궁들은 더욱 심하게 괴롭혔다. 천황을 모실 때마다 여자들의 시기와 원망이 이루 말할 수 없을 정도였다. 기리쓰보는 점점 심신이 쇠약해져서 자주 친정집에 가있게 되었다. 천황은 그런 그녀가 안쓰러워 다른 사람의 비난을 아랑곳하지 않고 더욱 아끼고 사랑하였다. (중략) 전생의 인연이 깊었던지 두 사람 사이에는 세상에 다시없는 구슬처럼 아름다운 왕자가 태어났다. (중략) 겐지는 눈부시게 아름다웠다. 그래서 세상 사람들은 그를 '히카루-빛나는- 왕자님'이라고 불렀다.(권1, 기리쓰보)

__〈훔친 사과〉

모두 다 잠든 것 같아서 겐지는 살짝 문고리를 당겨보았다. 뜻밖에도 안쪽에서 걸쇠를 걸어 놓지 않은 모양이었다. 휘장은 문 쪽으로 쳐져 있었고 등불은 어슴푸레하였다. 어둠 속으로 궤짝 비슷한 것도 보이고 이것저것 놓여 있었다. 그 속을 헤집고 들어가서 인기척이 나는 곳으로 다가갔더니 여자가 혼자 자고 있었다. 여자는 잠결에 뭔가 느껴졌지만 하녀라고 생각했다. (중략) 그녀는 겐지의 아름다운 모습에 압도되어, 도와달라고 외치지도 못하고 있었다. 겐지가 찾아올 줄은 꿈에도 생각지 못했기에 너무도 놀라고 당황스러웠다.

"사람을 잘못 보신 것 같습니다."

라고만 간신히 대답했다. 겐지는 어쩔 줄 몰라 하는 여자가 애처롭기도 하고 귀엽기도 했다.

"그럴 리가 있나요. 제 마음이 인도하는 대로 따라왔는데요. 수상하게 여기시다니 이거 섭섭한데요. 제 마음이 결코 일시적인 장난기가 아니라는 것을 보여드리지요."

겐지는 몸이 작은 우쓰세미(空蟬)를 번쩍 안아 올렸다. (권1, 기리쓰보)

── 〈초야(初夜)〉

그 중에서도 10살 정도 되어 보이는, 흰 옷에 노란 빛깔의 옷을 받쳐 입은 소녀가 이쪽으로 달려 나왔다. 다른 아이들과는 비교도 안 될 정도로 예뻐서 나중에 크면 아름다운 여성이 될 것 같았다. 머리카락은 부채를 편 것처럼 찰랑거렸고, 얼굴은 손으로 문질렀는지 빨개져 있었다. (중략) 귀여운 볼과 인형 같은 눈썹, 아무렇게나 쓸어 올린 머리하며 조그만 이마가 너무나 예쁘고 사랑스러웠다. 겐지는 '성장해가는 모습을 보고 싶은 사람인걸'하고 자꾸만 눈길이 갔다. 그것이 '한없이 사모하는 그 분을 쏙 빼닮았기에 이렇게 자꾸만 눈길이 가는 것이구나'하는 생각이 들자 눈물이 났다. (권5, 어린 무라사키)

겐지는 할 일도 없고 해서 무라사키노우에(紫の上)와 바둑을 두거나 글자 맞추기 놀이를 하면서 시간을 보냈다. 무라사키는 귀엽고 애교가 넘쳐서 이런 시시한 놀이를 할 때에도 멋진 재능을 보였다. 이제까지는 그저 아이라고만 생각해서 귀엽게만 느껴졌는데, 이제는 여자로 보이면서 참기가 어려웠다.13)

이전에도 두 사람은 한 방에서 같이 잔 적이 있었다. 그래서 다른 사람들이 보기에는 첫날밤을 치렀는지 아닌 건지 알 수 없었다. 그런데 이 날은 겐지는 아침 일찍 일어나서 나갔는데, 무라사키는 좀처럼 일어나지 않고 있었다. 시녀들은
"왜 안 일어나시지? 언짢은 일이라도 있으신 걸까?"
하며 걱정을 했다. (중략) 점심때쯤 겐지가 왔다.
"기분이 안 좋아 보이는데, 왜 그래요? 오늘은 바둑도 안 두실 겁니까?"
하고 휘장 안을 들여다보았다. 무라사키는 이불을 뒤집어쓰고 누워있었다. 하녀들이 물러가자 겐지는,

---

13) 동침한 것을 의미함.

"너무 쌀쌀맞게 대하시는데요. 이렇게 박정한 분이라고는 생각 안 했는데요. 이러고 계시면 다들 이상하게 생각할 거에요."
라고 하며 이불을 살짝 걷어 올렸다. 무라사키는 몸이 땀에 흠뻑 젖은 채 머리카락도 눈물에 젖어있었다.

"아니 이런, 눈물까지 흘리시다니요."

겐지가 여러 가지로 달래보지만, 무라사키는 화가 단단히 나서 아무 대꾸도 하지 않았다. 겐지는

"좋아요. 그럼 이제 다시는 안 올 겁니다. 이렇게 무안을 주시다니…."
하고 편지함을 열어보았지만, 안에는 자기가 보낸 편지에 대한 답장도 없었다. 겐지는 '아직도 한참 어린애로군'하며 하루 종일 곁에 앉아 위로해주었다. 무라사키의 어린아이와 같은 모습이 겐지에게는 더욱 사랑스럽게 느껴졌다. (권9, 아오이)

___〈동정심도 사랑〉

우선 앉은키가 크고 몸통이 긴 것이 싫었다. 게다가 정말 보기 싫은 것은 코였다. 겐지가 보기에는 보현보살이 탄다는 코끼리(白象)의 코처럼 보였다. 지나치게 높게 치솟은 콧대에 끝이 쳐진 매부리코였다. 더구나 코끝이 빨간 것은 참을 수 없을 만큼 눈에 거슬렸다. 얼굴빛은 희다 못해 푸른 기가 감돌았고 이마는 넓적한 것이 툭 튀어나와 있었다. 전체적으로 상당히 길쭉한 얼굴이었다. 몸은 가엾을 정도로 말라빠져서 어깨는 뼈만 앙상한 것이 옷 위로도 나와 보일 정도였다. 겐지는 스에쓰

무하나(末摘花)14)의 모습을 본 것을 후회하면서도 그 희한한 모습에 자꾸만 눈길이 갔다. (중략) 그녀가 보통의 평범한 여성이었다면 겐지는 그대로 잊어버리고 말았을 것이다. 그러나 스에쓰무하나의 못생긴 얼굴을 보고 난 후에는 불쌍하고 애처로운 마음이 들었다. 그래서 그 후로도 생활을 원조하며 발길을 끊지 않았다. (권6, 스에쓰무하나)

__⟨위험한 정사⟩
　사람들은 다 자고 있는 것 같았다. 그때 아주 젊고 아름다운 목소리가 들려 왔다.
　"으스름달밤(朧月夜)과 비길 만한 것은 없다"
라고 읊조리며 이쪽으로 다가오는 목소리가 매혹적이었다. 겐지는 기쁜 마음에 불쑥 여자의 소매를 잡았다. 여자는 깜짝 놀라며,
　"어머나 무서워라, 누구시죠?"
라고 했다. 겐지는
　"무섭긴 뭐가 무섭습니까?"
라고 하면서 노래를 읊었다.

　　　당신이 으스름달밤을 노래한 것처럼
　　　저도 깊은 밤의 정취를 알기에 이렇게 나왔습니다
　　　이렇게 만난 것도 전세의 인연이 아닐까요

---

14) 원래는 최상류 집안 출신이나, 후견인이 없어 영락한 여성. '스에쓰무하나'는 '베니바나(紅花)' 즉 잇꽃을 가리킨다.

겐지는 여자를 쓰러뜨리고 방문을 닫았다. 여자가 놀라는 모습이 겐지에게는 사랑스럽게 여겨졌다. 여자는 떨면서,

"거기 누구 없나요!"

라고 외쳐보지만 겐지는,

"난 뭘 해도 괜찮은 사람이라오. 사람을 불러도 아무 소용없지요. 부디 눈감아주시지요."

라고 했다. 오보로즈키요(朧月夜)는 목소리를 듣고 이 남자가 겐지라는 것을 알아차리고 조금은 안심이 되었다. 그녀는 어떻게 하면 좋을지 몰라 난처했지만, 겐지에게 애교가 없고 성격이 강한 여자로 보이고 싶지는 않았다. (권8, 벚꽃 잔치)

2. 겐지의 슬픔

__〈계모를 사랑한 겐지〉

겐지는 어머니의 모습을 전혀 기억하지 못했지만, 후지쓰보(藤壺)가 어머니와 많이 닮았다는 말을 듣고 어린 마음에도 후지쓰보가 자꾸 보고 싶고 곁에 있고 싶었다. (중략) 겐지는 마음속으로 오직 후지쓰보만을 생각하며, 그런 여성을 아내로 맞고 싶다고 생각했다. 그와 비슷한 사람은 이 세상에 존재하지 않을 것처럼 여겨졌다. 좌대신의 딸인 아오이노우에(葵の上)도 아주 훌륭하고 나무랄 데 없는 여성이었지만, 겐지의 마음에는 들지 않았다. 겐지는 어린 마음에 오로지 후지쓰보를 생각

하며 괴로울 정도로 고민하고 있었다. (권1, 기리쓰보)

겐지는 궁중에 있을 때나 자택에 있을 때나 낮에는 그저 후지쓰보를 그리워하며 시간을 보냈고, 밤에는 그녀를 모시는 시녀(命婦)에게 후지쓰보와 만나게 해달라고 졸랐다. 시녀의 도움으로 겨우 후지쓰보와 만나게 되자, 꿈을 꾸듯 실감이 나지 않았다. 후지쓰보는 더 이상 겐지와 깊어져서는 안 된다고 생각했다. 겐지는 상념에 빠진 후지쓰보의 모습에 더욱 매력을 느꼈다. 애정이 있으면서도 일정한 거리를 두어 겐지로 하여금 함부로 대할 수 없게 하는 후지쓰보는 과연 최고의 여성이었다. 그녀에게 한 가지라도 결점이 있다면 내가 이렇게 힘들지 않을 텐데 하며 겐지는 너무나 완벽한 후지쓰보가 원망스러울 정도였다.

그토록 그리던 사람이었지만 가슴속의 말을 다 끄집어내기에는 밤이 너무 짧았다. 아침은 벌써 다가와 만나지 못할 때의 고통보다도 쓰라린 이별의 순간이 되었다.

    이렇게 만날 수 있는 밤은 다시 오지 않겠지요
    꿈같은 이 순간에 차라리 사라져버릴 수 있다면

눈물에 목이 메이는 겐지의 모습은 너무나 애처로웠다.

    나중까지 세상의 이야깃거리로 남겠지요
    괴로운 이 몸이 깨지 못할 꿈을 꾸어도[15]

---

15) 내가 죽고 없어져도 나에 대한 소문은 남겠지요 라는 자조.

후지쓰보는 여러 생각에 마음이 어지러웠다. 그 마음을 겐지도 잘 알고 있었다. 시녀가 겐지의 옷을 가져왔다. 집으로 돌아온 겐지는 울면서 하루를 보냈다. (권5, 어린 무라사키)

── 〈아내의 밀통〉

겐지는 그 편지가 아무래도 수상해서 사람들이 없는 곳으로 가서 몰래 읽어보았다. 온나산노미야(女三の宮)를 모시는 궁녀 중에서 누군가가 가시와기(柏木)의 글씨체를 흉내 낸 것이 아닌가 하는 생각도 해보았지만, 문체로 보아 틀림없는 가시와기였다. 오랜 세월 그리다가 마침내 숙원을 이뤘지만, 여전히 만날 수 없는 괴로움을 토로하는 내용이었다. 그 심정이 이해가 안 되는 것은 아니었으나 여자에 대한 배려도 없이 노골적인 표현을 쓴 가시와기가 한심했다.

'나는 옛날에 혹시라도 남의 손에 들어갈 것을 염려하여 자세한 것은 적지 않고 돌려서 말하곤 했는데. 이렇게 신중하지 못해서야.'

겐지는 가시와기를 경멸했다.

'그런데 앞으로 이 사람(온나산노미야)을 어떻게 대하면 좋단 말인가. 임신한 것도 바로 가시와기 때문이 아닌가. 아아 어쩌면 좋은가. 다른 사람한테 전해들은 것도 아니고 직접 증거를 본 이상 이전처럼 아무 일 없듯이 대할 수 있을까'

겐지는 그것이 불가능할 것 같았다. 처음부터 일시적인 상대로만 생각했던 여자도, 그 여자에게 다른 남자가 생기면 기분이 나쁘고 사이가 멀어지는 법이다. 하물며 그 상대가 자신의 처라면 말할 것도 없다. 가시와기는 감히 넘볼 수 없는 여자를 넘본 것이다. (중략) 겐지는 몹시 불쾌했지만 겉으로 드러내지는 못하고 괴로워했다.

'돌아가진 기리쓰보 천황께서도 속으로 다 알고 계셨으면서도 겉으로 내색을 안 하셨던 것이 아닐까?'

겐지는 자기가 저지른 일이 아주 무섭게 여겨졌다. 있어서는 안 될 과오를 저지른 것이라고 자신의 지난날을 돌이키던 겐지는 연애에 관한 한 다른 사람을 비난할 수 없다는 생각이 들었다. (권35, 봄나물)

3. 존재의 슬픔

__〈여자의 한〉

겐지는 로쿠조미야슨도코로(六条御息所)와 관계를 갖고 난 후에는, 갑자기 태도를 바꾸는 것이 그녀에게 미안한 일이라는 생각이 들면서도, 이전과 같은 열정은 사라졌다. 로쿠조는 지나치게 생각이 많은 성격이었다. 자기가 겐지보다 8살이나 많은 것도 걸렸고, 사람들한테 소문이 났을지도 모른다는 생각도 들었다. 또 이렇게 오지 않는 겐지를 밤새 기다리며 애태우는 자신의 신세가 한탄스럽기도 했다. 로쿠조는 이런 저런 생각으로 끝없이 고민하고 있었다. (권4, 유가오)

아오이노우에(葵の上) 측 수행원들이 수레를 치우려고 하자,

"이 차는 그렇게 함부로 다룰 차가 아니다."
하고 (로쿠조 측 수행원들이) 막아서며 손을 못 대게 하였다. 양쪽 수행원들은 술에 많이 취해 있어서 분위기가 험악했다. 아오이노우에 측 가신이,

"그만 둬라"

라고 말렸지만, 혈기 왕성한 젊은 수행원들은 말을 듣지 않았다. 이 수레는 기분전환을 위해 로쿠조가 타고 나온 수레였다. 아오이노우에 측 수행원들은 거기에 로쿠조가 타고 있다는 것을 뻔히 알고 있었다.

"저 정도로는 안 되지. 이 차가 누구 찬데, 감히."

하며 아오이노우에 측 수행원들이 떠들어대도 아무도 저지할 수 없었다. 결국 로쿠조가 탄 수레는 아무것도 안 보이는 구석 쪽으로 밀려났다. 로쿠조는 밀려난 것도 분했지만, 몰래 구경나온 것이 알려지게 된 것이 더욱 참을 수 없었다. 수레의 받침대도 죄다 부서져 꼴이 말이 아니었다. 괜히 나왔다고 후회 했지만 이미 소용없는 일이었다. 구경이고 뭐고 다 그만두고 서둘러 돌아가려 했지만, 빠져나올 틈도 없었다. (권9, 아오이)

── 〈여자의 복수〉

아직 출산일이 안 된 아오이노우에에게 갑자기 산기(産氣)가 왔다. 겐지는 기도하는 사람의 수를 늘려 기도를 올렸지만, 끈질긴 악령 하나가 아오이노우에에게 달라붙어 떨어지지 않았다. 신통력 있는 기도승도

이 악령 퇴치에는 힘들어했다. 그러나 계속되는 기도에 악령도 정체를 드러내기 시작했다. 아오이노우에는 괴로운 듯 흐느끼며,

"잠시 기도를 멈추어 주십시오. 드릴 말씀이 있습니다."
라고 했다. (중략) 겐지는 아오이노우에의 손을 잡았다.

"나를 너무 힘들게 하시는군요."

겐지는 더 이상 말을 잇지 못하고 눈물만 흘렸다. 평소에는 새침하고 눈길을 피하던 아오이노우에였는데, 지금은 겐지를 똑바로 쳐다보며 눈물을 흘렸다. 겐지는 가슴이 아렸다. (중략) 겐지가 위로하자,

"아니 그런 것이 아닙니다. 다만 제가 너무 괴로워서 기도를 잠시 그만두시게 한 것입니다. 저도 제가 이곳에 오게 될 줄은 꿈에도 몰랐습니다. 수심이 깊은 사람의 영혼은 자기 몸을 떠나서 헤맨다고 하더니 그 말이 틀리지 않군요."
라고 말하는 사람은 아오이노우에가 아니었다. 목소리도 모습까지도 다른 사람으로 변해 있었다. 이상하게 여기며 들여다보는 겐지를 쳐다보는 사람은 바로 로쿠조였다. (권9, 아오이)

겐지의 정성이 부처님을 움직였는지 지금까지 나타나지 않았던 악령이 동자16)에게 달라붙었다. 동자가 큰소리로 울부짖자 무라사키노우에의 숨이 돌아왔다. 겐지는 기쁘기도 하고 불안한 마음도 들었다. 악령은 기도승에게 완전히 조복(調伏)당하였다. 악령은,

---

16) 주술(呪術)에서 신령을 잠시 달라붙게 하는 역할을 하는 아이.

"모두 여기서 나가십시오. 겐지님께 드릴 말씀이 있습니다. 겐지 당신께서는 요 몇 달 동안 기도를 올리며 저를 괴롭혀왔습니다. 저도 똑같이 앙갚음을 하려고 생각했지요. 하지만 자기 몸을 돌보지 않고 정성을 다해 무라사키를 보살피는 모습에 차마 그럴 수가 없었습니다. 제가 비록 지금은 악령이 되었으나, 한때는 당신을 사랑했던 사람입니다. 옛정이 남아 있어 당신이 슬퍼하는 모습을 그냥 두고 볼 수가 없어서 이렇게 나타난 것입니다. 절대로 내가 누군지 밝히지 않으려고 했는데…."

하면서 머리를 풀어헤친 모습으로 울고 있었다. (중략) 악령은 눈물을 뚝뚝 흘리면서,

"나는 이렇게 변했건만, 옛날 일을 모른척하시는 당신은 그 모습 그대로군요. 너무 원통해요."

하고 울부짖는 모습은 틀림없는 로쿠조였다. 겐지는 악령이 로쿠조라는 것을 알게 되자 더욱 불길하고 꺼림칙한 기분이 들어서 아무 말도 못하고 있었다. 악령은,

"제 딸을 잘 보살펴 주셔서 정말 감사합니다. 저 세상에서도 그 은혜는 잊지 않고 있습니다. 하지만 이승과 저승으로 따로 살다 보면 자식 일은 점점 잊혀지고, 남는 것은 원망스런 마음뿐입니다. 그 중에서도 살아생전에 저를 무시하셨던 것보다도 제가 죽은 후에 다른 사람에게 저에 대해 나쁘게 말씀하시는 것이 한없이 원망스럽습니다. 다른 사람들이 나쁘게 말하더라도 당신만은 덮어주시리라고 믿었는데. 그 원한이 뼈에 사무쳐 이런 흉한 꼴로 큰 소란을 피웠습니다. 이 사람(무

라사키)을 미워하진 않지만, 불력(佛力)이 강하여 당신 근처에 갈 수 없기에 괴롭혔습니다. 멀리서 당신 목소리라도 들었으니 이제 됐습니다. 저의 죄가 조금이라도 가벼워질 수 있도록 빌어주세요. 스님들의 기도와 독경은 제 몸을 괴롭히는 뜨거운 불길이 되어 따라다닙니다. 존엄하신 부처님의 말씀도 들을 수 없다는 것이 너무 슬픕니다. 제 딸에게도 이렇게 전해주세요. 후궁생활을 하면서 질투하는 마음을 가져서는 안 된다고요. 또 사이구(斎宮)로 있었을 때의 죄과를 씻을 수 있도록 많은 공덕을 쌓으라고요.[17] 제 딸이 사이구였던 것이 유감스러울 따름입니다."

라고 계속해서 울분을 토해냈다. 겐지는 악령과 마주대하고 이야기를 나누는 것이 꺼림칙하여 법력(法力)으로 몰아가두고, 무라사키를 다른 방으로 옮겼다. (권35, 봄나물)

---

17) 사이구는 신궁(神宮)에 봉사하기 때문에, 불경(佛經)을 멀리한 것을 가리킨다.

무사의 최후

헤이케 이야기(平家物語)

개요 무사들의 전쟁을 소재로 한 장편 소설. 헤이케(平家)[1] 가문의 전성에서 멸망까지를 다룬 군기 이야기(軍記物語)의 백미로 꼽히는 작품이다. 작가는 미상이다. 13세기경에 골격이 성립하여 점차 증보된 것으로 보인다. 비파를 타는 법사(琵琶法師)[2]가 헤이케 일가의 흥성에서부터 쇠망에 이르기까지의 과정을 가락(平曲)[3]에 맞춰 읊는 것에서 비롯되었다.

『헤이케 이야기』는 얼핏 제목이 주는 인상으로는 헤이케 일가의 영화를 다룬 작품으로 생각되지만, 그 일족의 몰락을 다루고 있다. 제행은 무상하며(諸行無常), 성자는 반드시 쇠하게 되어 있다(盛者必衰)는 불교적 무상관을 여러 역사적 사건에 따라 전개시키고 있다고 할

---

1) 다이라(平) 씨 가문을 일컫는 말. '平家'라고 쓰면 '헤이케'라고 발음하고, 성인 '平'만 읽을 때는 '다이라'라고 발음한다.
2) 비파를 타며 이야기를 들려주는 맹인 예능인.
3) '헤이쿄쿠'라고 발음하며, 비파법사가 『헤이케 이야기』를 비파를 타며 읊는 것을 말한다.

수 있다.

　전체의 구성은 12권과 후일담으로 이루어져 있다. 내용은 중심인물에 따라 크게 3부로 나눌 수 있다. 제1부는 권1에서 권6까지이다. 다이라노 기요모리(平淸盛, 1118~81)를 중심으로 한 헤이케 일가의 번영과, 나리치카(成親)・슌칸(俊寬) 등에 의한 기요모리 타도를 위한 음모가 그려진다. 제2부는 권7에서 권9까지이다. 미나모토(源)의 일족으로 기소(木曾)에서 성장한 기소 요시나카(木曾義仲)의 활약을 중심으로 기요모리의 죽음, 헤이케의 낙향, 요시나카의 최후 등이 그려진다. 제3부는 권10에서 권12권까지이다. 요시나카를 밀어내고 헤이케를 멸족시키는 미나모토노 요시쓰네(源義經)의 활약이 그려진다. 천재적 전략가인 요시쓰네의 이치노타니(一の谷)・야시마(屋島)・단노우라(壇の浦)에서의 대승(大勝)과 비극적 최후가 그려진다. 후일담은 기요모리의 딸이자 다카쿠라(高倉) 천황의 중궁이었던 겐레이몬인(建例門院)이 일족의 명복을 빌며 생을 마친 이야기가 나온다. 전체적으로 새로운 시대의 주역으로 떠오른 무사의 모습이 약동적으로 묘사되어 있으며, 헤이안 시대의 귀족세계에서 중세의 무사세계로 변화하는 시대상이 잘 드러나 있다.

해설 헤이안 시대 후지와라 씨를 비롯한 상류 귀족들은 광대한 장원을 소유하였고, 중・하류 귀족들은 지방관이 되어 임지에서 수탈을 자행하였다. 관리들의 착취와 횡포가 심해지면서 농민들은 소작인으로 전락하고 국토의 장원화는 가속화된다. 정치와 경제가 어지러워지자 지방의 호족들은 중앙집권에 대항하고 신변의 안전을 도모하기 위해 '로도(郞党)'라는 무사단을 조직하기 시작했다. 한편 후지와라 씨에 밀려 중앙정권에서 떨어진 귀족 중에서도 낙향하여 무사단을 조직하는 자가 생겨나게 된다. 이렇게 해서 무사가 점차 일본사회의 중심축으로 성장하게 된다.

무사 중에는 황족이면서 신하의 성을 하사받고 특정 지방을 관리하는 지방관(国司)으로 임명되는 경우가 있었다. 그 대표적이 존재가 간무(桓武) 천황의 증손에 뿌리를 두는 다이라 씨(平氏)와, 세이와(清和) 천황의 증손에 뿌리를 두는 미나모토 씨(源氏)[4]이다. 12C 중엽이 되면 상황과 천황, 귀족과 황족, 또 귀족 내부에서 권력다툼이 치열해진다. 다이라 씨와 미나모토 씨가 가담한 권력싸움인 호겐의 난(保元の亂, 1156)과 헤이지의 난(平治の亂, 1159)에서 다이라 씨가 승리를 거두면서 세력을 장악한다. 특히 무가의 동량으로 헤이지의 난에서 두각을 나타낸 다이라노 기요모리(平清盛)가 급부상하였다. 기요모리는 고속승진을 계속하여 1167년에는 최고위직인 태정대신(太政大臣)[5] 자리에 오른다. 또 딸 도쿠코(德子)를 다카쿠라(高倉) 천황의 후궁으로 들여보내 외손자가 안토쿠(安德) 천황으로 즉위하면서 외척이 되어 천하를 장악하게 된다.

다이라노 기요모리는 성격이 포악하고 전횡이 심하여 귀족을 멋대로

---

4) '源氏'는 성을 독립적으로 읽을 때는 훈독하여 '미나모토 시(氏)'라고 발음하고, '원씨 가문'의 뜻으로 붙여 읽을 때는 음독하여 '겐지'라고 발음한다.
5) 나라의 정치를 총관하는 관청인 태정관(太政官)의 최고 장관.

해임, 유배시키고 상황을 유폐시키는가 하면 후쿠하라(福原)로의 무모한 천도까지 감행하였다. 또 온조 사(園城寺) 도다이 사(東大寺)같은 유명 사찰을 불태우기도 하였다. 기요모리의 교만하고 독단적인 인간성은 [골라 읽기]에 수록한 〈권1 기오〉에 구체적으로 묘사되어 있다. 처음에는 '기오'라는 기녀밖에 모르다가 '호토케'가 나타나자 언제 그랬느냐는 듯 손바닥 뒤집듯이 태도를 돌변한다. 호토케의 간곡한 만류에도 기어코 기오를 내쫓아 버리는 기요모리의 모습에서 그의 성급하고 몰인정한 인간성을 엿볼 수 있다.

그러나 교만한 자는 오래 못 간다고 했던가. 천하를 손에 쥐고 영화의 극에 달했던 기요모리였지만 온몸이 타들어가는 고통 속에 비참한 최후를 맞이한다(〈제6권 기요모리의 최후〉). 이것이 아래 서문에 제시된 제행무상, 성자필쇠라는 『헤이케 이야기』를 관류하는 중심사상이다.

> 기원정사(祇園精舍)[6]의 종소리는 제행무상이라는 울림이 있다. 사라쌍수(娑羅雙樹)[7]의 꽃빛깔은 성자필쇠의 진리를 나타낸다. 교만한 자는 오래가지 못한다. 한낱 일장춘몽(一場春夢)과 같다. 용맹한 자도 종국에는 스러진다. 그저 바람 앞의 먼지와 같다. 멀리 다른 나라의 예를 들면 진(秦)의 조고(趙高), 한(漢)의 왕망(王莽), 양(梁)의 주이(朱异), 당(唐)의 안록산(安祿山), 이들은 모두 옛 주군이나 선황(先皇)의 정치를 따르지 않고 영화를 누리며 충언(忠言)을 외면하여 천하가 어지

---

6) 석가가 설법한 인도에 있는 절. 거기에 있던 종이 스님들이 병사하거나 하면 '제행무상'이라는 울림소리로 울렸다고 한다.
7) 인도 원산의 상록수. 석가가 열반에 들 때 사방에 두 그루씩 피어있던 사라나무가 모두 흰색으로 바뀌었다고 한다.

러워지고 백성들이 신음하는 것을 깨닫지 못했기 때문에 오래가지 못하고 멸망한 자들이다. 가까이 우리나라를 보면 조헤이(承平)의 마사카도(平将門), 덴쿄(天慶)의 스미토모(藤原純友), 고와(康和)의 기신(源義親), 헤이지(平治)의 신라이(藤原信頼) 등은 교만하여 오래가지 못했다. 최근의 예로는 로쿠하라(六波羅) 뉴도(入道)[8], 즉 전 태정대신(太政大臣) 다이라노 기요모리 공이라는 사람의 행실은 전해들은 것만 해도 상상을 초월해서 말로 표현하기 어려울 정도이다.[9]

그러나 『헤이케 이야기』의 서술자는 교만한 헤이케를 비난하며 제행무상, 성자필쇠의 진리를 강조하고 있지만, 헤이케 일족의 몰락을 냉소하지 않는다. [골라 읽기]에 수록한 〈제11권 안도쿠 천황의 최후〉에서 아무것도 모르며 죽음을 맞이하는 8살 난 안도쿠 천황을 달래서 바다에 뛰어드는 외할머니(기요모리의 처)의 모습은 보는 이의 눈시울을 뜨겁게 한다. 서술자는 헤이케를 비난하면서도 그들의 몰락을 상세히 묘사하며 그 비극적인 죽음을 동정하고 있다.

필자는 『헤이케 이야기』에서 서술자가 주제로 추구하고 있는 것은 제행무상, 성자필쇠 그 자체는 아니라고 생각한다. 무상관과 윤회사상에 중심축을 두면서도 그런 불가항력적인 운명을 나름대로 최선을 다해서 살다간 여러 등장인물들에 대한 애도와 예찬이었다고 본다.

서술자는 귀족사회에서 무가사회로의 커다란 역사적 변혁의 소용돌

---

[8] 기요모리의 칭호. 귀족들은 저택이나 관직명을 붙여 칭호로 사용했다. '로쿠하라'는 교토에 있는 지명. 헤이케 일가의 저택이 밀집해 있었다. 뉴도(入道)는 불교에 귀의하여 출가한 사람을 가리킨다.
[9] 원전은 『(日本古典文學大系32)平家物語』(岩波書店, 1959년)을 사용하였다.

이 속에서 스스로의 정확한 위치를 찾지 못하고 운명에 휘둘린 무사들을 순수하고 최선을 다한 영웅들로 묘사하고 있다. ≪2. 무사들의 최후≫에 수록한 바와 같이, 아버지 기요모리의 잘못을 인정하고 그 자손으로 사는 것을 부끄러워하며 죽음을 자초하는 시게모리(平重盛, 1137~79)나, 아들 또래의 아쓰모리(平敦盛)를 적군이라는 이유로 죽여야 하는 구마가이(熊谷)는 참담한 상황에 놓인 자신들의 운명을 슬퍼한다. 또 겨우 300기로 6,000여 기의 적군을 물리치는 뛰어난 전술로서 헤이케 타도에 앞장섰던 요시나카(木曾義仲, 1154~84)는 같은 일족의 공격을 받고 죽는다. 요시쓰네(源義經, 1159~89) 역시 이복형인 미나모토노 요리토모(源賴朝, 1147~99)에 의해 제거된다. 그 밖에도 서술자는 『헤이케 이야기』에 등장하는 무사 하나하나, 인간 하나하나를 불가항력적인 운명에 휩쓸려 희생되는 가엾은 존재로 묘사하며 따뜻한 시선을 보내고 있다.

특히 불우의 명장 미나모토노 요시쓰네는 일본에서 가히 국민적 영웅이라고 할 수 있다. 그에 대한 일본인의 동경은 거의 환상에 가깝다. 그가 다시 환생한 것이 징기스칸이라는 전설까지 있을 정도이니까 말이다. 그는 실제론 몸집이 왜소하고 뻐드렁니가 난 추남으로 알려진다. 그럼에도 불구하고 요시쓰네는 거의 모든 장르에서 대단한 미남으로 그려진다. 그것은 드라마틱하고 비극적인 요시쓰네의 생애 때문이다. 갓난아기였기 때문에 헤이케의 처벌을 피할 수 있었던 요시쓰네는 '우시와카마루(牛若丸)'라는 이름으로 절(鞍馬寺)에서 성장했다. 요시쓰네 자신이 술회하는 것처럼,

나 요시쓰네는, 신체발부(身體髮膚)를 부모한테 부여받고, 태어난 지 얼마 안 돼 아버지가 타계하시고, 어머니 품에 안겨 야마토(大和) 지방 우다(宇多)로 가게 된 후, 지금껏 하루도 마음 편할 날이 없었소. 겨우 목숨은 부지하고 있었지만, 교토에 들어올 수 없는 처지였기 때문에, 여기저기에 몸을 숨기며 시골벽지 등에서 농민 밑에서 일을 하며 살았소. 그러다가 행운이 찾아와서 헤이케 일족을 토벌하기 위해 상경하여, 처음엔 요시나카를 물리쳤고, 그 후 다이라 씨를 물리치기 위해 혼신을 다해 싸웠소. 어떤 때는 험준한 암석을 준마를 채찍질하며 목숨을 돌보지 않고 싸웠고, 어떤 때는 망망대해의 풍파를 헤치고 물속에 빠지는 것도 두려워하지 않고 싸우다가 고래 밥이 될 뻔한 적도 있소. (권11 고시고에)[10]

1180년 요리토모의 헤이케 타도를 돕기 위해 거병하여, 헤이케 토벌에 혁혁한 공로를 세우게 된다. ≪3. 요시쓰네 전설≫에 수록한 〈제9권 이치노타니 대첩〉과 〈제11권 야시마 대첩〉에서 볼 수 있듯이, 요시쓰네는 벼랑에서 말을 모는 무모할 정도의 기상천외한 발상과, 상대방의 의표를 찌르는 기습작전을 구사하는 천재적인 전략가였다. 하지만 특출한 용병술과 무장으로서의 카리스마는 요리토모에게 위기의식을 심어준다. 동료의 참언(讒言)에 의해 요리토모의 미움을 사게 된 요시쓰네는 자신의 결백을 주장하지만(〈제11권 고시고에에서의 고백〉), 형에게 쫓기는 신세가 되어 전국을 떠돌다가 31살의 나이로 스스로 생을 마감한다. 후대 사람들은 가문을 위해 싸운 동생들을 가차 없이 제거하고 가마

---

10) 이하 번역에서 오찬욱 옮김, 『헤이케 이야기』, 문학과 지성사, 2006을 참고한 부분이 있다.

쿠라 막부를 세운 역사의 주인공 요리토모보다는 시대의 풍운아로 젊은 나이에 억울하게 생을 마감한 요시나카와 요시쓰네에게 아낌없는 사랑과 성원을 보내고 있다. 그와 같은 약자에 대한 공명과 불의에 대한 비판적 시각을 형성해준 것은, 역사적 대변환기에 본인들이 가진 에너지를 남김없이 연소하고 사라져간 그들 무장들의 존재를 잊지 않고 멋지고 아름답게 묘사해준 서술자의 공로임은 말할 것도 없다.

골라 읽기

1. 헤이케 일족의 최후

__〈권1 기오〉

다이라노 기요모리(平清盛)는 천하를 수중에 장악하자 세상의 비난도 아랑곳하지 않고 사람들의 비웃음도 신경 쓰지 않고 이상한 짓만 일삼았다. 그 무렵 시라뵤시(白拍子)[11]를 잘 추기로 소문이 자자한 기오(祇王)・기뇨(祇女) 자매가 있었다. 도지(閉)라고 하는 퇴기의 딸들이었다. 언니 기오를 기요모리가 총애했기 때문에 동생 기뇨까지도 사람들이 잘 받들었다. 기요모리는 어미 도지에게 좋은 집을 지어주고 매달 쌀 100석과 돈 100관을 보내와 기오네 집안은 날로 번성했다. (중략) 그렇게 3년쯤 흘렀을 때 시라뵤시를 잘 한다고 이름난 사람이 또 한 명 나타났다. 가가(加賀) 지방 출신이었다. 이름은 호토케(佛)라고 했다. 나이는 열여섯이었다.

"옛날부터 시라뵤시를 잘 추는 기녀는 많았어도 이렇게 잘 추는 것은 처음 보았어."

하며 장안 사람들은 귀천을 막론하고 칭찬을 아끼지 않았다. 호토케는,

---

[11] 헤이안 말기에 유행했던 가무(歌舞)의 일종. 또는 그것을 추던 기녀(遊女).

"내가 이렇게 이름은 났어도, 저 천하를 호령하시는 기요모리 대감의 부름을 못 받았으니 유감이구나. 기녀란 부르지 않으면 찾아가는 법, 이렇게 기다릴 것이 아니라 직접 찾아가야겠어."
하고 니시하치조(西八條)로 기요모리를 찾아갔다.
"요즘 장안의 화제인 호토케라는 기녀가 찾아왔습니다."
라고 하인이 아뢰자
"뭐가 어째? 기녀란 자고로 불러야 오는 것이거늘, 어찌 제멋대로 찾아온단 말이냐. 더구나 기오가 있거늘 신이든 부처님(佛)12)이든 어림없다. 냉큼 내쫓거라."
라고 기요모리는 호통을 쳤다. 호토케는 기요모리의 냉담한 반응에 발길을 돌리려고 하는데, 기오가 기요모리에게 간청했다.
"기녀란 원래 부르지 않아도 찾아가는 법이옵니다. 더구나 아직 나이도 어린것이 일부러 큰맘 먹고 찾아온 것인데, 그렇게 매정하게 돌려보내시면 너무 가엾잖아요. 얼마나 부끄럽고 창피하겠어요? 저도 같은 기녀 출신인지라 남의 일 같지 않사옵니다. 춤과 노래는 놔두고 한번 만나주시는 온정을 베푸세요. 부디 그렇게 해주세요."
기요모리는,
"네가 그렇게까지 애원하니 얼굴만 보기로 하자꾸나."
하고 하인을 시켜 들라 했다. 호토케는 우차를 타고 막 떠나려고 하는 참에 부른다고 하니까 다시 안으로 들어왔다. 기요모리는 호토케를

---

12) 원래 호토케는 '부처님'의 일본어 발음이다.

대면하자,

"오늘 너를 그냥 돌려보내려 했으나, 기오가 무슨 생각에선지 간곡히 부탁을 하길래 이렇게 부른 것이다. 이왕 이렇게 만났으니 소리를 안 들을 순 없지. 어디 노래(今樣)13) 한 곡조 불러 보거라."
라고 했다. 호토케는

"알겠사옵니다."
하고 노래를 부르기 시작했다.

      당신을 이렇게 뵈었으니 천년이라도 살겠네
      연못 속 봉래산에 학들이 무리지어 노닐고 있네

라는 내용의 노래를 반복해서 세 차례 부르자 구경하던 사람들은 모두 탄복했다. 기요모리도 흥미를 느끼며,

"노래를 썩 잘하는구나. 보아하니 춤도 제법이겠는걸. 어디 한번 춤을 춰 보거라. 여봐라, 고수(鼓手)를 들라해라."
하고 명했다. 장단에 맞춰 호토케가 춤을 추었다. 자태가 곱고 용모 또한 출중하니, 춤인들 빠질 리 없었다. 호토케가 상상 이상으로 춤을 잘 추자 기요모리는 그만 넋이 나가 호토케에게 정이 옮겨가게 되었다.

"그게 무슨 말씀이신지요? 저는 허락도 없이 찾아왔다가 쫓겨났던 몸이온데 기오 언니 덕분에 들어올 수 있었습니다. 소녀를 못 가게 하시면 기오 언니가 어찌 생각할지 생각만 해도 부끄럽사옵니다. 어서

---

13) 당대 유행가.

돌아가게 해주십시오."

라고 애원하는 호토케에게 기요모리는,

"절대로 그럴 수 없다. 그러고 보니 기오 때문에 그러는 것이냐? 그렇다면 기오를 내쫓으마."

라고 하는 것이었다.

〈제6권 기요모리의 최후〉

2월 27일, 다이라노 무네모리(平宗盛)는 겐지 토벌을 위해 관동(東国) 지방으로 떠날 예정이었으나 기요모리의 병에 위중해지자 출발을 못하고 있었다. 다음 날 28일부터 기요모리가 중병이라는 소문이 돌자 사람들은 '그것 봐, 다 벌 받는 거야'하며 수군거렸다. 기요모리는 병에 걸린 날부터 물조차 삼키지 못했다. 몸뚱이는 마치 불을 땐 것처럼 뜨거웠다. 그가 누워 있는 자리에서 10미터 근방까지 화기가 미쳐 사람들이 접근하기 어려울 정도였다. 기요모리는 '아이고, 아이고'하는 말만 되풀이했다. 정말이지 예삿일이 아니었다. 히에 산(比叡山)에서 정화수를 길어 돌로 된 욕조에 가득 붓고 기요모리를 담갔는데, 물이 부글부글 끓어오르더니 금세 뜨거운 물로 변해버렸다. 혹시나 효험이 있을까 하여 정원수를 끌어왔는데, 물이 기요모리의 몸에 닿기도 전에 달구어진 돌이나 철판에 물을 부을 때처럼 물방울이 사방으로 튀었다. 어쩌다 물이 닿기라도 하면 불꽃을 내며 타올라서 검은 연기가 방안에 자욱하고 불길이 치솟았다. (중략) 기요모리는 평소엔 그렇게 위풍당당했건만 지금은 몹시 괴로운 듯 숨을 몰아쉬며 말했다.

"나는 호겐(保元)·헤이지(平治) 때부터 지금까지 수차례에 걸쳐 조정의 역적을 물리치고 분에 넘치는 성은을 입었소. 황공하게도 천황의 외조부까지 되었으며, 그 영화는 자손에 이르고 있소. 이제 죽는다 해도 아무 여한이 없소. 다만 한 가지 마음에 걸리는 것은 이즈(伊豆)로 귀양 보낸 요리토모(源頼朝)를 죽이지 못한 것이 한이 되오. 내가 죽거든 불당이나 탑을 세워 공양할 생각은 말고, 곧장 토벌군을 파견하여 요리토모의 목을 베어다 내 무덤 앞에 걸라 하시오. 그것이야말로 최고의 공양이 될 것이오."

하고 부인에게 당부했는데, 죄받을 소리가 아닐 수 없다. 윤 2월 4일, 병은 더욱 심해져서 널빤지에 물을 뿌리고 거기에 뒹굴려도 보았지만 별 도움이 안 되었다. 몸부림치다가 숨이 끊어지고 말았으니 고통 속에 생을 마감한 것이다. 조문객들이 타고 온 말과 우차 소리에 천지가 진동할 정도였다. 한 나라의 임금, 만승천자(萬乘天子)가 세상을 떴다 해도 이보다 더하진 않을 것이다. 그의 나이 64살 되던 해였다.

〈제11권 안도쿠 천황의 최후〉

이위(二位) 마님[14]은 이 광경을 보고 이미 예상했던 일인지라 쥐색 겹옷을 뒤집어쓰고 비단 바지의 양 옆을 걷어 올렸다. 황위의 상징인

---

14) 다이라노 도키코(平時子, ?~1185). 기요모리의 처. 기요모리가 죽고 출가하여 종 2품에 봉해졌기 때문에 이위 마님(二位殿) 또는 이위 스님(二位尼)이라고 불린다.

구슬 함(神璽)을 옆에 끼고 보검(寶劍)을 허리에 차더니 주상(安德天皇)을 품에 안고서,

 "내 비록 여자지만 적의 손에 죽지는 않을 것이다. 주상과 함께 갈 것이다. 전하를 따르고자 하는 사람들은 서둘러 뒤를 따르라."
하며 뱃전으로 걸어갔다. 주상은 올해 여덟 살이었는데 나이에 비해 훨씬 어른스러웠다. 용모가 수려하여 주위까지 환하게 할 정도였다. 찰랑거리는 검은 머리는 등까지 닿았다. 몹시 놀란 얼굴로,

 "나를 어디로 데려가려는 것이지?"
하고 물었다. 이위 마님은 어린 주상을 쳐다보고 눈물을 참으면서 말했다.

 "주상께서는 아직 모르고 계셨나이까? 전생에 십선계행(十善戒行)15)을 행하신 공덕으로 현세에 만승천자로 태어나셨으나 악연으로 인해 이미 운이 다하셨습니다. 우선 동쪽을 향해서 이세(伊勢) 신궁에 작별을 고하시고, 그 다음에 서방정토에 맞아주시도록 서쪽을 향해 염불을 올리십시오. 이 나라는 좋지 못한 곳이니 극락정토라는 좋은 곳으로 모시고 가려는 것입니다."

 청황색 황의를 입고 머리를 묶은16) 주상은 하염없이 눈물을 흘리며 작고 귀여운 두 손을 합장하고 먼저 동쪽을 향해 이세 신궁에 이별을 고하고, 다음은 서쪽을 향해 염불을 올렸다. 그러자 이위 마님은 주상을 안고,

---

15) 전세에서 10가지 나쁜 짓을 범하지 않아 천자로 태어난 것이라는 불교사상.
16) 머리를 양쪽으로 갈라 좌우 귓가에 고리모양으로 묶는 것. '미즈라(みずら)'라고 부른다.

"바다 밑에도 수도(都)가 있답니다."
하고 위로하며 천길 물속으로 몸을 던졌다.

2. 무사들의 최후

― 〈제3권 시게모리의 최후〉

시게모리(平重盛)는 그런 일들을 듣고 여러 가지 마음에 걸렸던지 그 무렵 구마노(熊野) 신사에 참배간 적이 있었다. 본사(本寺) 증성전(證誠殿) 앞에서 밤새도록 빌기를,

"저희 아버지 하시는 것을 보면, 악역무도(惡逆無道)하고 걸핏하면 주상을 힘들게 합니다. 저는 장남으로 기회 있을 때마다 간언(諫言)을 올리고 있으나, 불초(不肖)한 탓에 아버지가 받아들이지 않습니다. 아버지 행동을 보면 아버지 일대(一代)의 영화도 위태로워 보입니다. 따라서 자손들이 계속해서 부모를 빛내고 후세에 이름을 떨치기는 어려울 것입니다. 주제넘은 소린 줄은 압니다만, 이럴 때에 어설프게 한 자리를 차지하고 앉아 영고성쇠(榮枯盛衰)하는 것은 결코 충신 효자의 길이 아니라고 봅니다. 오히려 명예를 버리고 물러나서, 현세의 명망(名望) 대신 내세의 보리(菩提)를 추구함이 옳을 것입니다. 다만 용렬한 범부인지라 선악판단에 어두워 아직도 의지한 바대로 행동하지 못하고 있습니다. 부디 신이시여, 바라옵건대 자손의 번영이 끊이지 않고 조정에 출사해야 한다면 아버지의 악심(惡心)을 풀어 천하를 평안하게 해주옵소

서. 가문의 영화가 아버님 일대로 끝나고 자손에게 수치가 미친다면, 저 시게모리의 운명을 단축시켜 내세의 괴로움에서 벗어나도록 도와주소서. 둘 중의 하나를 들어주시길 아무쪼록 명조(冥助)를 비나이다."라고 혼신을 다해 기원했다. 그때 등롱(燈籠)의 불빛 같은 것이 시게모리의 몸에서 빠져나와 푹 꺼지듯 사라졌다. 많은 사람들이 그것을 보았지만, 두려워서 입 밖에 내지 못했다. (중략) 시게모리는 신사에서 돌아온 지 얼마 안 돼 병이 났다. 그는 신께서 소원을 들어준 것이라며 치료도 받지 않고 기도도 올리지 않았다. (중략) 7월 28일, 시게모리는 출가했다. 법명은 조렌(淨蓮)이라고 했다. 마침내 8월 1일, 평안한 임종을 맞이하고 세상을 떴다. 그의 나이 43세, 한창 좋을 나이에 애석하기 그지없는 일이었다.

〈제9권 요시나카의 최후〉

요시나카(木曾義仲)는 시나노(信濃)에서 도모에(巴)와 야마부키(山吹)라는 2명의 미녀를 데리고 왔다. 야마부키는 병이 나서 교토에 남았다. 도모에는 살결이 희고 긴 머리에 얼굴도 아주 예뻤다. 거기다 보기 드문 강궁(强弓)이어서, 말 위든 도보(徒步)든 간에 칼만 뽑았다 하면 귀신이든 신령이든 무찌를 기세의 일기당천의 무예를 가지고 있었다. (중략) 요시나카의 300여 기가 6,000여 기 속을 종횡·거미발·열십자로 치고받고 뚫고 나오자 50여 기 정도만 남았다. 거기를 돌파하자 도이 사네히라(土肥實平)가 이끄는 2,000여 기가 가로막고 있었다. 거기도 돌파하자 여기에 4~500기, 저기에 2~300기, 또 140~50기, 100기 이런 식으로 막고 있는 것을 전부 뚫고 나가니 주종 합쳐 5기만 남게 되었다. 5기 안에 도모에도 살아있었다. 요시나카는,

"너는 여자이니 어서 어디로든 가거라. 나는 싸우다 죽으련다. 만약 적에게 잡히면 자결할 생각이다. 요시나카가 마지막 전투에서 여자를 대동했다는 소리를 듣는 것은 좀 그렇구나."

라고 말했지만, 도모에는 그래도 떠나지 않았다. 요시나카가 여러 번 당부하자 도모에는,

'어디 쓸 만한 적군이 없을까? 마지막으로 멋지게 싸우는 모습을 보여드리고 싶은데.'

하고 주변을 살피는데, 무사시(武蔵) 지방의 소문난 장사 온다 모로시게 (御田師重)가 30기 정도를 이끌고 나타났다. 도모에는 그 속으로 뛰어들어가 온다에게 말을 바짝 붙여 잡아 넘어뜨린 다음 자기가 타고 있던 안장 앞가리개로 밀어붙여 옴짝달싹 못하게 하고 모가지를 비틀어 벤 후 내던졌다. 그런 다음 갑옷을 벗어던지고 관동 지방을 향해 떠났. 남은 4명 중 데즈카 다로(手塚太郎)는 죽었다. 그의 삼촌은 도망쳤다. 이제 요시나카와 이마이 가네히라(今井兼平), 주종(主從) 2기만 남았을 뿐이다.

"평소 땐 아무렇지도 않았던 갑옷이 오늘은 무겁게 느껴지는구나."

이마이는,

"몸도 아직 지치지 않으셨고, 말도 괜찮습니다. 어찌 갑옷 따위를 무겁게 여기신단 말씀이십니까? 아군의 병력이 없으니 마음이 약해져서

그런 것입니다. 비록 저 혼자밖에 없지만, 소인을 1,000기라고 여기십시오. 화살이 일고여덟 대 남아 있으니, 얼마간 막을 수 있을 것입니다. 저기 보이는 숲이 아와즈(粟津) 송림(松林)입니다. 저 소나무 숲에서 자결하십시오."

하며 말을 달렸다. (중략) 요시나카는 혼자서 아와즈 송림으로 달려갔다. 정월 21일 해질녘이라 살얼음이 깔려 밑에 깊은 웅덩이가 있는 것도 보이지 않았다. 말에 탄 채로 빠지고 말았는데, 말은 머리까지 완전히 물에 잠기고 말았다. 아무리 등자를 차고 채찍질을 해도 말은 꼼짝도 하지 않았다. 그러던 차에 이마이가 걱정스러워 뒤를 돌아본 순간, 뒤따라오던 이시다 다메히사(石田爲久)가 요시나카를 향해 화살을 날렸다. 치명상을 입고 엎어져 있는 요시나카를 이시다의 부하들이 달려와 목을 베었다. 이시다는 칼끝에 요시나카의 목을 꽂아 높이 쳐들고는,

"근래 일본 땅에 명성이 자자한 요시나카 장군을 미우라(三浦) 출신의 이시다 다메히사가 죽였노라."

하며 큰소리로 외쳤다. 이마이는 싸우고 있다가 이 소리를 듣고,

"이제 누구를 위해서 싸운단 말인가. 잘 보거라, 관동 사람들아. 일본 최고의 용사가 자결이 어떤 것인지 보여주겠다."

하며 칼끝을 입에 물고 말에서 거꾸로 뛰어내렸다. 칼이 전신을 관통하자 이마이는 죽고 말았다. 이렇게 해서 아와즈에서의 합전은 일어나지 않게 되었다.

__〈제9권 아쓰모리의 최후〉

헤이케 쪽이 졌기 때문에 구마가이 나오자네(熊谷直實)는 '헤이케 군사들이 배를 타러 해안으로 올 거야. 운 좋게 대장이라도 하나 걸리면 좋으련만'하고 해변을 돌고 있었다. 그때 학을 수놓은 비단 옷에 연두색 갑옷을 걸치고, 머리에는 뿔 세운 투구를, 허리에는 황금으로 된 칼을, 등에는 매 깃 화살, 옆구리에는 등나무로 감은 활을 끼고, 회색 말에 금 안장을 얹고 올라탄 무사 하나가 저 멀리 바다에 떠있는 배를 타기 위해 건너가고 있었다. 구마가이는,

"거기 가는 양반은 대장군이 분명한데, 어쩌자고 적에게 등을 보이시는 겁니까? 돌아오시지요."

하고 부채로 오라고 손짓하자, 무사는 시키는 대로 순순히 따랐다. 뭍으로 올라서는 것을 구마가이가 말을 갖다 붙이고 잽싸게 낚아채 땅으로 넘어뜨렸다. 있는 힘껏 내리누르면서 목을 베려고 투구를 벗겨보니, 16~7살 쯤 되어 보이는 얼굴에 엷은 화장을 하고 이빨은 검게 물들인 모습이었다.[17] 자기 아들 고지로(小次郎)와 같은 또래인데다 수려한 용모를 하고 있었기 때문에 어디에다 칼을 들이대야 할 지 망설여졌다.

"당신은 뉘시오? 이름을 대면 살려주겠소."

"그러는 너는 누구냐?"

"이렇다 할 사람은 못 되오만, 무사시(武蔵)에 사는 구마가이 나오자네

---

17) 헤이안 귀족의 풍속이 남아있는 것.

라고 하오."

"그렇다면 너에게 내 이름을 밝힐 필요는 없을 것 같다. 너에게는 아주 좋은 건수가 될 것이다. 내가 이름을 안 밝혀도, 내 목을 가져가면 다들 알아볼 것이다."

구마가이는 '과연 대장군이로구나. 이 사람 하나를 죽인다고 해서 질 싸움을 이길 것도 아니고, 또 죽이지 않는다고 해서 이길 싸움을 질 리 없다. 내 아들이 작은 부상만 당해도 마음이 아프거늘, 아들이 죽었다는 소식을 들으면 이 분의 아버지는 얼마나 슬퍼할까. 그냥 살려 드려야겠다'라고 생각하고 뒤를 돌아다보았다. 그런데 도이(土肥)와 가지와라(梶原)가 50기 정도 되는 병사를 이끌고 이쪽으로 달려오고 있었다. 구마가이는 눈물을 삼키며,

"살려주고 싶소만 아군이 구름처럼 몰려오고 있소. 이미 도망치기는 틀린 것 같소이다. 다른 사람 손에 죽느니 차라리 이 나오자네 손으로 베어서 사후 공양이라도 해드리겠소."
라고 했다.

"여러 말 말고 어서 베어라."

구마가이는 안타까운 마음에 어디에다 칼을 대야 할지 몰랐다. 눈앞이 캄캄해지고 정신이 아득해져서 뭐가 뭔지 알 수 없었다. 하지만 그러고 있을 수도 없는 노릇이기에 울면서 목을 베었다. 구마가이는 '아아, 무인(武人)처럼 괴로운 것은 없구나. 무사 집안에 태어나지 않았다면 이런 기막힌 일을 겪지 않아도 됐을 것을. 끔찍한 짓을 저지르고 말았구나'하고 소매로 얼굴을 가리고 펑펑 울었다. 겨우 울음을 멈추고

옷을 벗겨서 목을 싸려고 하는데, 비단으로 싼 피리가 허리춤에 만져졌다. '너무 가엾구나. 오늘 새벽 성 안에 들리던 피리소리는 바로 이 분이 부신 것이었구나. 지금 우리 아군은 동쪽(東國) 병력만 해도 수만 기가 있지만 전쟁터에 피리를 가져올만한 인물은 없는데, 고귀한 분은 역시 다르구나'하고 요시쓰네에게 피리를 보여주자, 보고 눈물을 흘리지 않는 사람이 없었다. 나중에 들으니, 그 무사는 다이라노 쓰네모리(平經盛)의 아들 아쓰모리(敦盛)로, 나이는 열일곱이었다.

3. 요시쓰네 전설

__〈제9권 이치노타니 대첩〉

요시쓰네(源義經)는 계곡 아래의 성곽을 내려다보며,

"먼저 말들을 보내 보자."

하고는, 안장을 얹은 말들을 내려 보냈다. 어떤 것은 다리가 부러져 굴러 떨어졌으나, 어떤 것은 제대로 내려갔다. 그 중 3마리는 다이라노 모리토시(平盛俊)의 막사 위로 떨어졌으나, 몸을 부르르 떨더니 일어섰다. 요시쓰네는 이것을 보고,

"조심해서 내려가면 괜찮을 것 같다. 자, 출발하자. 내가 시범을 보이겠다."

하며 우선 30기 정도를 이끌고 앞장서서 내려갔다. 그러자 병사들도 따라 내려갔다. 뒷사람의 등자가 앞사람의 갑주에 닿을 만큼 경사가

가팔랐다. 자갈 섞인 모래땅을 거의 미끄러지듯 2정 정도를 내려와서 중간지점인 평퍼짐한 곳에서 일단 말을 세웠다. 거기서 아래를 내려다보자, 이끼가 무성한 커다란 암반이 거의 수직으로 14~5장은 족히 되어 보였다. 병사들은 이제 죽었구나 싶어 새파랗게 질려 있는데, 사와라 요시쓰라(佐原義連)가 앞으로 나왔다.

"우리 고향 미우라(三浦)에서는 새 한 마리를 잡을 때도 아침저녁으로 이런 곳을 달린답니다. 미우라에서 이런 곳은 운동장이죠."

하고 앞장섰다. 병사들도 뒤를 따랐다. 이랴, 하는 소리대신 말을 살살 달래가며 내려갔다. 너무 찔해 다들 눈을 감고 내려갔다. 사람의 소행이 아닌 귀신들의 소행처럼 여겨졌다. 다 내려가기도 전에 우렁찬 함성이 하늘을 찔렀다. 3천여 기가 내는 소리였는데, 메아리가 치자 마치 10만여 기나 되는 것처럼 들렸다.

──〈제11권 야시마 대첩〉

이윽고 날이 저물고 밤이 되자 요시쓰네는,

"배를 수리해서 새것처럼 되었으니, 각자 간단한 술과 안주를 준비해라."

하고 마치 주연을 벌이는 것처럼 가장하고 배에다 무기와 식량, 말 등을 실었다.

"배를 출항시켜라."

요시쓰네의 명령에 사공들은,

"이 바람은 순풍이긴 해도 아주 강한 바람입니다. 지금 바다에 나가면 위험합니다. 출항하기 어렵습니다."
라고 했다. 이에 요시쓰네는 크게 화를 내며,

"역풍이 불 때 나가라고 했으면 모를까 바람이 조금 세다고 해서 이런 중대한 시기에 못 나가겠다는 것이 말이 되느냐. 출항을 못하겠다면 한 놈도 빠짐없이 쏴죽여라."
하고 지시했다. 그러자 오슈(奧州) 출신인 사토 쓰기노부(佐藤嗣信)와 이세 요시모리(伊勢義盛)가 화살을 시위에 메기면서 위협했다.

"무슨 군말들이냐! 대장님의 명령이시니 어서 배를 내어라. 그렇지 않으면 모조리 쏴죽이고 말겠다."

사공 중에는

"화살을 맞고 죽으나 물에 빠져 죽으나 죽는 건 마찬가지 아니겠나! 여보게, 바람이 무섭거든 죽을힘을 다해 배를 저어 보세나."
하고 출발하는 배도 있었지만, 200여 척의 배 가운데 겨우 5척뿐이었다. 나머지 배들은 바람에 겁을 먹거나, 가지와라가 두려워서 이러지도 저러지도 못하고 있었다. 요시쓰네는,

"다른 사람들이 안 나간다고 해서 가만히 있어서는 안 된다. 바람이 불지 않은 때는 적들도 대비를 할 것이다. 이렇게 바람이 세고 파도가 높아서 적들이 감히 생각지도 못할 때에 쳐들어가야 제대로 토벌할 수가 있는 것이다."
라고 외쳤다. 배 5척에는 요시쓰네를 비롯하여 다시로 노부쓰나(田代信綱), 고토(後藤) 부자, 가네코(金子) 형제, 요도(淀) 출신으로 선박 업을

무사의 최후 191

하는 고나이 다다토시(江內忠俊)가 타고 있었다. 요시쓰네는,

"배에서는 불을 밝히지 말라. 내가 탄 배의 불빛을 보고 따라와야 한다. 불빛이 많으면 적군이 겁을 먹고 경계를 강화할 것이다."

라고 이르고 밤새도록 항해하니, 사흘 걸릴 곳을 겨우 6시간 만에 도착했다. 2월 16일 새벽 2시경에 와타나베(渡辺)·후쿠시마(福嶋)를 출발했는데, 아침 8시경에 아와(阿波)에 당도한 것이다.

〈제11권 고시고에에서의 고배〉

가지와라 가게토키(梶原景時)는 한발 먼저 가마쿠라(鎌倉)에 도착하여 미나모토 요리토모(源賴朝)에게 다음과 같이 일러바쳤다.

"이제 일본 땅은 하나도 빠짐없이 나으리께 복종하고 있습니다. 다만 동생이신 요시쓰네 판관(判官)이 마지막 적군이 될 것 같습니다. (중략)"

요리토모는 고개를 끄덕이더니,

"오늘 요시쓰네가 이곳 가마쿠라로 들어올 것이다. 모두 철저히 대비하라."

하고 지시를 내리자 여기저기서 몰려든 무사들이 수천 기나 되었다. 요리토모는 가네아라이자와(金洗澤)에 관문을 세우고, 무네모리(平宗盛) 부자를 넘겨받은 후, 요시쓰네를 고시고에(腰越)[18]로 내쫓았다. 요리토모는 7중 8중으로 경비병을 동원해 자신을 에워싸고,

"요시쓰네는 이렇게 첩첩히 둘러친 경비망도 뚫고 들어올 놈이다.

---

18) 가마쿠라의 남서부에 위치한 지명.

하지만 나한테는 어림없지."
하고 큰소리쳤다.

요시쓰네는 속으로 '작년 정월에 기소 요시나카를 토벌한 이래, 이치노타니·단노우라에 이르기까지 목숨을 걸고 헤이케를 격파해왔다. 황실의 상징인 신기(神器)를 무사히 반환했을 뿐만 아니라, 적의 대장인 무네모리 부자를 생포하여 이곳까지 데리고 왔으면, 설사 무슨 잘못이 있다 해도 한 번쯤은 만나줘야 할 것이 아닌가. 적어도 규슈(九州) 지방의 추포사(追捕使)로 임명하든지, 산인(山陰)·산요(山陽)·난카이도(南海道) 중 한 곳을 맡겨 방어의 거점으로 삼을 줄 알았더니, 겨우 이요(伊予) 한군데를 내주며 가마쿠라에는 얼씬도 못 하게 하다니, 정말 너무하는군. 이게 말이 되는가. 일본 땅을 평정한 건 요시나카와 나 요시쓰네가 아닌가. 같은 아버지의 자식들로, 먼저 태어났으니까 형이고 늦게 태어났으니까 동생일 뿐이다. 누군들 천하를 못 다스릴까. 만나주지도 않고 이렇게 내쫓다니 유감천만이군. 이래서야 사죄하고 싶어도 방도가 없지 않은가'하고 투덜대보지만 달리 뾰족한 수도 없었다. 불충한 마음이 전혀 없음을 여러 차례 서약문으로 작성해서 올렸지만, 가지와라의 참언(讒言)의 의해 요리토모에게 받아들여지지 않았다.

무상의 가치

쓰레즈레구사(徒然草)

▤개요 『쓰레즈레구사(徒然草)』는 『마쿠라노소시』, 『호조키(方丈記)』[1] 와 더불어 일본 3대 수필로 꼽힌다. 전체는 서문 외에 243단으로 구성되어 있다. 성립 시기에 대해서는 1330~31년경이라는 설과, 서단에서 제32단까지는 1319년경에 그 나머지는 11년 뒤에 쓰였다는 설 등이 있다. 내용은 자연, 인생, 인물, 구도(求道), 학문, 풍습 등 다기에 걸쳐있다. 다채로운 내용과 풍부한 사상성으로 일본 고전 중에서도 이채로운 비평문학이라고 할 수 있다.

작가는 요시다 겐코(吉田兼好, 1283?~1350?)이다. 교토에 있는 요시다(吉田) 신사(神社)에 봉직했던 우라베 가네아키(卜部兼顯)의 아들로, 원래 이름은 우라베 가네요시(卜部兼好)였는데, 출가하면서 본래 이름을 음독하여 '겐코'라고 불렀다. 또 집안 대대로 요시다 신사에 종사했기 때문에

---

1) 가모노 초메이(鴨長明, 1155~1216)의 수필. 1212년 작.

'요시다'라는 성을 붙여 통칭한다. 겐코는 박학다식한 사람으로 불교를 비롯하고 유교, 노장, 신도, 유식고실(有識故實, 조정·무가의 법도 풍속 등에 관한 지식) 등에도 조예가 깊었다고 알려진다. 또 와카도 잘 지어서 『겐코 법사 가집(兼好法師歌集)』이 남아 있다. 겐코는 젊어서부터 구로우도(藏人, 궁중 잡무 역의 관리) 자격으로 대궐을 드나들며 귀족, 가인들과 교류하였다. 30세 무렵 출가하였는데 동기는 명확하지 않다. 불교수행의 목적보다는 세속적인 것에 얽매이지 않고 정신적 자유를 얻을 수 있는 은자(隱者) 생활을 지향한 것으로 파악된다.

은자문학의 대표작인 『호조키』와 『쓰레즈레구사』는 중세 초기인 13~14세기에 창작된 작품들이다. 이 시기는 전란과 자연재해가 끊이지 않는 혼란의 시대였다. 항상 죽음과 마주하지 않으면 안 되었고, 귀족문화와 무사문화가 혼재하는 갈등의 시대였다. 서쪽의 교토를 중심으로 한 귀족문화가 쇠퇴하고, 신흥 무사들의 각축 끝에 동쪽에 새로이 막부가 들어서게 되었지만 무사문화는 아직 정립되지 않은 상태였다. 정권은 무사에게 넘어갔으나 문인들은 대다수 귀족 출신이었으며 헤이안 귀족문화에 정신적 근간을 두고 있었다. 문인 중에는 무사들이 득세하는 현실을 도피하여 산 속에 은거하며 불도수행과 명상생활을 하는 은자들이 생겨났다. 이들은 끊임없이 변전하는 무상한 세상을 어떻게 살 것인가를 진지하게 탐구했다. 『호조키』와 『쓰레즈레구사』는 그러한 은자들의 정신적 격투의 궤적을 기록한 것이라고 할 수 있다.

해설 『쓰레즈레구사』는 내용이 잡다하고 형식이 새로워서 근대 이전에는 불교서적, 설화집, 고증서적, 소설 등 그 어느 분야에도 속하지 못했다. 근세에 폭발적인 인기를 얻으며 애독되긴 했지만, 문학작품보다는 유불교적 인생 교훈서 정도로 인식되었다. 이 작품이 무상관을 중심으로 한 '수필문학'으로 분류된 것은 근대 이후이다.

'하는 일 없이 무료하여' 글을 썼다는 아래의 서문은 이 작품이 수필문학임을 잘 보여준다.

> 하는 일 없이 무료하여 온종일 벼루를 마주하고 마음속에 떠오르는 여러 상념들을 두서없이 적다보면 신기할 정도로 진한 감흥을 느끼게 된다.[2] (서문)

책의 제목도 여기에서 나왔다. '쓰레즈레(つれづれ)'라는 것은 할 일없이 공허하고 무료한 상태를 가리킨다. '구사(草)'는 초안(草案)이나 초고(草稿) 같이 애벌로 쓴 글(下書き)을 의미한다.[3] 따라서 '쓰레즈레구사(つれづれぐさ)'는 무료한 시간을 달래며 붓 가는 대로 적은 글이라고 할 수 있다. 겐코는,

---

[2] 원문은 つれづれなるままに, 日暮らし, 硯にむかひて, 心にうつりゆくよしなし事を, そこはかとなく書きつくれば, あやしうこそものぐるほしけれ. 원전은 『(日本古典文學大系30)方丈記・徒然草』(岩波書店, 1982年)을 사용하였다. 번역에서 채혜숙 옮김, 『도연초』, 바다출판사, 2001를 참고한 부분이 있다.

[3] 서명(書名)은 겐코가 직접 지은 것은 아니라고 알려진다. 겐코의 사후 그가 살던 암자 벽면에 붙어있던 종이와 경전을 베끼면서 뒷면에 적어놓았던 것들을 지인들이 2권의 묶음책(草子)로 정리하면서 붙여졌다고 한다. 『徒然草』, 『つれづれ草』, 『つれづれ種』 등으로 표기된다.

하고 싶은 말을 못하면 가슴에 병이 생긴다고 했다.4) 이 글은 붓 가는 대로 마음의 위안삼아 적은 것이다. 바로 폐기되고 말 그런 글이기에 다른 사람이 볼만한 것이 못된다. (제19단)

라고 자신의 저서를 '바로 폐기되고 말 그런 글'이라고 겸손하게 표현하고 있지만, 『쓰레즈레구사』가 말하지 않으면 병이 될 것 같은 즉 '하고 싶은 말'을 '미칠 것 같은 기분으로'5) 쏟아낸 범상치 않은 역작(力作)임은 말할 나위도 없다.

자연, 인생, 구도, 학문 등 다양한 내용이 담긴 『쓰레즈레구사』를 관통하는 것은 무상관이다. 만물은 쉴 새 없이 변화하여 일정한 형태나 상태로 머무르는 법이 없다는 무상사상은 다음의,

흐르는 강물은 끊임이 없으되 원래의 물은 아니다. 여울에 뜨는 물거품은 여기서 사라지면 저기서는 다시 맺히고 오래 머무르는 법이 없다. 세상을 살아가는 사람이나 거처하는 집 또한 매한가지다. 아름다운 도읍에 처마를 맞대고 용마루 높이를 다투는 집들은 세상이 바뀌어도 없어지진 않지만, 정말 그 집 그대로인가 하고 찾아가보면 옛날부터 있던 집은 드물다. 혹은 작년에 불타 올해 새로 지었거나, 혹은 큰 집이었는데 작은 집이 되어 있기도 한다. 살고 있는 사람도 마찬가지이다. 같은 장소에 사람들은 여전히 많지만, 예전에 본 사람들은 이삼십 명 중 겨우 한두 명이다. 아침에 죽고 저녁에 태어나는 이치가 그저

---

4) 원문에는 『오카가미(大鏡)』의 말을 인용하여 '생각한 말을 하지 않으면 배가 부풀어 오른다(おぼしき事言はぬは腹ふくるるわざなれば)'로 되어 있다.
5) 서문에서 '신기할 정도로 진한 감흥을 느끼게 된다'라고 번역한 부분의 원문은 (직역하면) '이상하게도 미칠 것 같은 기분이 든다(あやしうこそものぐるほしけれ)'이다.

물거품과 다른 바 없다. 모를 일이다. 인간은 어디에서 와서 어디로 가는 것일까. 또 모를 일이다. 잠시 머물다가는 곳일 뿐인데 누구를 위해 그렇게 힘들게 짓고, 무엇 때문에 그리 기뻐하는 것일까. (『호조키(方丈記)』제1단)

가모노 초메이(鴨長明, 1155~1216)의 글을 비롯해 『헤이케 이야기』에서도 누누이 강조되던 당시의 지배적인 가치였다. 겐코 역시 만물은 끊임없이 변화 유전한다는 무상관을 기반으로 세상을 바라보고 있다.[6]

아스카(飛鳥) 강이 끊임없이 흘러가듯[7] 시간도 사건도 즐거움과 슬픔도 덧없이 흘러간다. 화려했던 저택도 사람이 살지 않는 들판으로 변하고, 집은 남아있어도 주인은 다른 사람이다. (제25단)

변화하지 않는 것이라고는 없는 무상한 세상이기에 우리가 눈으로 보고 존재한다고 믿는 것도 영원히 존재하지 않는다. 시작은 있어도 끝은 없다. 마음먹은 대로 이룰 수도 없거니와 욕망은 끝이 없다. 인간의 마음은 움직이는 것이다.[8] 만물은 모두 환영과 같이 변화한다. 그 어떤 것도 잠시라도 변하지 않는 것은 없다. (제91단)

다만 겐코의 무상관이 독특한 것은 세상과 인생의 무상을 한탄하거나 슬퍼하지 않는다는 것이다. 그는 무상을 바라보는 허무주의적 자세를

---

6) 호조키와 쓰레즈레구사는 집필연대로 보면 거의 100년의 차이가 존재하지만, 후자가 전자의 바통을 이어받아서 적어나간 감이 없지 않다. 겐코는 초메이의 무상관을 계승하면서도 자기 나름대로 발전시키고 있다.
7) 원문은 '飛鳥川の淵瀬常ならぬ世にしあれば'.
8) 원문은 '人の心は不定なり'.

지양하고 '이 세상은 무상하기 때문에 살만한 가치가 있는 것이다'(7단) 라고 무상 이해에 대한 가치의 전환을 제시한다. 겐코는 무상의 자각에 의해서 발견할 수 있는 생의 기쁨, 지금 바로 이순간의 소중함을 되풀이하여 강조하고 있다.

> 죽음이 싫다면 삶을 사랑해야 한다. 살아있는 기쁨을 매일매일 실감하며 즐겨야 한다. 어리석은 사람은 이 즐거움을 잊고 힘들여 다른 즐거움을 구하고, 이 보물을 잊고 함부로 다른 보물을 욕심낸다. (93단)
>
> 오늘까지 죽지 않고 살아있다는 것이 고맙고 신기할 따름이다. 어찌한 순간이라도 헛되이 보낼 수 있겠는가.[9] (137단)

이러한 무상관에 의해서 재발견된 감각과 가치는 미의식에서도 보다 넓고 깊은 경지를 개척했다. 아마도 『쓰레즈레구사』에서 가장 유명한 구절이라고 생각되는 '꽃은 활짝 핀 것만을, 달은 둥근 보름달만을 좋다고 해야 하는 것인가'[10]를 비롯하여 ≪2. 무상의 아름다움≫에 실은 낡은 것, 결본(缺本), 축제를 바라보는 시각은 매우 독자적이다. 그러면서도 600여년이 지난 오늘날의 독자들에게도 깊은 공감을 불러일으키는 보편성과 참신함을 지니고 있다.

개요에서 언급한 대로 겐코는 산속에서 거처하며 고단한 인생과 혼란한 세상을 어떻게 살 것인가를 탐구했던 은자이다. ≪3. 어떻게

---

[9] 원문에는 '잠시라도 세상을 느긋하게 생각할 수 있겠는가(暫しも世をのどかには思ひなんや)'로 되어 있다.
[10] 원문은 '花はさかりに、月はくまなきをのみ見るものかは.'

살 것인가≫의 〈① 출가를 권함〉에도 실었지만 겐코는 많은 장을 할애하여 인욕을 끊고 구도(求道)에 매진할 것을 그 방법으로 제시하고 있다. 그런데 겐코는 한편에선 불도 수행의 중요성을 강조하면서도, 다른 한편에선 인간적 욕망과 세속적 생활을 부정하지 않고 있다.

> 매사에 뛰어나다 해도 사랑을 모르는 남자는 아무 멋이 없는 인간으로, 밑이 뚫린 옥 술잔과 같다. (3단)
>
> 세상 사람들의 마음을 현혹시키는 것으로 색욕보다 더한 것은 없다. (8단)
>
> 세상을 버리고 출가한 사람이 자신은 모든 세속적 인연을 끊었다고 해서 많은 인연 속에 살아가는 속세인들이 비굴하게 굽실거리고 욕심이 많다고 경멸하는 것은 잘못된 것이다. 그 사람들의 입장이 되어 생각해 보면 불가피하게 부모를 위해서, 처자식을 위해서 수치심이고 뭐도 다 버리고 심지어 도둑질까지도 하게 되는 것이다. (142단)

겐코에게 있어 불교는 '이 세상에 인간으로 태어난 이상 한번쯤 출가를 해 보는 것도 바람직하다고 생각된다'(58단)라고 하는 말에서 알 수 있듯이, 절대적 확신에 의한 신앙보다는 무상한 세상을 보다 잘 살 수 있는 처세술의 한가지였다고 볼 수 있다. 어쨌든 출가를 권하는 자세와 앞뒤가 맞지 않는 자세라고 하지 않을 수 없다. 이외에도 『쓰레즈레구사』에는 자식은 없는 것이 낫다(제6단)고 했다가, 자식이 없으면 인간의 정(もの哀)을 모른다(142단)고 하는 등 사상적 모순, 당착(撞着)

이 적지 않다. 물론 그것을 겐코의 한계로도 지적할 수 있겠지만 『쓰레즈레구사』가 종교서적이나 철학서가 아닌 그때그때 생각나는 것을 적은 수필문학이라는 점에서 일관된 교훈이나 관념을 내세우기보다는 세상 만사를 문학적으로 파악한 측면이 있다. 인생은 복잡다단하고, 현실은 모순과 당착으로 가득하다. 다난하고 부조리한 인간의 삶 하나하나를 인정하고 진심으로 대하고자 했던 작가의 사고방식과 가치관이 모순이면서 모순이 아닌 포용성을 가져왔다고 보아도 무방할 것이다.

≪3. 어떻게 살 것인가≫에 〈② 상대적인 가치관을 가져라〉, 〈③ 뚜렷한 자기 생각을 가져라〉, 〈④ 이렇게 행동하라〉라는 소제목으로 묶은 것은 겐코가 그렇게 주장한 것은 아니다. 필자가 보기에 겐코의 개성이 잘 드러나 있고, 실제로 그러한 가치관과 신념으로 살았을 것으로 생각되기에 뽑은 것이다. 겐코의 글을 읽고 있으면 그가 아주 오래전의 사람으로 여겨지지 않을 만큼 시쳇말로 '쿨'한 자기만의 색깔을 가지고 있다. 자기 자신에 대한 주제파악(134단)과 상대적인 가치관을 가지고 (38단), 세상에 아무것도 기대하지 말고(211단), 삶에 구애됨이 없이(6·190단) 자유로운 정신성을 추구하며 사는 것을 지향하고 있다.

한편 겐코는 속세에서 살아가기 위한 처세술로는 '사람은 무지하고 무능한 것처럼 행동하는 것이 좋다'(139단)라는 등 소극적인 행동양식을 제안한다. 이런 것은 일본과 문화가 다른 외국인에겐 이해가 안 가거나 거부감이 들 수도 있겠는데, 여기에는 겐코의 상고주의(尙古主義)가 반영되어 있다고 볼 수 있다. 『헤이케 이야기』에서 무사들이 헤이안 귀족들을 동경하여 우아하게 치장하거나 고상하게 죽어가는 모습을 선호했

듯이, 겐코 역시 헤이안 귀족의 모습에서 이상적인 인간상을 모색하고 있다. 『쓰레즈레구사』는 일본인들에게 필독독서처럼 애독되어 왔는데, 민중들의 행동양식에 훌륭한 지침서 역할을 했다고 생각된다. 필자가 본 많은 일본인들은 〈이렇게 행동하라〉에 나와 있는 것처럼 매사에 정성을 다하고 누구에게나 공손하고자 했다. 또 어떤 것에 깊게 관여하지 않으려 애썼고, 훤히 알면서도 '잘은 모릅니다만'이라는 식으로 말하곤 했다. 무지하고 무능한 것처럼 행동하라는 겐코의 가르침을 이렇게 충실히 지킬 수가 있나 하는 생각까지 했을 정도이다. 겐코는 마흔 너머까지 사는 것은 추하다고 했다. 여담이지만 일본근대의 유명작가 중에는 마흔 이전에 생을 마감한 이가 적지 않다. 문학을 통해 그 나라 사람들이 선호하는 인간상이나 행동양식에 대해서 알 수 있다는 것은 외국 문학을 읽는 즐거움의 하나이다.

겐코는 무상한 세상을 어떻게 살 것인가에 대해 아주 열심히 탐구했지만 마지막(최종단)에 가서는 세상의 이치와 인생의 방향에 대한 확답을 내리지 못한다.

> 8살 되는 해에 아버지께 "부처님은 어떻게 되는 것입니까?"하고 물었다. 아버지는 "사람이 부처가 되는 거란다"라고 하셨다. 나는 또 "사람이 어떻게 하면 부처가 될 수 있습니까?"하고 물었다. 아버지는 "부처님의 가르침에 따르면 될 수 있다"고 하셨다. 나는 또 "가르침을 주시는 부처님은 누가 가르치셨습니까?"하고 물었다. 아버지는 "그것은 또 그 이전의 부처님이 가르침을 주신 것이다"라고 하셨다. 그래서 또 "그럼 최초에 가르침을 주신 부처님은 어떤 부처님이셨습니까?"하고

물었다. 그러자 아버지는 "글쎄, 하늘에서 내려오신 것일까, 땅에서 솟으신 것일까?"하고 웃으셨다. "아들놈의 질문에 말문이 막혀 버렸지 뭡니까"하고 여러 사람들에게 얘기하시곤 했다.

부처의 시원(始原)을 물어보는 아들에게 어떻게 대답할지 몰라 난감해하는 아버지의 모습은 인생의 불가해(不可解)함을 통감한 겐코 자신의 자화상일 것이다. 생의 의미와 방법을 나름대로 진지하게 모색하지만 여전히 잡기 어려운 것, 그것은 무상한 세상을 살아가도록 운명 주어진 겐코를 비롯한 우리 모두의 풀기 어려운 숙제일 것이다. 그러나 아주 열심히 인생의 의미와 방향에 대해서 생각해보는 것, 그 자체가 인생의 진정한 의미이자 옳은 방향으로의 진일보라고 필자는 생각한다.

골라 읽기

1. 무상의 가치
__〈제7단〉

　아다시노(あだし野) 묘지의 이슬이 마를 날이 없고 도리베 산(鳥部山) 화장터에서 나는 연기가 사라질 날이 없듯이 이 세상에서의 삶이 언제까지나 지속된다면 어찌 인생의 맛이 있겠는가. 이 세상은 무상하기 때문에 살만한 가치가 있는 것이다.

　생명 있는 것을 보건대 사람처럼 오래 사는 것은 없다. 하루살이는 저녁을 기다리지 못하고, 여름철 매미는 봄가을을 알지 못한다. 짧은 1년도 충실히 보낸다면 더할 나위 없이 충만할 수 있다. 만족하지 못하고 아쉬워만 한다면 비록 천 년을 산다 해도 하룻밤의 꿈처럼 허망할 것이다. 영원히 살 수 없는 이 세상을 추한 꼴로 오래 산다면 뭐하겠는가. 목숨이 길면 그만큼 수치스러운 일도 많아진다. 길어도 마흔이 되기 전에 죽는 것이 무난할 것이다.

　그 시기가 지나면 자기 모습을 부끄러워하는 마음이 사라진다. 사람들 사이에 끼고 싶어 하고, 자손들의 입신출세를 기대한다. 또 후손들의 번영을 볼 때까지 장수하기를 바라며 이욕에 눈이 어두워져 삶의 진정한 의미를 모르게 되니 안타까운 일이다.

〈제155단〉

　만물은 태어나서 존재하고 변하여 멸하게 된다는 사상(四相)[11]의 진리는 거센 강줄기가 세차게 흘러가는 것과 같다. 잠시 동안도 지체하는 일 없이 순식간에 지나간다. 따라서 불도 수행이든 속세에서의 처세든 마음먹은 바가 있다면 시기를 따져선 안 된다.
　봄이 간 다음에 여름이 오고, 여름이 끝나야 가을이 되는 것이 아니다. 봄은 이미 여름의 기운을 내포하고 있으며, 여름부터 이미 가을은 시작되고, 가을에는 바로 추워진다. 10월의 따뜻한 겨울부터 초목은 싹트며 매화도 봉오리를 맺는다. 나뭇잎이 지는 것도 잎이 떨어지고 나서 싹이 돋는 것이 아니다. 속에서 싹이 움트기에 그 기운에 밀려 잎이 떨어지는 것이다. 잎은 내부에서 일어나는 변화의 기운을 감지하고 있었기에 미련 없이 떨어지는 것이다. 인간에게 생로병사가 찾아오는 것은 이것보다도 빠르다. 또 사계절은 정해진 순서라도 있다. 그러나 죽음에는 순서가 없다, 죽음은 앞에서만 오는 것도 아니다. 어느 틈에 바로 뒤에 서있기도 한다. 인간 누구나 죽는다는 것을 알고 있지만, 기다리지도 않고 더구나 서두르지도 않는데도 불쑥 찾아온다. 밀물이 밀려올 때 파도가 아직 저 멀리에 있다고 생각했는데 어느새 해변 가득이 바닷물이 차오르는 것과 같다.

---

11) 생(生)・주(住)・이(異)・멸(滅).

2. 무상의 아름다움

__〈제82단〉

"얇은 헝겊으로 된 책표지는 금방 망가져서 좋지 않아"라고 어떤 사람이 말하자, 돈아(頓阿)12)가 "헝겊으로 된 책표지는 닳은 것이, 자개가 박힌 족자는 조개가 떨어져나간 것이 깊은 맛이 있지요"라고 했다. 정말 멋진 말이라고 생각된다. 또 한 질로 되어 있는 책자가 전부 갖추어져 있지 않으면 보기 싫다고들 하는데 고유(弘融)13) 스님은 "물건을 전부 갖추려고 하는 것은 시시한 사람들이 하는 짓이지요. 갖춰지지 않은 것이 도리어 멋지기도 하지요"라고 했다. 지당할 말이 아닐 수 없다.

"전부 완비되어 있는 것이 꼭 좋은 것만은 아니다. 미완성인 채로 남겨두는 것이 흥미로움과 생명감을 느끼게 한다. 궁궐을 지을 때도 반드시 미완성의 부분을 남긴다"고 어떤 사람이 말했다. 선현(先賢)이 저술한 유·불교 서적에도 문장이 결여된 예가 적지 않다.

__〈제137단〉

꽃은 활짝 핀 것만을, 달은 둥근 보름달만을 좋다고 해야 하는 것인가. 내리는 비를 바라보며 달을 그리기도 하고, 집안에 틀어박혀 봄이 가는 것을 모르는 것도 깊은 정취가 있다. 지금이라도 꽃망울을 터뜨릴 것

---

12) 정토교(淨土敎) 승려이자 가인. 겐코의 친구였다.
13) 겐코와 동시대의 승려로, 자세한 것은 알 수 없다.

같은 나뭇가지나, 시든 꽃잎이 마당에 떨어진 모습이야말로 볼만한 가치가 많다. (중략) 세상만사는 그 시작과 끝에 깊은 감흥이 있다. 남녀의 사랑도 만나서 정을 나누는 것만이 다겠는가. 이룰 수 없는 사랑에 아파하며, 물거품이 된 약속을 한탄하며, 긴 밤을 홀로 새우며 헤어진 사람을 떠올리기도 하고, 가난했지만 행복했던 옛날을 떠올리며 추억하는 것이야말로 진정으로 사랑의 정취를 아는 것이라고 할 수 있다.

휘영청 보름달이 천 리 밖까지 환히 비추는 것보다 새벽녘까지 기다렸다가 떠오르는 달을 바라보는 것이 정취가 있다. 특히 그것이 푸른빛을 머금고 깊은 산 나뭇가지 사이로 보일 때나, 비를 몰고 올 구름 속에 가려져 있을 때 한층 깊은 정취가 느껴진다. 섶나무, 가시나무의 젖은 잎사귀 위로 반짝반짝 달빛이 비칠 때면 이런 것을 함께 나눌 친구가 있었으면 하고 고향을 그리워하게 된다.

그런데 달이나 꽃을 꼭 눈으로만 봐야 하는 것인가. 봄에 집밖으로 나가지 않더라도, 달 밝은 밤에 방안에 있으면서 머릿속으로 상상하는 것도 아주 멋지고 즐거운 일이다. (중략)

해질 무렵이 되면 즐비하던 우차도, 빈틈없이 자리를 메웠던 구경꾼들도 어디론가 사라지고 정적이 찾아온다. 관람석에 설치한 발도 자리도 치워지고 점점 쓸쓸한 모습이 되어가는 모습을 바라보고 있노라면 새삼 무상한 세상의 이치를 깨닫게 된다. 축제 행렬을 보는 것보다 이와 같이 축제가 끝난 후의 거리 모습에서 진정한 축제를 보았다고 할 것이다.

관람석 앞을 지나는 많은 사람들 가운데 아는 사람도 적지 않은 것을 보면 세상 사람들이 그렇게 많지는 않은 것 같다. 설령 이 사람들이 다 죽은 다음에, 그리고 나서 내가 죽는다고 해도, 머지않아 죽음은 어김없이 찾아올 것이다. 커다란 통에 물을 가득 채우고 작은 구멍을 뚫어놓으면 떨어지는 물은 얼마 안 된다 하더라도 끊임없이 새다보면 언젠가 그 물은 다 없어지고 만다. 교토에 많은 사람들이 살지만 하루라도 사람이 죽지 않는 날은 없다. 하루에 한두 명만 죽겠는가. 도리베 산 묘지나 후나오카(舟岡) 화장터, 그 밖의 야산으로 보낼 송장들은 지나치게 많은 날은 있어도 하나도 없는 날은 없다. 그러니 관을 만들어 파는 사람이 관을 썩히는 일도 없다. 젊다고 해서 건장하다고 해서 피할 수 없는 것이 죽음이다. 오늘까지 죽지 않고 살아있다는 것이 그저 고맙고 신기할 따름이다. 어찌 한 순간이라도 헛되이 보낼 수 있겠는가.

3. 어떻게 살 것인가

❶ 출가를 권함

__〈제59단〉

출가하기로 마음먹은 사람은 버리기 어렵고 마음에 걸리는 일이 있더라도 과감하게 떠나버려야 한다. '잠깐만 이것만 끝내놓고', '어차피 출가할거니까 이 일만 해놓고', '이러고 갔다고 사람들이 비웃겠지. 나중에 말썽이 없도록 확실하게 처리해놓고 가자', '여태까지도 참아왔는데 뭐, 곧 끝날 거야. 서두른다고 능사는 아니잖아'하면서 미루다보면 해야 될 일들이 산더미처럼 쌓이게 되고 끝날 날은 오지 않기에 결국 출가를 못하게 된다. 세상 사람들을 보건대 조금 분별력이 있어 보이는 사람들도 대체로 이런 식으로 생각만 하다가 일생을 보내는 것 같다.

바로 옆에 불이 났는데 "잠깐만 좀 있다가"라고 말할 수 있겠는가. 살기 위해 남의 이목도 가리지 않고 재산이고 뭐고 다 버리고 도망칠 것이다. 생명은 사람을 기다리지 않는다. 죽음이 찾아오는 것은 물이나 불이 덮쳐오는 것보다 빠르고 도망치기도 어렵다. 그때를 당해 늙은 부모, 어린 자식, 주군의 은혜, 인간의 정리 등을 생각하여 버리기 어렵다고 해서 안 버릴 수 있겠는가.

〈제241단〉

하고 싶은 것을 다 마치고 여유가 생기면 수행을 해야지 하면 생각하는데, 하고 싶은 것은 끝이 없는 법이다. 꿈같이 덧없는 인생에서 무엇을 이루려고 하는가. 모든 바라는 마음은 다 망상(妄想)이다. 바라는 마음이 생기면 잘못된 생각(妄心)이 자신을 혼란시키고 있음을 깨닫고, 그 어떤 것도 해서는 안 된다. 바로 모든 것(萬事)과 관계를 끊고 불도를 수행한다면 아무런 방해 없이 지장 없이 오랫동안 심신의 안정을 얻게 될 것이다.

❷ 상대적인 가치관을 가져라

___ 〈제38단〉

자신의 명성이 오래토록 세상에 남길 바라는 것은 누구나 마찬가지이다. 하지만 신분이 높고 고귀해야만 훌륭한 사람이라고 할 수 있겠는가. 어리석고 하찮은 사람이라도 좋은 집에 태어나 때를 잘 타고나면 높은 지위에 올라 부귀영화를 누릴 수 있다. 반면에 훌륭한 현인이나 성인이라도 낮은 지위에 머물며 호시절(好時節)을 못 보고 끝나는 경우도 많다. (중략) 가(可)와 불가(不可)는 한가지이다.[14] 어떤 것을 선(善)이라고 하겠는가. 진정한 달인은 지혜도 없고 덕도 없고 공적도 없고 명성도 없다. 누가 그것을 알고 누가 그것을 전하겠는가. 그것은 덕을 감추고 우둔함을 가장하는 것이 아니다. 원래부터 현우(賢愚)·득실(得失)의 경지를 초월한 존재이기 때문이다. 이것을 깨닫지 못하고 명리를 추구하기에 허망한 것이다. 만사는 모두 거짓이다.[15] 논할 만한 가치도, 바랄만한 것도 되지 못한다.

___ 〈제134단〉

현명해 보이는 사람도 남에 대해서만 판단할 뿐 자기 자신에 대해서는 알지 못한다. 자신도 모르면서 어떻게 남에 대해 알겠는가. 따라서 자기 자신을 아는 사람이야말로 도리를 아는 사람이라고 할 것이다.

---

14) 원문은 '可·不可は一條なり'.
15) 원문은 '万事は皆非なり'.

사람들은 본인이 못생겼다는 것을, 어리석다는 것을, 재능이 없다는 것을, 하찮은 존재라는 것을, 늙어간다는 것을. 병이 든다는 것을, 죽음이 가깝다는 것을, 수행이 부족하다는 것을, 알지 못한다. 결점을 있다는 것을 알지 못하기에, 다른 사람이 비방한다는 것을 생각지 못한다. 얼굴은 거울을 통해 볼 수 있다. 나이는 세워보면 알 수 있다. 자신에 대해 모르는 바는 아니지마는, 알아도 손을 쓸 수 없는 것이기에 남들이 보기엔 자기 자신을 모르는 것처럼 보이는 것인지도 모른다.

❸ 뚜렷한 자기 생각을 가져라

__〈제6단〉

아주 신분이 높은 사람일지라도, 미천한 사람이라면 더욱더 자식은 없는 것이 좋다.16) 가네아키라 친왕(兼明親王, 914~87), 후지와라 고레미치(藤原伊通, 1093~1165), 미나모토 아리히토(源有仁, 1103~47)는 모두 자기들의 자손이 끊어지길 원했다. 후지와라 요시후사(藤原良房, 804~72)가 "자손은 없는 것이 좋다. 후손이 선조에 못 미치면 체면이 안 선다"고 했다는 말이 『오카가미(大鏡)』에 남아 있다. 쇼토쿠 태자(聖德太子, 574~622)도 생전에 자신의 묘지를 준비하면서 '여기를 잘라라, 저기를 끊어라. 자손은 없는 것이 좋다'고 했다 한다.17)

---

16) 원문은 '子といふものなくてありなん'.
17) 쇼토쿠 태자는 불교를 숭상하여 자손의 번창을 위해 묘지를 거대하게 꾸미는 것을 원치 않았다. 자손을 단절시키기 위해 묘지를 간소화했다는 이야기가 전해진다.

── 〈제190단〉

아내는 얻지 말아야 한다.[18] '저 사람은 늘 혼자 살아'라고 하면 고상하게 들리지만 '누구누구의 사위가 되었다'든가 '이러이러한 여자를 맞아 함께 산다더라'하는 말을 들으면 대단히 실망스럽다.[19] 대수롭지도 않은 여자를 좋다고 만족해하며 살고 있거나, 좀 괜찮은 여자라면 그녀가 사랑스러워 수호신처럼 받들며 살아갈 것이다. 결혼생활이란 것은 대개 그런 정도이다. 아등바등 살림을 꾸려가는 여자를 보면 딱하다.[20] 아이들을 낳아 뒷바라지에 여념이 없는 모습을 보면 한심스럽다.[21] 남편이 죽은 후에 비구니가 되어서 늙어가는 여자도 있는데, 그 모습이 추하기 이를 데 없다.[22]

어떤 여자라도 아침저녁 함께 있다 보면 싫증이 나고 정이 떨어지게 된다. 그것은 여자를 위해서도 좋지 않다. 서로 다른 곳에 살면서 때때로 찾아간다면 세월이 흘러도 좋은 관계가 유지될 수 있다. 가끔 만나 사랑한다면 늘 서로가 신선하게 느껴질 것이다.

---

18) 원문은 '아내라고 하는 것이야말로 남자가 가져서는 안 될 것이다(妻といふものこそ、をのこの持つまじきものなれ)'라고 되어 있다. 일본 고대에는 남자가 여자를 방문하는 형태의 혼인양식이었던 것이 가마쿠라 시대부터 며느리가 시집오는 형태(婿取り婚)로 바뀌게 된다. 겐코는 가마쿠라 말기 사람으로 결혼 풍속의 변화를 목격하며 고대의 결혼양식을 이상적으로 생각했던 것 같다.
19) 원문은 '心にくけれ'.
20) 원문은 'いと口をし'.
21) 원문은 '心憂し'.
22) 원문은 '亡き跡まで浅まし'.

〈제211단〉

세상만사는 믿어서는 안 된다.23) 어리석은 사람은 무언가에 의지하려 하기 때문에 원망도 하고 화도 낸다.

권세가 있다 하여 믿어서는 안 된다. 강한 것이 먼저 무너진다. 재산이 많다 하여 믿어서는 안 된다. 얼마못가 잃을 수 있다. 학재(學才)가 뛰어나다 하여 믿어서는 안 된다. 공자도 시세(時勢)와 맞지 않았다. 덕이 있다 하여 믿어서는 안 된다. 안회(顔回)도 불행했다. 주군의 총애도 믿어서는 안 된다. 죄인으로 몰리는 것도 순식간이다. 아랫사람이 충직하다 해서 믿어서는 안 된다. 배반하고 도망칠 수 있다. 다른 사람의 마음을 믿어서는 안 된다. 반드시 변하기 마련이다. 약속을 믿어서는 안 된다. 진실한 경우는 드물다.

자기 자신도 타인도 의지하지 않는다면, 일이 잘되면 기뻐하고 일이 잘못되었다고 원망하지 않는다. 몸을 움직일 때 좌우 공간이 넓으면 부딪칠 염려가 없다. 전후 간격이 멀수록 자유롭다. 반대로 주변 공간이 좁으면 몸은 짓눌리게 된다. 마찬가지로 마음에 여유가 없으면 사사건건 분쟁을 일으켜 다치게 된다. 여유롭고 부드러운 마음을 갖는다면 털끝만큼의 손상도 없다.

인간은 천지에서 가장 영묘한 존재이다. 하늘과 땅은 끝이 없다. 인간의 본성도 이와 마찬가지이다. 한없이 관대한 마음을 갖는다면 즐거움과 분노의 감정 때문에 방해받는 일도 없을 것이며, 쓸데없는

---

23) 원문은 'たのむべからず'.

괴로움을 겪지도 않을 것이다.

❹ 이렇게 행동하라

__〈제1단〉

사람은 용모와 풍채가 수려할수록 좋다. 말씨가 듣기에 좋고 상냥하며 말수가 적은 사람일수록 오랫동안[24] 이야기가 나누고 싶어진다.

__〈제79단〉

매사는 깊게 관여하지 않는 것이 좋다. 바람직한 사람은 자신이 알고 있는 것이라도 잘난 체하지 않는다. (중략) 사려분별이 있는 사람은 말을 아껴 묻지 않는 말에는 나서지 않는 것이 좋다.

__〈제168단〉

알고 있는 내용이라도 너무 아는 척을 하게 되면, 대수롭지 않다는 인상을 주게 되고 자연히 실수도 따르게 된다. '확실히는 잘 모릅니다만'이라는 식으로 말하면, 과연 그 분야의 전문가답다는 인상을 심어주게 될 것이다.

__〈제170단〉

특별한 용건도 없으면서 남의 집에 가는 것은 좋지 않다. 용건이

---

24) 원문은 '물리지 않고(飽かず)'라고 되어 있다.

있어 방문하더라도 일을 마치면 바로 돌아가는 것이 좋다. 오래 머물면 실례가 된다.25) 다른 사람을 대하고 있으면 말이 많아지고 몸도 피로해지며 마음의 평정도 잃게 된다. 여러 지장을 초래하며 시간을 보내게 된다. 서로를 위해 이득 될 것이 없다. 싫으면서 마지못해 상대해주는 것도 좋지 않다. 뭔가 다른 일로 말이 하고 싶지 않을 때에는 그 이유를 말해주는 것이 좋다.

〈제232단〉

무릇 사람은 무지하고 무능한 것처럼 행동하는 것이 좋다.26) 어떤 사람의 자식이 있었다. 용모도 괜찮았다. 한번은 아버지 앞에서 다른 사람과 대화를 나누는데 역사서를 들먹여가며 아는 체를 했다. 똑똑한 것처럼 보였지만 윗사람들 앞에서 그럴 필요까진 없을 것이다.

〈제233단〉

매사에 과실이 없으려면 어떤 일에나 정성을 다하고 누구에게나 공손히 대하며 말수가 적은 것이 상책이다. 남녀노소 할 것 없이 그런 사람이 바람직하지만, 특히 젊고 용모가 출중한 사람이 아름다운 말씨는 쓰는 것은 잊기 어려운 감동과 매력이 있다. 모든 과실은 자신만이 능통한 것처럼 잘난 체하고 다른 사람을 무시하는 태도에서 비롯된다.

---

25) 원문은 '아주 귀찮다(いとむつかし)'라고 되어 있다.
26) 원문은 'すべて人は, 無智無能なるべきものなり'.

노(能)

세상에 하나뿐인 꽃

개요 노(能)는 춤과 음악을 동반한 가면극이다. 헤이안 시대의 예능인 사루카쿠(猿樂)에서 발생하였다. 사루카쿠는 중국과 한국의 산악(散樂)이 일본어화된 것으로, 골계적인 흉내 내기(物まね)나 말재주(言葉芸)를 중심으로 하는 예능이었다. 주로 씨름대회나 가구라(神樂)[1]가 있는 밤에 행해졌다. 나중에는 일시적인 좌흥(座興)을 돋우는 익살스런 동작까지도 사루카쿠라 부르게 된다. 중세 남북조 시대(南北朝時代, 1336~1392)가 되면 각 지역에 사루카쿠 극단이 생겨난다.[2] 그 중에서도 야마토(大和) 사루카쿠와 오미(近江) 사루카쿠가 유명했다. 야마토 사루카쿠의 대표자인 간아미(觀阿弥, 1332?~84?)[3]와 그의 아들 제아미(世阿彌,

---

1) 신에게 제사를 지낼 때 연주하는 무악(舞樂).
2) 그런 극단을 '좌(座)'라 부른다.
3) 간제좌(觀世座)의 시조이자 노의 시조(始祖). 본명은 기요쓰구(淸次). 속어를 구사하여 대화의 묘미와 대중성을 확보하였으며 자유로운 곡 구성을 특징으로 하였다. 흉내 내기 일색이던 야마토 사루카쿠에 무용적인 요소를 도입하여 아름답고 화려한 노를 창시했다.

1363~1443)⁴⁾가 사루카쿠를 연극적으로 완성시키면서 노가 만들어지게 되었다. 노와 사루카쿠는 동의어로 쓰이다가, 메이지(明治) 시대 이후에 사루카쿠라는 명칭을 기피하면서 노 또는 노카쿠(能楽)라고 부르게 되었다.

노의 배우(能樂師)는 기본적으로 가면을 쓰고 음악에 맞춰 유현(幽玄)-우아하고 아름답게-하게 연기한다. 오늘날의 노는 대부분 전용 극장(能樂堂)에 마련된 실내에서 공연되지만 원래는 야외에서 행해졌다. 노의 무대 정면에는 커다란 소나무가 그려져 있는데, 노가 야외극이었던 흔적이 남은 것이다. 무대는 배우가 연기하는 본무대(本舞臺)와 악기 연주자들이 앉는 후좌(後座), 코러스를 담당하는 합창단이 앉는 자리(地謠座), 준비실에서 무대로 나가는 통로(橋懸) 등으로 구성된다. 노에 사용하는 가면(탈)을 노멘(能面)이라고 한다. 노멘은 표정이 확실한 것도 있지만 무슨 표정인지 알 수 없는 것이 많다. 그런 무표정한 탈을 '중간표정' 또는 '무한표정'이라고 부르기도 하는데, 가면 자체만으로는 희로애락의 감정을 가늠하기 어렵다. 다만 얼굴을 젖히거나 숙이는 각도에 따라 인상이 달라져서 뒤로 젖히면 기쁨을, 앞으로 숙일수록 슬픈 느낌

대표작으로는 『자연 스님(自然居士)』, 『솔도파 고마치(卒塔婆小町)』 등이 있다.
4) 본명은 간제 모토기요(觀世元淸), 제아미는 법명. 12살 때 훗날의 무로마치(室町) 막부 3대 장군(將軍)이 된 아시카가 요시미쓰(足利義満)의 눈에 띄어 명성을 얻으면서 당시 '거지들의 소행'으로 업신여겨졌던 사루카쿠를 일본을 대표하는 예능으로 끌어올렸다. 요시미쓰가 죽은 후 불우한 말년을 보냈으나 유현미의 추구와 이론화를 근간으로 노를 완성하였다. 대표작으로는 『다카사고(古砂)』, 『기요쓰네(淸經)』, 『우물가(井筒)』, 『다듬잇돌(砧)』 등의 명작과 노 이론서인 『후시가덴(風姿花傳)』, 『시카도쇼(至花道書)』 등이 있다. 해설 부분 아울러 참조.

을 받게 된다.

 노는 주로 주연과 조연을 맡는 2명의 배우로 진행된다. 주연을 '시테(仕手)'라고 부른다. 시테의 상대역을 담당하는 배우를 '와키(脇)'라고 한다. 와키는 가면을 쓰지 않으며 시테를 무대로 이끌어내고 시테의 사연을 들어주거나 춤을 유도하는 역할을 담당한다. 따라서 노는 사실상 시테 한 사람의 독연(獨演)에 의해서 공연되는 특수한 연극이라고도 할 수 있다.5)

 지금은 편의상 많이 간략화되었지만 전통적인 노는 '신(神)·남(男)·여(女)·광(狂)·귀(鬼)'라는 5개 종목의 순서(五番立て)로 진행된다. 첫 번째 노에는 신령(神靈)이, 두 번째는 무사가, 세 번째는 미녀가6), 네 번째는 광인(狂人)이, 다섯 번째는 도깨비나 요괴가 시테로 등장한다.7) 노는 주제도 구성도 극단적으로 단순하다. 하나의 내용－그것은 주로 인간의 정리나 심리의 한 단면－을 전면에 내세워 그것을 위한 조형미, 회화미, 음악미를 관객들에게 전달하는 것을 목적으로 삼고 있다. 노의 각본을 요쿄쿠(謠曲)라고 하는데, 요쿄쿠 역시 줄거리보다는 대사나 어조의 아름다움과 인간 진실의 추구에 중점을 둔다. 따라서 관객은

---

5) 시테와 와키 외에도 노의 진행에 꼭 필요한 '지우타이(地謠)'가 있다. 인원은 6명~10명으로 구성되며, 무대 오른 쪽에 2줄로 앉아 시테의 대사, 정경 묘사, 시간의 경과, 후일담 등을 관객에게 읊어준다.
6) 세 번째 노는 가발물(鬘物)이라고도 하며 우아하고 아름다운 의상과 춤이 펼쳐지기 때문에 '노 중의 노'라 일컬어진다.
7) 움직임이 적고 내면적인 내용을 많이 다루는 노를 다섯 곡이나 한자리에서 보는 일은 쉽지 않다. 그래서 창안된 것이 교겐(狂言)이다. 교겐은 노와는 대조적으로 밝고 빠른 템포로 진행되는 짤막한 코미디극이다. 노 한 곡이 끝날 때마다 교겐 한 곡씩을 공연하여 관객들의 긴장과 지루함을 풀어준다.

작품의 내용이나 진행과정에 대한 사전지식이 없으면 감상에 어려움을 겪게 된다. 노가 관객의 상상력에 의해서 완성된다고 하는 이유도 거기에 있다.

해설 노의 각본은 구성에 따라 '몽환 노(夢幻能)'와 '현재 노(現在能)'로 나눈다. 몽환 노에서는 와키는 현세의 인물이고 시테는 신령이나 유령이다. 와키(주로 여행자)가 어느 지역을 방문하고, 거기서 그 지역 사람으로 화신한 유령을 만나게 된다. 양자가 대화를 나누다가 유령이 자신의 정체를 넌지시 암시하며 사라진다. 막이 바뀌고 와키는 꿈에서 유령과 재회한다. 유령은 성불하지 못하는 고충을 토로하거나 춤을 춘다.

　[골라 읽기]에 실은 ≪1. 우물가(이즈쓰)≫는 몽환 노의 대표작이라고 할 수 있는데, 몽환 노의 정형대로 이야기가 전개되고 있다. 어느 행각승이 아리와라 사(在原寺)를 찾게 되고 거기서 나리히라의 아내였던 '아리쓰네의 딸(有常娘)'을 만난다. 여자는 자신의 정체를 밝히지 않지만 『이세 이야기』에 나오는 '우물가에서 견주던 나의 키가…', '바람이 불면 파도가 일 듯…'이라는 노래를 통해 자신이 아리쓰네의 딸임을 암시하고 사라진다. 막이 바뀌고 행각승은 여자를 다시 만나고 싶어 잠을 청한다. 꿈속에서 만난 여자는 나리히라를 잊지 못해하며 나리히라가 생전에 입었던 옷을 걸치고 빙의의 춤을 춘다. 나리히라에 대한 애착으로 이승을 떠나지 못하는 여자의 집념이 춤을 통해서 표출되게 된다.

몽환 노는 시테의 회상담을 주축으로 극이 전개된다. 와키는 시테를 보조하는 역할만을 담당할 뿐, 극의 초점은 시테의 이야기와 춤에 있다. 결말이 와키의 꿈이었다는 식으로 끝나는 것이 많기 때문에 '몽환 노라고 부른다.

한편 등장인물이 전부 현세의 인물로 이루어진 노를 '현재 노'라고 부른다. 현재 노는 몽환 노처럼 과거를 회상하거나 과거로 회귀하지 않는다. 현실세계의 시간에 입각하여 당대의 인간세계를 다룬다. 또 몽환 노처럼 정형화되어 있지 않다. 사랑하는 사람을 잃고 반미치광이가 되어 전국을 헤매는 '광인물－광인을 다룬 노(物狂いの能)－'은 현재 노의 형태를 취하는데, 선독하는 ≪2. 스미다 강≫은 그 대표작이다. 『스미다 강』은 앞에서 언급한 노의 대성자인 제아미의 아들 모토마사(元雅, 1400~1432)의 작품이다. 인신매매상에게 아들을 유괴당하고, 아들을 찾아 헤매는 여자(狂女)를 그리고 있다. 노에 나오는 광녀(狂女)는 우리가 흔히 생각하는 미친 여자 즉 정신이 이상해져서 발광한 병자가 아니라는 점에 주의를 요한다. 그들은 자식이나 남편 같은 소중한 사람을 잃고 정신적 공황 상태에 빠져있는 사람들이다.8) 『스미다 강』의 작가도 아들을 납치당한 절박하고 애절한 모정(母情)을 그리고 있다. 인신매매상에게 잡혀가서 살았는지 죽었는지 알 수 없는 자식을 찾아나선 어머니의 애끓는 심정을 『이세 이야기』 제9단의 내용과 와카를 효과적으로 사용

---

8) 그러나 어쨌든 제 정신은 아니기 때문에 사람들은 광녀에게서 뭔가 묘하고 자극적인 기운을 느끼게 된다. 와키는 대개 광녀에게 재미있는 춤사위를 보여 달라고 요구한다. ≪2. 스미다 강≫의 와키(뱃사공)도 시테(여주인공)에게 춤을 추지 않으면 배에 안 태워주겠다고 말하고 있다.

하여 알아듣기 쉬우면서도 아름답고 박진감 넘치는 문체로 묘사하고 있다.

일본 중세는 인인매매가 횡행하던 시대였다. 서울인 교토로 사람들이 대거 몰리면서 지방에선 노동력 부족 사태가 심각했다. 인신매매는 주로 교토에서 지방의 오지로 팔려나가 가혹한 노동과 감시에 시달려야 했다. 현재 노는 그러한 당시의 실제 사건을 다루고 있다는 점에서 시사성이 풍부하다.

제아미(世阿彌)는 아버지(간아미)가 다진 흉내내기 중심의 대중적인 예풍을 가무(歌舞) 중심의 아름다운 노－유겐 노(幽玄能)－로 발전시켜 노의 예술성을 끌어올린 인물이다. 각본을 쓰는 것이 노의 생명이라고 주장한 제아미는 많은 작품을 남겼는데, 특히 그의 작품은 『이세 이야기』, 『겐지 이야기』, 『헤이케 이야기』 등의 고전을 토대로 하고 있다. 가령 ≪1. 우물가≫는 제아미의 작품인데 『이세 이야기』의 내용을 알지 못하면 이해하기 어려울 만큼 『이세 이야기』에 의거하고 있다. 이렇듯 저명한 고전을 전거(典據)로 사용한 이유는 우선 관중들에게 친근감을 주기 위해서다. 민중 누구나가 알고 있는 내용을 모티브로 사용함으로써 감상의 편이를 도모했던 것이다.[9]

---

[9] 중세 문학은 많은 사람이 한 곳에 모여 배우가 하는 말이나 노래를 귀로 듣고 함께 즐기는 좌의 문예라는 특징이 있다. 문학과 관련이 적은 사람들도 귀에 울리는 기분 좋은 운율은 향수할 수 있고, 아름다운 모습과 연기는 감상할 수 있다. 권력자에 대해 야유를 가하기도 하고, 자신들의 실생활과 밀접한 장면을 골계적으로 연출하는 연극이 무대에 올랐을 때, 관객들은 배우와 혼연일체가 된다. 노의 융성 배경에는 이러한 대중 관객의 참여가 있었다.

대저 예능이라고 하는 것은 뭇사람의 마음을 부드럽게 하고 상하 모든 계층을 감동시켜 행복을 증진시키는 기반이자 장수를 가져오는 비결이다. (중략) 이 예능은 대중의 사랑과 성원이 있어야 일좌(一座)를 세운 보람이 있게 된다. 대중들이 이해하기 어려운 예풍(風體)만 고집한다면 사람들의 칭찬을 얻을 수 없다. 항상 초심(初心)을 잊지 말고 때와 장소에 맞게 연희를 함으로써 잘 모르는 대중의 눈에도 좋다고 여겨질 수 있는 노를 하는 것, 이것이 수복(壽福)을 증진시키는 것이다. (『후시가덴(風姿花傳)』 제5장)10)

또 거기에는 당시의 지배계급이던 무가(武家) 사람들의 심미안(審美眼)에 부합하기 위한 목적도 있었다. '거지들의 소행'이라 불릴 만큼 천시되던 사루카쿠가 막부의 보호 덕분에 노로 융성할 수 있었던 만큼, 제아미는 무사들의 귀족 취향에 합치되게끔 와카나 고전을 원용하여 여정미가 풍부한 미적세계를 현출하는 몽환 노를 완성시키게 된다.

제아미가 노에서 관중의 존재를 중시한 것은 그의 전서(傳書) 곳곳에서 발견할 수 있다. 관중이 요구하는 것이 무엇인지를 파악하는 것이 예능 성공의 비결이라고 생각하는 제아미는 기호도 교양도 천차만별인 관중의 마음을 사로잡는 것을 '꽃'에 비유하고 있다. ≪3. 제아미의 유현≫의 〈꽃〉에 나오는 문구처럼 관중은 '여기에선 이런 예풍을 좋아하는가 하면, 저기에선 또 다른 예풍을 좋아한다.' 그것은 사람마다 원하는 꽃이 다르기 때문이다. 인간은 '신분이 높은 사람이나 낮은 사람,

---

10) 원전은 『(日本古典文學大系65)歌論集・能楽論集』(岩波書店, 1961年)을 사용하였다. 번역에서 김효자 역, 『일본사상총서Ⅱ・예도사상1)풍자화전・화경 외』, 시사일본어사, 1993을 참고한 부분이 있다.

남자나 여자, 승려나 속인, 농부나 시골사람, 거지나 천민에 이르기까지 모두 저마다의 꽃을'(《유현의 경지》) 가지고 있다. 그 꽃을 피우게 하는 것, 즉 관중의 마음에 감동을 선사하는 것, 그것이 제아미가 추구하는 노이다. 그리고 '꽃'을 피우기 위해 배우가 갖추어야할 요건은 유현미의 체득이다.

'유현'은 다음 인용문에서도 알 수 있듯이, 논자에 따라 정의가 다르고, 광범위하게 쓰이는 미학 용어인데다 내포하는 의미도 추상적이어서 파악이 쉽지 않다.

> 원래 '유현(幽玄)'이라는 말은 노자의 『도덕경(道德經)』에서 비롯된다. 노장적 언술에서는 유심난지(幽深難知)의 의미를 지니는데, 이것이 불전에까지 확대되어 노장·불교사상의 심원함을 표명하는 말로 사용되었다. 이 말이 일본에 처음 들어왔을 때는 불전 방면에 사용되다가, 한시문에서 예술내용의 심오함, 예술미의 궁극을 나타내는 일종의 미적 '가치개념'으로 사용되었다. 이것이 와카(和歌) 가론의 성행·발전과 더불어 미유형, 가체, 가도, 풍체(風體)를 나타내는 '양식개념'으로 사용되기에 이른 것이다. 따라서, '유현'이란 용어는 서정론, 미론, 비평(판사判詞), 가론, 풍체론, 풍격론의 범주에서 사용되는 매우 광범한 미학용어라 할 수 있다. (중략) 예술성과 관계된 '유현'개념은 최초의 칙찬 와카집인 『고킨와카슈』의 서문에 '흥입유현(興入幽玄)'이라는 표현으로 등장하였다. 이후 시대에 따라, 사람에 따라, 예술장르에 따라 그 내포와 강조점을 달리하면서 매우 복잡하게 전개되어 왔다. (중략) 후지와라 도시나리(藤原俊成)의 가론은 '교유요염(矯揉妖艶)'을 특징으로 하는 '염(艶)'과 '한적(閑寂)·심원(深遠)·고아(高雅)'를 특징으로

하는 '寂(さび)'을 중심으로 하여 구성되는데, 이 두 요소는 중세의 대표적 양식개념으로서의 '유현미', '유현체'를 형성하는 밑바탕이 된다. (중략) 가모 초메이(鴨長明)의 유현론은 『무명비초(無名秘抄)』에 잘 나타나 있다. 그가 말하고 있는 유현은 '詞に現れぬ餘情 姿に見えぬ景氣(詞에 나타나지 않은 여정, 姿에 보이지 않는 경기)'라는 표현에 압축되어 있다. 유현의 상태를 '가을 저녁 무렵 하늘의 경치는 색도 없고 성도 없다'라는 비유를 통해 설명하였다. 이 무색·무성의 상태는 언사를 절하는 여정의 극치로서 '한마디 말에 많은 이치를 담고, 말로 나타내지 않고도 깊은 마음을 다하는' 상태이다. 여기서 여정은 이면의 것을 다 드러내지 않는 함축성, 분명치 않은 모호한 언어표현을 의미한다. (중략) 노카쿠(能樂)의 유현을 언급한 대표적 인물은 제아미(世阿彌)이다. 제아미는 대체로 가론에서의 '유현'에 내포된 우려미묘(優麗微妙)의 가치개념을 그대로 수용했고, 이를 바탕으로 노(能) 표현의 제 1원리로 발전시켰다. 그는 '유현'을 강한 것(强), 단단한 것(硬), 세세한 것(細)에 대응되는 우미(優美)·유화(柔和)·기품(氣品)의 개념으로 이해했으며 유현의 경지에 드는 것을 최상의 노로 여겼다. (중략) 지금까지의 개괄을 통해서도 어느 정도 드러났듯이 '유현'은 그 내포가 논자, 시대, 예술장르에 따라 매우 복잡 미묘한 차이를 보이고 있어 그 공통된 특질을 한 마디로 요약하기 어렵다. (중략) 다양한 내포, 상이한 견해들의 근저에 공통적으로 용해되어 있는 '유현'의 특질들을 심오(深奧), 표묘(縹緲), 여정, 침잠, 간접성, 자연, 초탈, 적료감, 신비감, 함축성, 정서의 여과, 허(虛)의 세계관 등으로 요약해볼 수 있을 듯하다.[11]

---

11) 신은경, 『풍류-동아시아 미학의 근원-』, 보고사, 1999, 551~561쪽. 인용문에서 한자로 표기한 부분을 한글로 고치거나 일본어 번역을 수정한 부분이 있다.

요컨대 유현이란 말은 심원하고 미묘하여 파악하기 어렵다는 뜻인데, 일본에서 가론(歌論)이나 노 이론의 근본이념으로 원용되면서 여정미나 상징미의 극치를 의미하게 되었다. 가론에서의 유현은 헤이안 시대의 '모노노아와레'의 이념이 발전한 것으로, 언외(言外)에 마음속 깊이 전해지는 여운(餘韻)이나 여정(餘情)을 의미한다. 세속적인 것과 대비되는 신비하고 깊이 있는 아름다움을 가리키는 이념으로 이해할 수 있다. 제아미는 이것을 계승하여 노에서 추구할 이상적 경지로서 유현을 추구하였다.

제아미는 '사람으로 치면 비빈(妃嬪)이나 기녀·미녀·미남, 초목으로 치면 꽃 종류, 이런 것들은 그 형체가 유현한 것들'(〈유현한 것〉)이라고 하면서 유현한 것들을 흉내 내게 되면 저절로 유현한 분위기를 자아낸다고 하였다. 특히 '귀족 고관(公家)들의 행동거지는 매우 기품이 있고 인망도 다른 이들과는 차이가 난다'고 하며 귀족적인 멋과 우아함을 유현의 본체(本體)로 삼았다. '눈으로 보는 모든 모습, 귀로 듣는 모든 음곡이 한결같이 아름다운 것'인 '유현'은 제아미가 추구했던 유미주의의 결정체라 할 수 있다.

필자는 중후한 아름다움이 느껴지는 노의 무대, 배우의 가면·의상·춤·동작·대사, 지우타이의 코러스 등 그 하나하나 혹은 그 총체가 유현이라고 생각한다. 거기에는 '목숨에는 끝이 있으나, 노에는 끝이 없다(命には終わりあり, 能には果てあるべからず)'(『가쿄(花鏡)』)며 노의 영원성을 믿고 예술지상주의를 추구하였던 제아미가 지향한 모든 것이 구현되어 있기 때문이다. 제아미 이후에 노는 여러 가지 변화가 있었지

만 가무를 중심으로 한 유현 제일주의의 제아미의 노가 흔들린 적은 없었다. 제아미가 지향한 방향대로 노가 발전되어왔고 오늘날까지 공연된다는 사실을 통해서도 제아미의 역량과 그 영향력을 가늠할 수 있다.

골라 읽기

1. 우물가(井筒)

__〈줄거리〉

　전국을 수행중인 행각승이 우연히 들른 아리와라 사(在原寺)라는 절 터에서 정화수를 떠놓고 공양을 드리는 여자를 만나게 된다. 여자는 『이세 이야기』에 나오는 아리쓰네의 딸(有常娘)의 유령이었다. 여자는 생전의 나리히라(業平)와의 추억을 떠올리며 회상에 젖는다. 여자는 처음에는 정체를 숨기다가 점차 자신이 나리히라의 아내였던 아리쓰네의 딸인 것을 암시하고 사라진다. 막이 바뀌고 행각승은 여자를 다시 만나고 싶어 옷을 뒤집어 입고 잠을 청한다. 따라서 이후의 진행은 전부 행각승의 꿈속에서 벌어진 일이다. 아리쓰네의 딸은 나리히라를 사랑하여 죽어서도 그를 잊지 못한다. 남자에 대한 애집으로 성불하지 못하고 이승을 헤매고 있었다. 그녀는 나리히라가 그리운 나머지 그가 남긴 유품을 몸에 걸치고 춤을 춘다. 어느새 나리히라의 모습으로 바뀌어 영혼의 합일을 이룬 도취경(陶醉境)에 빠진다. 그러나 환희도 잠시, 이내 새벽이 밝아오고 여자는 사라진다. 바람소리에 행각승은 잠을 깨고 작품은 막을 내린다.

__〈대본〉

와키 : 내가 이 절에 쉬면서 마음을 가다듬고자 하는데 아리따운 여성이 정화수를 떠놓고 여기 있는 무덤의 주인에게 명복을 비는 모습이 보이는구나. 거기 당신은 누구시오?

시테 : 저는 이 근처에 사는 사람입니다. 이 절을 세우신 아리와라노 나리히라는 세상에 이름을 남기신 분입니다. 그래서 묘비(墓碑)도 이곳에 있는 겁니다. 저도 자세히는 모르지만 꽃과 정화수를 바쳐놓고 이렇게 명복을 빌고 있나이다.

와키 : 말씀하신 대로 나리히라는 세상에 이름을 남긴 사람이지요. 하지만 지금은 아주 먼 옛날이야기 속의 사람이 되었는데, 당신은 여자의 몸으로 이렇게 명복을 비는 까닭은 무엇인지요?

시테 : 까닭을 물으셔도, 나리히라는 당대에도 '옛날에 한 남자'라고만 알려졌던 사람입니다. 하물며 지금은 먼 옛날의 일이니, 연고고 인연이고 있을 리 없습니다. (중략)

와키 : 나리히라에 대해서 조금 더 말씀을 해주시지요.

지우타이: 옛날에 나리히라 중장(中將)은 이곳 이소노카미(石上)에서 봄에는 꽃을 가을에는 달을 노래하며 오랫동안 살았지요.

시테 : 그 무렵에는 기노 아리쓰네의 딸과 부부가연을 맺고 금실도 좋았지요.

지우타이: 나리히라는 가와치(河內) 지방의 다카야스(高安)에 따로 여자

를 두고 몰래 만나고 있었지요.

시테 　　 : '바람이 불면 파도가 일 듯, 산 도적이 나온다는 다쓰다 산을'

지우타이: '이 밤에 당신은 혼자 넘으려 하십니까'하고 밤길을 염려하는 노래를 듣고 다른 여자한테는 안 가게 되었지요.

시테 　　 : 사람의 정을 알게 해주는 것은 노래지요.

지우타이: 자기의 진심을 노래로 읊는 것은 멋지지요.12)

지우타이: 옛날에 이 지방 사람 중에 이웃해서 살던 아이들이 집 앞 우물가에서 사이좋게 놀곤 했지요. 우물 울타리에 기대어 물속에 비친 서로의 얼굴을 쳐다보며 정도 깊어졌지요. 어느덧 세월이 흘러 성인이 되었는데, 서로 부끄러워 말도 못하고 있었지요. 그래서 남자는 주옥같은 글로 편지를 써서 진심을 담은 와카와 함께 여자에게 보냈지요.

시테 　　 : '우물가에서 견주던 나의 키가'

지우타이: '다 자라버렸다오, 당신 못 보는 사이에'라는 와카를 적어 보내니, 여자는 '견주던 머리카락도 어깨까지 닿아요, 당신이 아니고서 누가 올려줄까요'라는 답가를 보내왔지요. 그런 노래를 읊은 까닭에 아리쓰네의 딸을 '우물가의 여인'이라고도 부르지요. 어릴 적의 별명이지요.

지우타이: 오래된 옛이야기를 들으니 감회가 새롭군요. 그런데 당신은 누구신가요?

---

12) 원문은 あはれを述べしも理なり. 원전은 『(日本古典文學大系40)謠曲集』(岩波書店, 1961년) 을 사용하였다.

지우타이: 실은 저는 사랑의 빙의(憑依)를 입은 몸. 아리쓰네의 딸인지 누군지 모르겠으나, 파도가 일듯 산 도적이 나온다는 다쓰다 산을 야밤을 틈타 달려왔지요. (중략)

와키　　: 밤이 깊어지자 아리와라 사의 달이 빛나네. 아리와라 사의 달이 빛나네. 옛날을 떠올리며 옷을 뒤집어 입고 꿈속의 만남을 기대하며 이끼가 낀 멍석에 잠을 청하네, 이끼가 낀 멍석에 잠을 청하네.

시테　　: '금방 지기로 이름 높은 벚꽃이지만, 1년에 몇 번 오지 않는 당신도 기다린답니다'13)라고 노래한 적이 있기에 저를 '기다리는 여인'이라고도 부르지요. 우물가에서 자라던 옛날부터 오랜 세월 나리히라와 부부로 살았지요. 지금은 망자가 된 나리히라가 유품으로 남긴 옷을 몸에 걸치고.

시테　　: 부끄럽지만 옛 남자가 되어 추는 빙의의 춤.

지우타이: 아름다운 소매가 눈처럼 휘날리는 듯한 춤사위.

시테　　: 옛 사람의 모습으로 춤을 추니 아리와라 사에 있는.

지우타이: 우물에 비치는 달빛이 청명하네, 달빛이 청명하네.

시테　　: '달이사 아니리, 봄이사 그 옛날의'14)라고 읊은 것은 언제였던가.

시테　　: '우물가에서'

지우타이: '우물가에서 견주던'

---

13) 『이세 이야기』 제17단에 나오는 노래.
14) 『고킨슈』 권15・사랑(747)의 나리히라의 노래.

시테　　：'나의 키가'

지우타이：'다 자라버렸다오'

시테　　：'다 늙어버렸다오'

지우타이：사랑했던 남자의 의관(衣冠)을 걸친 내 모습은 여자 아닌 남자 로구나, 나리히라의 모습이구나.

시테　　：(우물 속에 비친 모습을 보면서) 모습을 보니 그립구나.

지우타이：내 모습인 줄 알면서도 그립구나. 망부(亡夫)의 유령은 '시들어 버린 꽃이 색은 바라고 향기만 남은 것'15)처럼 잠시 보였나 싶었는데, 아리와라 사의 새벽종이 울리고 날이 밝아오자 낡은 절터엔 소나무와 파초 잎에 부는 바람소리 뿐. 꿈은 깨어지고 잠에서 깨었네. 꿈은 깨어지고 날은 밝았네.

2. 스미다 강(隅田川)

__〈줄거리〉

스미다 강(隅田川)에서 나룻배 사공(와키)이 손님을 기다리는데 교토(京都)에서 온 나그네가 배에 오른다. 나그네로부터 교토에서 온 미친 여자(시테)가 춤을 잘 춘다는 말을 들은 사공은 관심을 보이며 기다린다. 여자는 아들을 찾아 전국을 떠돌고 있었다. 여자가 배를 타려하자 사공

---

15) 『고킨슈』 서문에 있는 기노 쓰라유키의 나리히라에 대한 비평. 「지와 사랑-고킨슈」 해설부분 참조.

은 춤을 보여 달라고 한다. 여자는 『이세 이야기』를 인용하며 풍류를 모르는 사공을 타박한다. 배를 저어 가는데 건너편에 많은 사람들이 모여 불공을 드리고 있었다. 나그네가 연유를 묻자 사공은 1년 전에 인신매매상에게 잡혀온 사내아이 이야기를 들려준다. 여자는 그 아이가 자기 아들이라는 것을 알게 되고, 사공의 안내로 아들의 무덤을 찾아간다. 울기만 하는 여자에게 사공은 아들이 극락에 갈 수 있도록 염불해줄 것을 권한다. 염불을 외우자 아들의 목소리와 함께 생전의 모습이 홀연히 나타난다. 여자는 아들을 안아보고자 하나 환영인 까닭에 안을 수 없다. 모습이 나타났다가 사라지기를 반복하며 어느새 시간이 흘러 동녘이 밝아온다. 아들은 사라지고, 아들이라고 생각했던 것은 무덤 위에 무성하게 자란 잡초였다.

〈대본〉

시테 : 저기요, 저 좀 배에 태워 주세요.

와키 : 어디서 왔소?

시테 : 저는 서울에서 사람을 찾아온 사람입니다.

와키 : 서울사람이니, 어디 재미있는 춤이나 한번 춰보시오. 안 그러면 배에 태워줄 수 없소.

와키 : 아니, 세상에. 스미다 강의 사공이라면 '어서 배를 타시오, 곧 날이 저물 거요'[16]라고 말해야 되지 않나요? 멋을 아는

---

16) 『이세 이야기』에 나오는 대목. 「멋을 아는 남자 나리히라」의 〈제9단 동쪽 여행〉 참조.

분이라 생각했는데 배에 타지 말라고 하시니 스미다 강의 사공답지 않군요. 그러지 마시고 태워주세요.

와키 : 과연 서울 사람이라 말씨도 틀리군.

시테 : 그렇게 말씀하시니 한 말씀 더 드리지요. 그 유명한 나리히라가 이곳을 건너갈 때 '그런 이름을 가졌으니 물어보고 싶구나, 내 사랑하는 이는 잘 지내고 있는가 하고'라는 노래를 읊었지요. 여기 배에 타신 여러분들, 저기 흰 새가 보이시지요? 서울에서는 잘 볼 수 없는 새랍니다. 저 새를 뭐라고 부르는지 아시는지요?

와키 : 저건 갈매기 아니오?

시테 : 원, 세상에. 다른 데선 물떼새라 부르든 갈매기라 부르든 상관없지만, 적어도 이곳 스미다 강에선 저 흰 새를 '서울 새(都鳥)'라고 말씀하셔야지요.

와키 : 맞는 말이오. 내 실수를 하였소. 명소(名所)에 살면서 풍류를 몰라 '서울 새'라는 대답을 못 했군요.

시테 : 갈매기라니요!

와키 : 그 옛날 나리히라가.

시테 : '잘 지내고 있는가'하고 물어본 것은.

와키 : 고향에 두고 온 아내를 그리워 한 것이네.

시테 : 나도 이곳(東國)까지 아들을 찾아왔으니. 보고 싶은 이의 안부를 묻는 것은 나리히라와 똑같은 마음.

와키 : 아내를 그리워하는 것도.

시테　　：자식을 찾고 싶어하는 것도.

와키　　：그 마음은 매한가지.

시테　　：보고 싶은 간절한 마음이라네.

지우타이：그럼 나도 물어보련다, 서울 새야. 나도 물어보련다, 서울 새야. 내 그리운 아들은 이곳에 있는가 하고. 이렇게 묻고 또 묻건만 아무 대답도 없는 무정한 새여. 그렇다면 '시골 새'라 부르리라. '쉴 새 없이 배가 왕래하는 호리에 강(堀江川), 강가에 날아오는 새는 서울 새'[17]라고 노래에도 나왔었지. 그러고 보니 여기는 스미다 강. 생각해보니 너무도 멀리 와버렸구나. 사공님, 사람이 다 찼어도 저 좀 꼭 태워주세요, 꼭 좀 태워주세요, 사공님.

와키　　：고운 광녀(狂女)군요. 어서 배를 타세요. 이곳 나루터는 위험한 곳이니 가만히 계셔야 합니다.

와키　　：아까 그 양반도 어서 타세요.

나그네　：알겠습니다.

나그네　：저기 저쪽 버드나무 아래에 사람들이 잔뜩 모여 있는데, 무슨 일입니까?

와키　　：아, 저거요. 염불(念佛)을 올리는 겁니다. 거기에는 아주 슬픈 사연이 있지요. 이 배가 저쪽에 닿는 동안 말씀드리도록 하지요.

---

[17] 『만요슈』(4462)에 나오는 오토모노 야카모치의 노래. '舟競ふ/堀江の川の/水隙に/来居つつ鳴くは/都鳥'.

와키 : 그게 작년 3월 15일이었으니까, 공교롭게도 딱 오늘이네요. 인신매매상이 서울에서 열 두서너 살 되어 보이는 아이를 데려와서 오슈(奧州)로 가는 도중이었습니다. 아이는 익숙지 않은 여행 때문이었는지 병이 들고 말았습니다. 거의 걸을 수도 없는 지경이 되어서 강가에 쓰러졌습니다. 세상에 그런 몰인정한 인간이 또 있을까요. 인신매매상은 아이를 길에 버려두고 자기 혼자 오슈로 가버렸습니다. 근처 사람들이 아이를 살펴보니 좋은 집안 자제처럼 보였습니다. 여러 가지로 간병을 해보았지만 전세로부터의 숙명이었던지 병은 점점 악화되었습니다. 임종을 앞두고 어디 사는 누구냐고, 아버지의 성함과 고향은 어디냐고 물어봤습니다. 아이는 '저는 서울(京都)의 기타시라가와(北白川)에 사는 요시다(吉田) 뭐라는 사람의 외아들입니다. 아버지는 일찍 돌아가시고 어머니와 함께 살고 있었는데, 인인매매상에게 유괴되어 이렇게 되었습니다. 서울 사람만 봐도 반가운 마음이 드오니 부디 저를 이곳 길가에 묻어주시고, 묘비로 버드나무를 심어주시길 바라옵니다'하고 아주 어른스럽게 말하고 염불을 네다섯 번 외우더니 숨을 거뒀습니다. 너무도 슬픈 이야기지요. (중략)

와키 : 거기 있는 광녀는 왜 배에서 안 내리십니까? 어서 뭍으로 올라가세요. 참으로 고운 마음씨를 가졌군요. 방금 전의 이야기를 듣고 눈물을 흘리고 계시군요. 어서 뭍으로 오르십시오.

시테 : 저기요 사공님, 지금 그 이야기는 언제 일입니까?

와키   : 작년 3월 바로 오늘입니다.

시테   : 그럼 그 아이의 나이는요?

와키   : 12살.

시테   : 아이의 이름은요?

와키   : 우메와카마루(梅若丸).

시테   : 아버지의 성은요?

와키   : 요시다.

시테   : 부모가 찾아오지 않았나요?

와키   : 친척조차 찾아오지 않더군요.

시테   : 어미도 찾아오지 않았겠지요?

와키   : 천만에요.

시테   : 친척도 부모도 찾아오지 않은 것이 당연하지요. 그 아이는 이 미치광이가 찾고 있는 바로 제 아들이랍니다. 아아, 이게 꿈이라면. 세상에 어떻게 이런 일이 있을 수 있나요. (중략)

지우타이: 살 가치가 있는 것은 사라지고, 살 가치가 있는 것은 죽어버리고. 살 가치도 없는 이 어미 눈앞에 나타났다가 사라졌다가 하는 너의 모습은 무상한 세상의 이치를 말해주는 것이겠지. 인간에게 슬픔이 따라붙는 것은, 꽃이 절정일 때 비바람이 치는 것처럼, 또 인간을 미혹에서 구하는 깨달음의 달빛을 구름이 막는 것처럼, 무상하고 알 수 없는 세상의 이치려니. 너무도 애달프구나. 너무도 애달프구나.[18]

3. 제아미의 유현

__〈꽃〉

　여기에서의 구전(口傳)은 꽃을 아는 것이다. 우선 식물에 꽃이 피는 것을 보고, 내가 만사를 꽃으로 비유하는 이치를 헤아릴 것이다. 무릇 꽃이라고 하는 것은 온갖 초목마다 계절에 맞춰 피는 것이기에, 사람들은 그때그때 피어나는 꽃들이 신기하여 사랑하는 것이다. 사루카쿠(猿樂)도 사람들 마음에 신기하게 즉 재미있다고 느껴져야 한다. 꽃과 재미와 신기함, 이 세 가지는 모두 같은 것이라고 할 수 있다. 무슨 꽃인들 지지 않는 꽃이 있겠는가. 지기 때문에 필 때도 있는 것이고, 그래서 신기한 것이다. 노도 한 곳에 머무르지 않아야 꽃이 된다. 머무르지 않고 계속 다른 모습(風體)으로 바뀌기 때문에 신기한 것이다. (중략)

　온갖 초목마다 사계절에 맞춰 그때그때 피어나는 꽃들처럼 신기한 것이 또 어디 있으랴. 노도 마찬가지다. 배우고 익힌 기술을 갈고 닦아 그때그때의 유행을 파악하여 관중의 기호에 맞게 내놓으면, 계절에 따라 피는 꽃을 보는 것과 같다 할 것이다. 꽃은 사실 작년에 핀 종자에서 다시 피어나는 같은 꽃이다. 노 역시도 이미 봤던 것이라도, 여러 기술을 연마하여 그것을 다 연기하는 데는 많은 시간이 소요된다. 따라서 한참 뒤에 같은 노를 보더라도 전혀 새롭게 느껴지게 된다. 사람들의 기호는 제각각이다. 노래(音曲)·춤·흉내내기도 지역에 따라 좋아하는 바가 다르다. 따라서 어떤 연기라도 소홀히 해서는 안 된다. 모든 연기를

---

18) 원문은 'げに目の前の憂き世かな, げに目の前の憂き世かな'.

체득한 배우는 초봄의 매화에서 가을에 국화가 지기까지 일 년 내내 꽃의 종자를 가지고 있는 것과 같다. 어떤 꽃이라도 사람들의 희망에 따라 시기적절하게 내놓을 수 있어야 한다. (중략)

경전에 이르기를 '선악불이(善惡不二), 사정일여(邪正一如)'[19]라 했다. 본디 좋고 나쁨은 무엇을 기준으로 삼는가. 그저 때에 따라 필요한 것을 채워주는 것을 좋다고 하는 것이고, 채워주지 못하는 것을 나쁘다고 하는 것이다. 노의 여러 가지 연기도 당시의 대중과 지역마다의 특성에 맞추어 시기적절하게 연기하는 것이 필요를 채워주는 꽃이 된다. 여기에선 이런 예풍을 좋아하는가 하면 저기에선 또 다른 예풍을 좋아한다. 이것은 사람마다 원하는 꽃이 다르기 때문이다. 어느 것을 참되다고 할 수 있겠는가. 오직 그때그때 요구되는 것이 다 꽃임을 알아야 한다. (『후시가덴(風姿花傳)』[20] 제7장)

_〈유현한 것〉

노의 대본을 쓰는 것이야말로 이 길의 생명이다. (중략) 가령 명소나 고적(古蹟)을 주제로 한 것이라면 그 장소와 연관된 시가(詩歌) 중에서 누구나 알고 있는 것을 극의 클라이맥스에 두는 것이 좋다. 주연 배우의 대사나 동작과 무관한 곳에 그런 중요한 문구를 써서는 안 된다. 대체로

---

19) 득오의 경지에서 보면 선도 악도 두 가지가 아니며, 사(邪)도 정(正)도 한 가지라는 뜻으로 이 문구 그대로는 경전에 보이지 않지만 유마경(維摩経)이라는 불전에 비슷한 사상이 나온다. 歌論集・能楽論集』(岩波書店, 1961년) 397쪽 참조.
20) 1400년에 쓰여진 제아미의 노 이론서.

관중은 볼 때도 들을 때도 명배우 외에는 집중하지 않는다. 간판급 배우의 재미있는 대사나 동작이 눈에 들어오고 마음을 움직일 때 관중들은 감동을 받게 된다. 이것이 노를 쓸 때 가장 중요하다. 단 주의할 것은 내용이 우아하고, 들으면 바로 귀에 쏙 들어오는 시가를 채택해야 한다. 우아한 말에 동작을 맞추게 되면 신기하게도 저절로 그 인물이 유현한 분위기를 자아낸다. (중략) 천박하고 비속한 말은 격이 떨어지는 노가 되기 쉽다. 따라서 좋은 노라고 하는 것은 전거가 확실하고, 연기가 새롭고, 볼거리가 많고, 풍정이 유현한 것을 제일로 친다. (중략)

노를 연기할 때는 강함·유현·약함·거칠음을 구별해야 한다. 이것들은 대체로 눈에 보이는 것이므로 쉽게 생각되지만, 실제로는 잘 모르는 경우가 많아서 약하고 거친 배우가 많다. (중략) 강한 것이 지나치면 강함은 거칠음이 된다. 유현한 연기를 지나치게 우아하게 하다보면 너무 약하게 된다. 이 구별을 생각해보면, 유현이니 강함이니 하는 것이 별도로 존재한다고 생각하는 데서 오는 혼란이다. 이 두 가지는 흉내를 내려는 대상을 떠나 따로 존재하지 않는다. 예컨대 사람으로 치면 비빈(妃嬪)이나 기녀·미녀·미남, 초목으로 치면 꽃 종류, 이런 것들은 그 형체가 유현한 것들이다. 한편 무사나 장사(荒夷), 혹은 도깨비나 신령, 초목으로 치면 소나무나 삼나무, 이런 것들은 강한 것이라고 할 수 있다. 이렇듯 온갖 만물을 그대로 닮으려고 한다면 유현한 것의 흉내는 유현해질 것이고, 강한 것의 흉내는 저절로 강하게 될 것이다. (중략) 미미한 말의 울림에서도 가령 '쏠리다(靡き)', '엎드리다(臥す)', '돌아오다(帰る)', '다가오다(寄る)' 등과 같은 말은 부드러운 느낌을 주기 때문에 저절로 여정(餘情)을 자아낸다. 반면 '떨어지다(落つる)', '무너지다(崩るる)', '찢어지다(破るる)', '넘어지다(転ぶ)'와 같은 말은 강한 울림을 주기 때문에 동작도 강해진다. (『후시가덴(風姿花傳)』 제6장)

〈유현의 경지〉

유현의 미(風體)에 대해서 말한다. 모든 도(道)나 일을 행함에 있어 유현한 것을 최상의 경지(上果)로 삼는다. 특히 우리 노에서는 유현의 미를 제일로 친다. (중략) 대저 유현의 경지는 어디에 있는 것일까. 우선 세상사 가운데 사람들의 신분을 중심으로 살펴보면, 귀족 고관(公家)들의 행동거지는 매우 기품이 있고 인망도 다른 이들과는 차이가 난다. 이런 것을 유현한 품격이라고 할 수 있다. 요컨대 지극히 아름답고 유화한 모습이야말로 유현의 본질(本體)이다.

풍채가 당당하고 여유로움이 느껴질 때 그것이 배우의 유현이다. 또 말투를 부드럽게 하고 귀인이나 고관들이 평상시 사용하는 말씨를 열심히 습득해서, 입 밖에 내는 어떤 말이라도 부드럽게 하는 것, 이것이 대사의 유현이다. 또 가창(音曲)할 때 선율이 아름답게 흘러서 듣기 좋게 울린다면, 이것이 가창의 유현이다. 춤은 충분히 연습하여 그 모습이 아름답고, 조용한 표현이면서 재미있게 여겨진다면, 이것이 춤의 유현이다. 또 연기(物まね)는 삼체(三體)―노체(老體)・여체(女體)・군체(軍體)―의 모습이 아름다우면 유현하다 할 것이다. 또 거친 배역 가령 영귀(靈鬼)를 연기할 때에도 행동은 역동적일지라도 아름다움을

잊지 말아야 한다. 마음은 충분히 움직이되 몸은 7부만 움직이고(動十分心, 動七分身), 몸을 크게 움직일 때는 발은 가만히 밟고 발을 세게 구를 때는 몸은 조금만 움직여서(强身動宥足踏, 强足踏宥身動) 아름답게 표현해야 한다.

이상의 여러 가지를 마음에 새겨, 연기하는 대상에 몰입해서 어떤 연기를 하든 유현을 떠나서는 안 된다. 예를 들면 신분이 높은 사람이나 낮은 사람, 남자나 여자, 승려나 속인, 농부나 시골사람, 거지나 천민에 이르기까지 모두 저마다의 꽃을 한 가지씩 들고 있는 것과 같다. 그들은 신분은 다르지만 '아름다운 꽃이구나'하고 느껴지는 점에선 모두 같은 꽃이다. 여기에서의 꽃은 배우의 자태를 가리킨다. (중략)

이 최상의 경지(上果)라고 하는 것은 자태(姿態)의 아름다움이다. 부단히 몸의 자세를 연마하여야 한다. 그렇게 도리를 궁구하여 이곡(二曲)－가무(歌舞)－을 비롯해 온갖 배역의 자태가 아름답게 되면 모든 것이 최상의 경지에 이르렀다 할 것이다. 반대로 자태가 나쁘면 모든 것이 비속해진다. 눈으로 보는 모든 모습, 귀로 듣는 모든 음곡이 한결같이 아름다운 것을 유현이라고 한다. (『가쿄(花鏡)』)

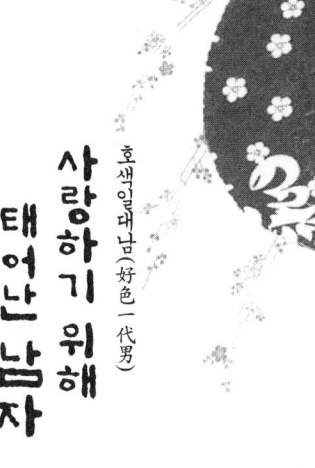

호색일대남(好色一代男)
사랑하기 위해 태어난 남자

개요 『호색일대남』의 작가는 이하라 사이카쿠(井原西鶴, 1642~93)이다. 본명은 히라야마 도고(平山藤五), 오사카(大阪)의 부유한 상인의 아들로 태어났다.[1] 15세부터 하이카이(俳諧, 하이쿠의 전신)를 짓기 시작하여 21세에는 하이카이 작가(俳諧師)로 활동하였다.[2] 단린파(談林派) 계열의 하이카이 작가로서 상당히 인정받던 사이카쿠가 산문 세계로 뛰어들게 된 것은 41세(1682년) 때이다. 하이쿠를 창작하면서 취미삼아 여기(餘技)로 적어놓았던 『호색일대남』의 초고가 친구들의 호평으로 간행되기에

---

1) 사이카쿠는 작가로는 성공하였으나 개인적으로는 불행한 편이었다. 그가 34살 때 3명의 자식 - 딸 하나는 장님 - 을 두고 아내(25세)가 세상을 떠났다. 사이카쿠는 아내에 대한 사랑이 각별해서 하루에 1,000구를 독음하는 추선(追善)을 행하고 책(『独吟一日千句』)으로도 간행했다. 상처(喪妻)한 후 가업을 다른 사람에게 넘기고 속세를 떠나 생활하였다.
2) 사이카쿠는 특히 스피드 하이카이 대회(矢數俳諧, 무사들의 활쏘기 대회를 모방하여 한정된 시간 안에 많은 하이카이를 암송하는 경기)에서 뛰어난 기량을 보였는데, 1684년 오사카 스미요시(住吉) 신사에서 열린 대회에서는 제한시간 안에 23,500구의 하이쿠를 암송하는 대기록을 세웠다고 전해진다.

이른다. 이것이 사이카쿠 자신도 예상치 못한 커다란 반향을 불러일으키면서 우키요조시(浮世草子)3)의 작가로서 명성을 날리게 되었다. 사이카쿠는 출판사의 요청과 대중독자를 의식하며 작품을 써나간 일본 최초의 직업작가라고 할 수 있다. 약 20편의 우키요조시를 남겼는데, 처음에는 호색물(好色物)을, 중기에는 무가물(武家物), 후기에는 서민물(町人物)을 주로 썼다. 대표작으로는 『호색일대남』 외에도 『5명의 호색녀(好色五人女)』, 『호색일대녀』, 『무도 전래기(武道伝來記)』, 『무사의 의리 이야기(武家義理物語)』, 『부자되는 법(日本永代藏)』, 『서민의 섣달그믐(世間胸算用)』 등이 있다.

『호색일대남』은 제목 그대로 호색을 밝히는 남자의 일대기를 그린 작품이다. 주인공 '요노스케(世之介)'는 부유한 상인의 아들로 태어나, 7살부터 성욕을 느끼기 시작하여 애욕추구에 전 인생을 걸고 일본 전국을 누빈다. 그가 평생 즐긴 여자는 무려 3,742명, 거기다 남자도 725명이나 된다.

> '1년에 한번 만나는 견우와 직녀가 비가 와서 못 만나면 그 심정이 오죽할까'하며 멀리 천상의 일까지 걱정하며 연애에 몸을 불살라, 54살까지4) 즐긴 여자는 3742명, 남색 상대는 725명이었다고 일기에 적혀있

---

3) '우키요(浮世)'는 중세시대까지는 '고달픈 세상(憂き世)'이라는 뜻으로 쓰이다가 중세 말부터 고달픈(憂き) 보다 세상 쪽에 비중이 실리게 된다. 근세에는 '이 세상, 당대, 유행, 향락, 호색' 등의 뜻으로 확대된다. 넓은 의미로는 '당대(현대)'를, 좁은 의미로는 '호색'을 의미한다. '우키요조시(浮世草子)'는 당대, 호색을 묘사한 책이라는 뜻으로, 경제력을 획득한 상인 계층을 중심으로 서민의 희로애락을 묘사한 문학 장르이다.
4) 원문에는 54살이라고 적혀 있으나, 60살이라고 적어야 맞다. 요노스케가 7살부터 60살까지

다. 우물가에서 놀던 어릴 적부터 지금까지 그렇게 방탕한 생활을 하고도 용케도 목숨을 부지할 수 있었다.5) (권1, 불을 끄는 것이 사랑의 시작)

『호색일대남』의 구성은 총 8권으로 이루어져 있고 권8만 빼고 각 권은 7장으로 되어 있다. 장편이라고 해도 『이세 이야기』처럼 각 장을 하나하나의 단편으로 간주해도 좋을 만큼 전후 맥락의 관련성이 희박하다. 각 이야기는 주인공의 애욕에 찬 향락생활로 점철되어 있다. 소설은 60살이 된 요노스케가 일본에서 더 이상 재미를 못 느끼고 여자들만 산다는 뇨고가시마(女護が島)로 떠나는 것으로 대단원의 막이 내리는데 요컨대 주인공 요노스케는 17세기 일본 서민이 경험할 수 있는 호색의 모든 것을 총망라한 상징적인 인물이라고 할 수 있다. 사이카쿠는 경제력을 바탕으로 신흥계급으로 떠오른 서민(町人)을 작품의 주인공으로 등장시켜, 그들의 향락과 성풍속, 미의식, 가치관 등을 575조의 하이쿠 문체로 골계적이고 인상적으로 묘사해냈다. 『호색일대남』은 일본문학 사상 처음으로 서민 출신의 작가에 의해서 서민을 주인공으로 하여 서민의 풍속과 문화를 그리는 우키요조시(浮世草子)의 성립을 가져왔으며, 이후 일본 소설사 전개에 중요한 전환점이 되었다는 점에서 놓칠 수 없는 작품이다.

54년간에 걸친 호색생활이 54장으로 구성된 것을 사이카쿠가 1살부터 시작한 것으로 착각한 것으로 여겨진다.

5) 원문에는 '정액을 뿜어내고도, 용케 목숨이 붙어 있었다(腎水をかへほして、さても命はある物か)'라고 되어 있다. 원전은 『(日本古典文學全集38)井原西鶴集』(小学館, 1971年)을 사용하였다.

해설 『호색일대남』은 앞에서 지적한 대로 7살에 사랑에 눈떠 60살에 여자들만 산다는 섬으로 떠나는 요노스케의 호색적 일생을 다루고 있다. 7살부터 60살까지 54년간의 이야기가 54장으로 구성되어 있는 것은, 54첩으로 이루어진 『겐지 이야기』를 모방한 것이다. 사이카쿠는 요노스케의 생애의 기점을 7살부터 시작하고 있는데, 이것도 『겐지 이야기』에서 '7살이 되자 독서를 시작했는데, 세상에 유례가 없을 만큼 총명했다'고 한 겐지의 형상을 이용한 것이다.6) 요노스케의 호색가로서의 천부적 재능을 부각시키기 위해 '세상에 유례가 없을 만큼 총명'한 겐지의 천재적 이미지를 도입한 것이다. 또 요노스케가 상대했던 여자가 3,742명이라고 하는 것도 3,733명의 여자와 관계를 맺었다는 전설이 있는 『이세 이야기』의 주인공 나리히라를 패러디한 것이다. 이렇듯 사이카쿠는 『겐지 이야기』뿐만 아니라 『이세 이야기』 『곤자쿠 설화집』, 『쓰레즈레구사』 등 여러 고전을 『호색일대남』의 여기저기에 이용하고 있다.7) 그것은 비속하기 그지없는 요노스케의 성행위를 전아한 고전적인 연출을 통해 그 천박함을 구제하여 예술성을 확보하고,8) 동시에 독자들로

---

6) 또 여기에는 당시의 지배이념인 유교도덕에서 강조하는 '남녀칠세부동석'에 대한 사이카쿠의 풍자도 내포되어 있다고 볼 수 있다.

7) 그밖에도 아사이 료이(浅井了意)의 『우키요 이야기(浮世物語)』같은 가나조시(仮名草子)나 후지모토 기잔(藤本箕山)의 『유곽 안내서(色道大鏡)』같은 기녀 평판기를 참고한 부분이 적지 않다.

8) 「사이카쿠는 당시 부당하게 폄하되고 있던 호색을 찬미하여 왕조나 『쓰레즈레구사』에 나타난 호색의 정취를 당대 비속(卑俗)한 문화 속에 되살리고 싶었던 것이다.」(『일본고전문학대사전』, 岩波書店, 1986, 金井寅之助의 해설) 헤이안 귀족이 추구했던 우아한 멋(미야비)이 어떤 식으로 서민화되고 있는지를 살펴보는 것도 『호색일대남』을 읽는 재미의 한 가지이다. 요노스케가 추구했던 유흥의 미학을 '스이(粋)'라고 부른다. '스이'는 남녀 간의 정리에

하여금 패러디에 홍소를 유발시켜 대중성을 확보하려고 했던 이중적 장치라고 할 수 있다.

『호색일대남』은 출판되자마자 대단한 인기를 불러일으켜 출판사로 책 주문이 쇄도했다고 한다. 그 인기의 비결은 무엇보다 외설적인 이야기가 주는 자극과 긴장을 동반한 '재미'에 있을 것이다. 그 중에서도 [골라 읽기]에 실은 7~10살 적 이야기는 압권이라고 생각한다. 7살 때부터 '불을 끄는 것이 사랑의 시작'이라며 하녀의 소매를 잡아당기는 조숙함을 보이던 요노스케는 8살 때는 사촌 누이에게 연애편지를 쓰고, 9살 때는 이웃집 하녀가 목욕하는 것을 엿보다가 여자가 '남에게 보여줄 수 없는 짓9)'을 하자 그것을 무기로 사귀자고 협박을 하기도 한다. 또 〈10살. 내리는 비는 맞는 것〉에서는 자기 쪽에서 적극적으로 남자를 유혹하여 사랑을 일구어낸다. 이렇게 해서 본격화된 요노스케의 성편력은 기생, 사창(私娼), 각종 매춘부, 처녀, 유부녀, 과부, 첩 등 닥치는 대로 교섭을 가지는 방탕한 생활에 이르고, 급기야 부모님을 절망시켜 의절까지 당하게 된다(〈19살. 출가하지 않으면 안 되는 나이〉). 그럼에도 불구하고 요노스케의 호색은 그칠 줄 모르고 계속된다. 사창가의 기둥서방이 됐다가 무당의 남편도 됐다가, 때론 첩을 알선하는 일을 하며 때론 생선장수가 되어, 가출한 여자를 유혹하고 남자에 굶주린 여자에게 봉사하고 비루한 창녀—하스하온나(蓮葉女)・요타카(夜鷹)—한테 빠

대한 이해가 깊고 촌스럽지 않게 유흥을 즐길 줄 알며 세련되게 감정처리를 할 수 있는 사람을 가리키는 것인데, 말하자면 '미야비'의 근세판이라고 할 수 있다.
9) [골라 읽기]의 주 21) 참조.

진다. 19살부터 33살 때까지 15년간을 전국을 떠돌며 각양각색의 성풍속을 목격하고 체험한 요노스케는 아버지가 죽고 어머니로부터 막대한 자산을 상속받게 되고 후반(권5~권8)은 부모에게 물려받은 유산으로 갑부가 된 요노스케가 일본의 3대 유곽[10]을 자기 집 안방처럼 드나들며 최고급 기생인 다유(太夫)[11]를 상대로 향락생활의 극치를 누린다는 내용이 전개된다.

이상과 같이 『호색일대남』은 요노스케라는 남자의 끝없는 애욕의 세계를 그린 것이다. 모든 일체의 생산적 사회적 활동을 무시하고, 거의 광적인 에피큐리언(향락주의자)이 되어 애욕의 자유와 쾌락을 구가하는 요노스케. 이러한 인물을 통해 작가가 전달하고자 했던 것은 무엇이었을까. 물론 작가가 장난삼아 적은 글에서 집필 동기나 작가정신을 찾는다는 것 자체가 무리이며 무의미한 작업일 수 있다. 그러나 이 작품이 당시 압도적인 호평과 반향을 불러일으켰다는 것-『호색일대남』의 대히트로 사이카쿠는 산문작가로 전향하게 되었다-, 그 현상 자체만으로도 충분히 역사적 의미를 갖는다고 생각된다. 그리고 그와

---

10) 일본에서 창녀를 특정 지역에 한데모아 유곽의 형태로 영업하기 시작한 것은 1589년 무렵부터이다. 도요토미 히데요시(豊臣秀吉)가 교토 시내(冷泉萬里小路)에 유곽을 세웠는데, 풍기문란을 이유로 외곽지역으로 몇 차례 이전되면서 시마하라(島原)가 형성된다. 교토의 시마하라, 오사카의 신마치(新町), 에도의 요시와라(吉原)는 일본의 3대 유곽으로 손꼽힌다. 시마하라의 기생은 우아하고, 신마치의 기생은 화려하고, 요시와라의 기생은 기개가 넘치는 특색을 갖는다.

11) 에도 시대 기생은 요정기생(揚女郎)과 유곽기생(見世女郎)으로 대별된다. 요정기생은 고급기생으로 손님이 기생을 유곽에서 요정으로 불러내서 유흥을 즐긴다. 유곽기생은 유곽에서 손님을 맞는 하급기생이다. 다유(太夫)와 덴진(天神)은 요정기생이고 가코이(鹿戀)와 하시조로(端女郎)는 유곽기생이다. 요정기생 중에서도 다유는 몸값이 가장 비싼 최상급 기생이다.

같은 인기와 성공의 배경에는 당시 사람들이 갈망하던 무언가를 꼭 집어낼 수 있는 작가의 통찰력과 철학이 뒷받침하고 있었을 것이다.

『호색일대남』의 참신함은 인간의 성적 본능을 적극적으로 긍정한 점이다. 이것은 성애를 부정시하는 중세의 불교적 가치관과 근세의 유교도덕에 대한 안티테제였다고 볼 수 있다.

> 프리섹스 등과 같은 섹스를 생리적 충족의 자유라고 하는 낮은 차원에서 파악하는 논의가 횡행하는 모럴 부재의 현대와는 달리, 사이카쿠가 『호색일대남』을 창작한 시점은 인간성을 심하게 규제하는 봉건도덕・제도・법률이 점점 강화되던 5대 장군 쓰나요시(綱吉)의 시대이다. 특히 애욕에 대해서는 전통적인 불교는 죄악시하고, 유교도덕도 '남녀는 7세가 되면 자리를 같이 하지 않는다'(요노스케는 7살에 자리를 같이 했다)라며 엄격히 규제했다. 신분제도・가족제도를 지키기 위해 자유연애는 제도를 파괴하는 행위로서 불의(不義)의 밀통(密通)으로 일컬어졌으며 법적 제재까지 받았다. 간통죄는 책형(磔刑)에 처해졌으며, 주인의 처의 간통을 알선한 자는 사형. 스승의 부인과 밀통한 자도 사형, 주인의 딸과 밀통한 자는 사형 또는 추방, 결혼은 주인과 부모의 일방적인 결정으로 정해졌으며, 자기가 마음대로 상대를 고르면 무가사회에서는 주인에 의해 참수(斬首)당하고, 서민사회에서는 의절당하는 제재가 가해지던 시대였다.[12]

사이카쿠는 모든 도덕적・법적 규제는 물론 가족관계조차도 구애됨이 없이 오직 애욕만을 탐닉하는 유희적인 주인공을 통해 억압받는

---

12) 『井原西鶴集(1)』(小學館, 1971년), 해설, 34쪽.

사람들에게 일종의 해방감, 카타르시스를 주고자 의도했다고 할 수 있다. 그런데 사이카쿠가 성애를 대대적으로 긍정하는 측면을 부각시켜 그것을 기존의 억압적인 종교관 및 윤리관에 대한 저항으로 평가할 가치는 충분하나, 기성 가치관에 대한 저항이라고 해서 유독 성애만이 강조될 필요는 없을 것이다. 따라서『호색일대남』의 성애 묘사를 지나치게 이데올로기적으로 파악하는 것은 무리가 없지 않다.

필자가『호색일대남』을 읽으면서 놀라웠던 것은 너무나도 많은 매춘의 종류였다. 요노스케는 일본 전국을 돌며 끊임없이 성관계를 갖는데, 정말이지 별의별 창녀가 등장하고 남창도 여러 가지이다. 장을 넘길수록 정도가 심해지는 요노스케의 타락에, 그 저급함에 고개가 설레설레 해지지만 각 지역별 성풍속을 소개하고 그곳을 살아가는 사람들과 관계를 맺으며 퇴폐와 환락의 세계로 유인하는 요노스케의 손짓을 외면하기 어려웠다. 그가 안내하는 세계는 분명 상식에서 기피하는 추잡한 세계지만, 그래도 우리 인간세계를 구축하고 있는 한 축이라는 것은 부인할 수는 없을 것이다. 인터넷을 통해 어떤 정보라도 손쉽게 얻을 수 있는 오늘날이라지만 화류계의 실상, 특히 화류계를 살아가는 사람들의 실상을 이처럼 구석구석 알아낼 방법은 어디에도 없다. 작가는 정욕의 화신 요노스케를 촉매로 근세 일본의 허접한 인간군상을 그리고 있다. 사회적으로 하층민에 속하는 인간들을 중심으로 그들의 삶의 현장을 보여줬다는 것, 거기에 현세(우키요)의 '인정(人情)'의 제반(諸般)을 묘사한 것으로 평가받는 '우키요조시'라는 장르를 개척한 사이카쿠의 진면목이 있다고 할 것이다.

'의리(義理)와 인정(人情)'은 근세문학을 아우르는 문학이념이다. 말하는 사람에 따라 용어가 내포하는 의미가 조금씩 다르지만, 일반적으로 서로 대립적인 가치체계로 파악되고 있다. '의리'는 사람으로서 지켜야 할 당위적인 도리・규범을 가리키고 '인정'은 광의로는 인간의 자연스러운 감정 일체를, 협의로는 남녀 간의 정애(情愛)를 가리킨다. 의리에 관해서는 다음 장에서 알아보기로 하고, 정의에서 드러나듯 일본문학이나 일본에서 쓰이는 '인정'이라는 말은 사람이 본디 가지고 있는 온갖 감정을 일컫는 (동아시아적) 보편성과 함께 남녀관계에만 국한시켜 지칭하는 (일본적) 특수성을 지닌다. 『호색일대남』에 나타난 인정의 특징에 대해 언급하며 [해설]을 마칠까 한다.

『호색일대남』에 등장하는 많은 인물 중에서도 사이카쿠가 이상적인 인간상으로 제시한 것은 '인정' 특히 남녀 간의 정애가 깊은 사람이다. 예를 들면 ≪2. 명기의 진정≫에 수록한 '요시노(吉野)'와 '미카사(三笠)'를 그 대표적인 인물로 들 수 있다.[13] 〈35살. 마님이 된 요시노〉의 '요시노'는 자기를 연모하는 미천한 대장장이를 동정하여 유곽의 규정을 어기고 하룻밤을 같이 보내준다. 〈42살. 먹던 귤을 가져온 미카사〉의 '미카사'는 빈털터리가 된 요노스케와의 사랑을 위해 목숨도 아끼지 않는다. 이들은 돈 때문에 몸을 파는 천한 기생이지만 돈에 구애됨이 없이 다른 사람의 진정(眞情)을 헤아릴 수 있는 배려심과 자신의 의지를 관철시킬 수 있는 협기(俠氣)를 지니고 있다. 사이카쿠가 마쓰오 바쇼(松

---

[13] 이들 기생은 역사상 실존했던 인물들이다. 西島敦哉, 「元禄時代の名妓達」, 『近世文学の女性像』, 世界思想社, 1985 참조.

尾芭蕉, 1644~94)14), 지카마쓰 몬자에몬(近松門左衛門)15)과 더불어서 일본 근세의 3대 작가로 손꼽히는 것은, 그가 성욕이나 물욕 같은 인정을 솔직 대담하게 묘사하여 인간성의 근저를 파헤치는 한편, 타자를 진정으로 이해하고 사랑할 수 있는 인간애-그것이 주로 남녀관계에 한정된다는 점이 일본적이지만-를 소지한 인간을 바람직한 인간상으로 제시하면서 인간의 가치와 가능성을 제고하는 작가정신을 소유하고 있기 때문이다.

---

14) 하이카이 작가(俳人). 언어적 유희였던 하이카이를 예술적 경지로 끌어올려 높은 문예성을 부여하였다. 일본 각지를 돌아다니며 많은 명구(名句)와 기행문을 남겼는데, 대표작으로 『하이카이 7부집(俳諧七部集)』, 『오솔길(奧の細道)』 등이 있다.
15) 다음 장 [허구로서의 의리] 개요부분 참조.

골라 읽기

1. 요노스케의 욕정

__〈7살. 불을 끄는 것이 사랑의 시작〉

　벚꽃도 피면 지고, 달도 차면 기운다. 그런 것을 아쉬워하느니, 이곳 다지마(但馬) 지방 '돈 캐는 고을(かねほる里)'[16]에 세상일은 몰라라 하고 자나 깨나 색(色), 여색·남색 두 길에 빠져 지내는 유메스케(夢介)라는 남자가 있었다. 한량으로 소문난 나고야 산좌(名古屋三左)·가가 야쓰(加賀八)와 함께 마름모꼴 무늬의 옷을 걸치고 무리지어 다니며 술에 젖어 지냈다. 밤늦게 길거리(一條通)에서 어떤 때는 미소년으로 어떤 때는 스님으로 변장을 하고, 또 어떤 때는 머리를 치켜세워 협잡꾼처럼 꾸미고 나타내서 사람들을 놀라게 하였다. 그러고도 아무렇지도 않은 듯 태연했다. 기생한테 한이라도 맺혔는지 쉴 새 없이 들락거렸는데, 사랑보다 더 진한 게 정이라고 했던가. 그 무렵 알아주던 기생 중에 가즈라기(かづらき), 가오루(かをる), 산세키(三夕) 3명을 기적에서 빼내어 사가(嵯峨)·히가시야마(東山)·후지노모리(藤の森) 등지에 살게 하고 몰래 드나들었다. 그 가운데 한 명의 배에서 태어난 것이 바로 요노스케

---

16) 다지마에 있었던 이쿠노(生野) 은산(銀山)을 가리킴.

(世之介)이다. 일부러 적을 것까지도 없겠다. 알 만한 사람은 이미 다 알고 있을 테니까 말이다.

양친은 도리도리 짝짜꿍하며 요노스케가 예뻐서 어쩔 줄 몰랐다. 도리질하던 머리도 점차 성장하여, 4살 되던 11월에는 두발을 기르는 의식(髮置)을, 이듬 해 봄에는 하카마17) 착용식(袴着)을 치렀다. 또 열심히 기도한 보람으로 6살 때 앓은 천연두는 자국도 남지 않았다. 7살이 된 어느 여름날 밤, 문득 잠에서 깬 요노스케는 베개를 밀치고 하품을 하면서 일어났다. 요노스케가 문고리를 여는 소리가 들리자, 문간방에서 자고 있던 하녀는 얼른 눈치를 채고 손등을 밝혀 복도를 달려왔다. 뜰의 동북쪽으로 남천이 무성하게 자라고 있었는데, 요노스케는 그 옆 솔밭에다 소변을 보고 손을 씻었다. 하녀는 툇마루가 오래 되어서 혹시 못이라도 튀어나와 있을까봐 손등을 좀 더 가까이에 비춰줬다. 요노스케는,

"그 불을 끄고, 좀 더 가까이."

하고 손짓했다.

"혹시 넘어지실까봐 이러는 것인데, 왜 더 어둡게 하라고 하세요?"

라고 하녀가 묻자, 요노스케는 의미심장하게 고개를 끄덕이며,

"사랑은 어둠속에서 시작된다는 것을 모르느냐?"18)

하고 말했다. 그러자 옆에 있던 호신용 칼을 소지한 하녀가 훅하고

---

17) 겉에 입는 바지.
18) 원문에는 '사랑은 어둠이라는 것을 모르느냐(恋は闇といふ事をしらずや)'로 되어 있다. 사이카쿠는 사랑은 사람을 맹목으로 만든다는 뜻을, 사랑은 어두울 때 하기 좋다는 뜻으로 바꾸었다.

불을 꺼서 원하는 대로 해주었다. 요노스케는 하녀의 왼쪽 소매를 잡아당기며,

"유모는 없겠지?"

하고 주위를 살피는 모습이 그야말로 가관이었다. 이것은 말하자면 태초에 이자나기(イザナギ)와 이자나미(イザナミ)가 그랬던 것처럼[19] 아직 남녀관계에 대해서 아무것도 모르면서 그런 마음부터 들기 시작한 것이다. 이것을 그대로 마님께 고하자 무척 기뻐하였다.

〈9살. 남에게 보여줄 수 없는 것〉

그 무렵 요노스케는 9살로, 단오절 무렵이었다. 창포로 이은 지붕들 사이로 버드나무가 울창하게 자라고 있었다. 그 버드나무 그늘 아래서 댓돌 옆 울타리에 옷을 벗어놓고 하녀(仲居)[20]로 보이는 여자가 목욕을 하고 있었다. 여자는 '나 말고 아무도 없어. 벽에도 귀가 있다니까 들을 순 있을지 몰라도, 볼 수는 없을 거야'하고 마음 놓고 부스럼이 났던 자리며, 배꼽 근처의 때를 벅벅 밀었다. 배꼽 아래 부분까지 겨주머니로 밀어대자 때가 둥둥 떠다녔다. 요노스케는 지붕위로 올라가서 망원경을 꺼내들고 여자의 몸 여기저기를 훑어보았다. 여자의 이상한 행동[21]까지

---

19) 일본의 건국신인 이자나기와 이자나미는 처음에 남녀의 교합을 몰랐다가 할미새(鶺鴒)의 짝짓기를 보고 알게 되었다는 고사가 있다.
20) 근세의 여자 하인에는 고시모토(腰元)・나카이(仲居)・게조(下女) 3종류가 있었다. 이 중 나카이는 손님접대나 심부름 등을 담당하였다.
21) 원문에는 'わけなき事ども'로 되어 있다. 『井原西鶴(1)』(小学館, 1971年)의 데루오카 야스타카(暉峻康隆)의 주석에는 자위행위를 하는 것으로 풀이되어 있다.

사랑하기 위해 태어난 남자

도 눈에 들어왔다. 여자는 무심결에 요노스케를 발견했다. 부끄러운 나머지 소리도 지르지 못했다. 두 손을 빌며 사정해보지만, 요노스케는 장난기 가득한 얼굴로 손가락질을 해가며 웃어댔다. 견디다 못한 하녀는 허겁지겁 옷을 집어 들고 신발(塗下駄)을 신는 둥 마는 둥 자리를 피했다. 요노스케는 담 옆으로 다가와 여자를 불러 세웠다.

"오늘 밤에 종소리가 울리고[22] 다들 잠들거든, 여기 쪽문을 열어두렴. 내 긴히 할 말이 있구나."

여자가 기가 차서,

"당치 않아요."

라고 하자 요노스케는,

"그렇다면 내가 지금 본 것을 사람들한테 다 불어버릴 거야!"

도대체 무엇을 보았길래?![23]

__〈10살. 내리는 비는 맞는 것〉

요노스케는 어느 날 구라부 산(暗部山) 부근에 있는 지인의 집에 놀러가 새 사냥을 했다. 그물과 장대, 부엉이를 미끼로 삼아 지붕 위로 풀밭으로 시간 가는 줄 모르고 놀다가 귀가시간이 되었다. 못내 아쉬워하며 산을 내려오는데, 갑자기 먹구름이 일더니 이슬비가 부슬부슬 내리기 시작했다. 마땅히 비를 피할 곳도 없어 어차피 젖은 거, 소매로

---

22) 오후 8시경.
23) 원문의 끝은 우습다, 웃긴다는 뜻의 '오카시(をかし)'로 되어 있다.

얼굴을 가리고 빗속을 걸어갔다. 다만 묵으로 그린 가짜수염이 지워질까봐 걱정이었다. 마침 그때 사람 눈을 피해 사는 한 남자가 요노스케를 뒤따라오더니 우산을 받쳐 주었다. 비가 갠 줄 알고 쳐다보던 요노스케는 남자를 발견하고,

"이거 참 고맙습니다. 이것도 인연인데, 성함은 어떻게 되시는지요?"
하고 물었다. 남자는 묻는 말에는 대답도 않고, 갈아 신을 신발(草履)을 건네주더니, 빗을 품속에서 꺼내 하인에게 주며,

"흐트러진 뒷머리를 고쳐 드려라."
라고 했다. 요노스케는 기분이 무진장 좋아졌다. 비가 완전히 걷히고, 여러 재미있는 말을 나눈 후에,

"제가 지금껏 사랑하는 사람도 없이 허송세월을 한 것은 애교 없는 제 성격 탓이지요. 이렇게 신기한 인연으로 만나 뵙게 되었으니, 앞으로도 변함없이 귀여워해 주실 거죠?"
하고 능청을 떨었다. 하지만 남자는 냉담한 얼굴로,

"길을 가다가 딱하길래 도와드렸을 뿐입니다. 남색은 생각해보지도 않았습니다."
라고 잘라 말했다. 요노스케는 흥이 깨진 표정으로 당혹스러움을 감추지 못했다. 나이만 먹었지, 사랑도 모르고 썩어갈 목석같은 사내 같으니라고!'하고 속으로 생각하면서 나무그늘에 나란히 앉았다.

"야속한 분이시군요. 소매 적시는 눈물이라고 해서 다 같은 눈물은 아니온 데,[24] 저를 이렇게 슬프게 하시다니, 흑흑. 공자 흉내를 내며 고결한 척하던 가모노 초메이(鴨長明)조차도 동네 아이하고 사랑에 빠져

암자 등불도 죄다 꺼버리고 어둠 속을 헤맸다고 하잖아요. 또 그 아름답다는 후와 만사쿠(不破萬作)가 세타(勢田) 다리 밑에서 무사와 사랑을 나누고 소맷자락에 향기(蘭麝)를 옮겨줬다고는 것도 다 이런 남색의 정 때문이 아니겠어요?"
하며 있는 말 없는 말로 꼬셔보지만, 남자는 들은 척도 하지 않았다. 나이 어린 자기가 유혹을 당해도 선찮은 판에 애걸복걸해도 전혀 반응이 없자 요노스케는 슬슬 부아가 났다.

"자, 싫으면 싫다고 말씀해 주세요."
하고 단도직입적으로 물어도, 남자는 여전히 아무 대꾸가 없었다. 점점 꼴 보기도 싫어졌다. 남자는 망설이더니,

"그럼 다음에 나카자와(中澤)라는 마을 신사 앞에서 만나기로 해요."
하고 약속을 정하고 일어섰다. 요노스케는 뒤쫓아 가며 조릿대를 밟고 가는 남자의 소매를 붙잡고는,

"이절추(李節推)라는 미소년이 소동파(蘇東坡)를 풍수동(風水洞)이라는 정자에서 기다렸던 것처럼, 저도 그렇게 기다리겠사오니."
하며 지는 석양 아래서 쳐다보다 또 쳐다보며 아쉬운 작별을 했다.

그 일이 있고 한참이 지난 뒤에, 남자는 목숨처럼 아끼는 미동(美童)에게 요노스케와의 이야기를 들려주었다. 미동은,

"세상에, 그래서는 안 되지요. 저 때문에 그러신 거군요. 아무리 그러셔도 너무 하셨네요. 제가 이대로 있어서는 안 되겠는데요."

---

24) 원문에는 '袖ゆく水のしかも又同じ泪にもあらず'라고 되어 있다. 초메이의 『호조키』 서문에 나오는 '行く川の流れは絶えずして、しかももとの水にあらず'를 모방한 문구.

하면서 서로 사모하는 두 사람을 맺어주고, 자기는 그만 남자를 포기했다고 한다.

〈19살. 출가하지 않으면 안 되는 나이[25]〉

 붉은 해가 떠야 날이 샌 것을 알고, 촛대에 불을 밝혀야 날이 저문 것을 알 정도로 밤낮없이 애욕에 몸을 불사르던 요노스케는 초라하기 그지없는 형색으로 에도에 도착했다. 기다리던 사람들은 반가워하며, "가신 곳을 몰라 어머님이 얼마나 걱정하고 계시는지 모릅니다." 하며 고생 많았다고 위로했다. 요노스케는 에도에 와서도 방탕한 짓을 계속했다. 후카가와하치만(深川八幡)·쓰키지(築地)·혼조이리초(本所入江町)에 있는 사창가와, 메구로(目黒)·시나가와(品川) 일대의 기녀(茶屋女)[26]들을 섭렵하고, 하쿠산(白山)·야나카산자키(谷中三崎) 등지의 정체 모를 매춘부를 거쳐, 아사쿠사바시(浅草橋)에선 눈짓으로 여자를 사는 방법까지 터득했다. 나중에는 여관 창녀(お針女)[27], 역전 창녀들(宿場女郎)[28]까지 전부 훑고 에도 유곽의 총본산인 요시와라(吉原)로 발길을 재촉하니 심히 앞날이 걱정되지 않을 수 없었다. 요노스케의 방탕한 생활은 교토의 부모한테도 전해져서 마침내 혈육의 정을 끊는다는 전갈

---

25) 당시에 19살이라고 하면 석가모니가 출가한 나이를 떠올리는 것이 상식이었다. 요노스케는 지나친 방탕으로 부모한테 절연 당하고 출가하게 된다.
26) 차야(茶屋)는 유녀를 불러내서 유흥을 즐기던 곳을 가리킨다. 요정(揚屋)보다는 격이 낮아 다유(太夫)를 부를 수 없었다. 차야온나(茶屋女)는 차야에 소속되어 손님에게 술을 따라 주거나 몸을 파는 여자를 말한다.
27) 고용되어 바느질일을 하던 여자들이 남자와 밀회하던 여관이 점차 매춘까지 하게 되었다.
28) 역참(驛站)의 여인숙(旅人宿)에서 손님의 시중도 들고 매춘도 하던 여자.

이 왔다.

── 〈34살. 뜻밖의 행운〉

요노스케는 파도에 밀려 4시간 정도 바다 위를 떠다니다가 후케이(吹飯) 해안가로 밀려왔다. 한참동안 정신을 잃고 모래 속에 파묻혀 있는데, 땔감을 줍는 사람에게 발견되어 다행히 목숨은 건졌다. 학[29] 울음소리를 간신히 기억하며 생사의 고비를 넘나들며 사카이(界)로 오게 되었다. 도로(大道筋)를 따라 형성된 야나기초(柳町)에 옛 머슴의 부모가 살고 있다는 것이 생각나서 그곳을 찾아갔다. 부부는 반갑게 맞아주었다.

"그렇지 않아도 도련님을 찾기 위해 백방으로 애를 쓰던 중이었습니다. 지난 6일 밤에 부친께서 돌아가셨습니다."

바로 그때 교토에서 사람이 왔다.

"도련님 여기 계셨군요! 어머니께서 얼마나 걱정하고 계신지 모릅니다. 어서 빨리 돌아가세요."

요노스케는 가마를 타고 서둘러 집으로 돌아갔다. 다들 눈물을 흘리며 볶은 콩에 꽃이라도 핀 것처럼 기뻐서 어쩔 줄 몰라 했다. 어머니는 이제 뭐가 아깝겠냐면서 모든 창고 열쇠를 요노스케에게 넘겼다. 이렇게 해서 오랜 세월 거지같이 살았던 요노스케는 하루아침에 부자가 되었다.

---

29) 후케이는 학(鶴)의 명소.

"이 돈도 네 마음대로 쓰거라."

하며 어머니가 내어준 돈은 자그마치 25,000관(약 125억엔)[30]이었다. 이제 명실상부한 갑부가 된 것이다. 요노스케는 '앞으로 언제든지 얼마든지 다유(太夫)[31]를 살 수 있게 되었구나! 드디어 내 평생의 소원이 이루어졌도다! 마음에 드는 기생은 기적에서 빼내주고, 이름난 기생은 모조리 섭렵하는 거야!'라며 신에게 감사드리고 고수들을 불러들여 호유(豪遊)를 벌이니, 화류계에서는 갑부(大臣)[32] 나리, 갑부 나리하면서 받들어 모셨다.

2. 명기(名妓)의 진정(眞情)

〈35살. 마님이 된 요시노〉

'요시노(吉野)가 죽고 나니, 서울은 꽃 없는 도시가 되었네'하고 어떤 사람이 읊었을 정도로, 요시노는 죽은 후까지 이름을 남긴 전대미문의 기생이었다. 특히 정이 깊기로 유명했다. 한번은 이런 일이 있었다. 도공(刀工) 긴쓰나(金綱)의 제자가 요시노를 연모하고 있었다. 한번만이라도 사랑을 이루고픈 마음에 밤마다 한 개씩, 53일 동안 53개의 칼을 만들어서 다유의 몸값 53문(약 26,500엔)을 마련했다. 이제나 저제나

---

30) 옛 화폐 단위의 오늘날 돈으로의 환산은 『井原西鶴(1)』(小學館, 1971년)에 따랐다.
31) 최고급 기생. 주 11) 참조.
32) 다유를 불러 놀 수 있을 정도의 부자 서민을 다이진(大臣·大盡·大人)이라고 부른다.

하고 기회를 엿보았지만, 노반(魯般)의 운제(雲梯)가 있을 리 없기에33) 애만 태우고 있었다. 그러던 중 풀무 축제(吹革祭)34)가 있던 날 밤, 몰래 유곽으로 찾아갔다.

"돈만 있으면 다 되는 세상이라지만 돈을 가지고도 살 수 없는 것이 있구나. 천한 이내 몸이 원망스럽군."35)

하며 대장장이 남자가 푸념하는 것을 어떤 사람이 듣고 요시노에게 전해주었다.

"그거 너무 가엾네요."

하며 요시노는 남자를 조용히 불러들였다. 남자는 떨리는 몸을 주체할 수 없었다. 그을은 얼굴에는 눈물이 흐르고 있었다.

"이 은혜, 죽어도 못 잊을 겁니다. 얼굴을 뵈었으니 이것으로 충분합니다."

하고 자리에서 일어나 도망치듯 나가려 하였다. 요시노는 남자의 소매를 잡고 훅하고 불을 끄더니 옷도 벗지 않은 채로 꼭 껴안았다.

"원하는 대로 하세요."

하고 이리저리 밑에서 남자를 유도해보지만, 남자는 잔뜩 긴장해서 면으로 된 속옷(下帶)을 벗으면서도 "누가 와요!"하며 일어나려 하였다.

---

33) 초(楚)나라 왕이 송(宋)나라를 칠 때 노반이 운제(雲梯)라는 긴 사다리를 만들어 공략했다는 『회남자(淮南子)』에 나오는 고사.
34) 11월 8일 대장장이나 금은 세공업자들이 풀무에 제물을 바치는 행사를 벌이며 하루를 쉬었다. 이 날은 유곽으로 치면 장날(紋日)에 해당하기 때문에 유녀는 무슨 일이 있어도 손님을 받아야 했다.
35) 다유는 미천한 신분의 손님을 접대해서는 안 되었다.

요시노는 남자를 끌어당기며,

"이 일을 끝내기 전에는 날이 새도 안 보내줄 거예요. 사나이대장부가 이 요시노의 배까지 올라와놓고 어떻게 그냥 가신다는 거예요?" 라면서, 겨드랑이를 꼬집고 허벅지를 비비고 목덜미를 애무하고 옆구리를 간지럽혔다. 저녁때부터 시작했는데 밤 10시가 되서야 비로소 반응을 보이기 시작했다. 겨우겨우 일을 치루고, 술잔을 나눈 후 돌려보냈다.

요정(揚屋)36)에서는 요시노가 함부로 손님을 받았다며 말들이 많았다.

"오늘의 손님은 풍류를 잘 아시는37) 요노스케님이시니까 걱정 붙들어 매세요. 전부 다 말씀드리고 여러분께 폐가 안 가도록 할 테니까요."

그러는 동안에 밤도 깊어졌다.

"요노스케님께서 오셨습니다."

요시노는 방금 전에 있었던 일의 전말을 요노스케에게 말해주었다.

"자고로 기생이라면 그 정도는 되어야지. 내 널 버리지 않겠노라."

요노스케는 그날 밤으로 요시노를 기적에서 빼내어 부인으로 맞아들였다.

〈42살. 먹던 귤을 가져온 미카사〉

미카사(三笠)라는 기생은 정이 깊고 대범한 성격에 위풍당당하여 다

---

36) 기생을 유곽에서 불러내어 유흥을 즐기는 곳.
37) 원문은 'わけ知り'.

유로는 타고난 사람이었다. 무슨 옷이든 잘 어울리고, 요정으로 손님을 받으러 갈 때는 아주 독특한 복장을 하곤 했는데, 위세 없는 남자들은 감히 건드릴 엄두도 내질 못했다. 하지만 친해지면 장점이 많은 사람으로, 술자리에서는 즐겁고 잠자리에서는 조신하여 신기하리만치 깊은 여운을 남겼다. 손님들로 하여금 다시 만날 날을 손꼽아 기다리게 만드는 그런 여자였다. 또 인정도 많아서 하인이나 가마꾼을 위해 밤에 몰래 술을 내주기도 했다. 악기 연주를 담당하는 기생이 남자와 어울려도 눈감아 주고, 상대남자가 유곽 사람일 때는 나중에 안 좋을 수 있으니 조심하라고 귀띔해줬다.[38] 지배인(遣手)이 지나치게 이해타산을 따지면 못 들은 척하고, 돈에는 손도 대지 않았다. 계집종이 졸고 있으면 혼내는 대신 "밤늦게까지 일을 하니 오죽이나 피곤할까"하며 만사에 관대했기 때문에 사람들은 미카사하면 다들 좋게 생각했다. 그런데 사실 미카사에겐 따로 꿍꿍이속이 있었다. 빈털터리가 된 요노스케와 몰래 만나고 있었던 것이다. 그 무렵 요노스케는 빚 때문에 요정을 빌리기가 여의치 않았다. 둘은 곤자에몬(權左衛門)이라는 요정에서 처음 만나 죽을 때까지 변치말자고 약속하고, 처음에는 깨가 쏟아지게, 또 얼마간은 서로에게 푹 빠져 지냈다. 하지만 점점 상황이 어렵게 돌아갔다. 요정 주인은 밀린 방값을 내라고 난리였고, 포주는 둘을 못 만나게 하였다. 요노스케는 죽으려고도 생각했지만, 미카사의 진심을 저버리고 죽기도 어려웠다. 마음대로 만날 수 없는 처지인지라, 보고 싶은 마음에

---

[38] 기생이 유곽 내의 남자와 정을 통하는 것은 금지되었다.

미카사가 지나간 길이라고 생각되는 길목을 배회하기도 했다. '혹시 이런 어둠속에 도깨비가 떨어뜨린 금화라도 없을까. 가가(加賀) 판관의 한마디면 만사가 잘 해결날텐데'39)하며 아무 소용없는 헛된 망상을 하며 미카사의 환영을 보는 것이 한 두 번이 아니었다.

약속했던 시각이 되자 미카사가 왔다.

"오늘밤에는 나카다치우리(中立賣)에 사는 대나무 장수 시치(七)님을 모시는 자리에서 기슈(紀州) 출신의 기치조(きちじょ)라는 사람을 만났는데, 너무 이상한 사람이었어요. 당신 얘길 꺼내더니 다짜고짜 끝내버리라는 거예요. 너무 심하지 않아요? 어떻게 당신을 단념할 수 있겠어요?"

그녀는 요노스케의 왼쪽 소매로 손을 집어넣어 겨드랑이를 아프지 않게 꼬집었다. 눈물을 글썽거리며 이런 장마철에 보기 드문 주황색 귤을 하나 꺼내서 자기가 먹던 거라면서 요노스케의 손에 쥐어줬다.

"당신 생각나요? 작년 가을에 내 머리카락으로 귤 봉지를 원숭이 모양으로 묶어서 놀았잖아요. 그때는 누구 눈치 볼 것도 없이 막 웃고 떠들고 그랬었는데. 왜, 안마사였던 규사이(休齋)가 2층에서 떨어졌었잖아요."

하며 어린아이처럼40) 이야기했다.

"다유님은 어디로 가신 거야?"하며 많은 사람들이 미카사를 찾는 목소리가 들리자 가슴이 덜컥 내려앉았다.

---

39) 명관관으로 유명한 이가 가쓰시게(伊賀勝重)가 주운 돈을 정직하게 신고한 사람에게 돈을 주는 판결을 내렸다는 고사를 이용한 것. 사이카쿠는 '이가(伊賀)'를 '가가(加賀)'로 고쳤다.
40) 원문에는 '빠른 말투로(はや口に)'라고 되어 있다.

사랑하기 위해 태어난 남자

"내일은 사람얼굴이 보이는 환할 때 오셔도 괜찮아요."
하고 아쉬운 작별인사를 나누는데 "문 닫소이다"하는 소리가 들렸다.[41] 요노스케는 주인을 모시고 왔던 하인들이나 유곽에 묶지 못하는 사람들 틈에 섞여, 출입구에 걸린 사방등을 피해 얼굴을 가리면서 유곽을 빠져나왔다. '옛날에는 좋았었는데' 하면서 분한 마음을 삭히며, 폰토초(ぽんと町)에 있는 숙소로 돌아왔다.

두 사람 사이는 이제 모르는 사람이 없을 정도로 소문이 났다. 포주가 못 만나게 해도 미카사는 말을 듣지 않았다. 심하게 닦달해도 계속 만났다. 급기야 부엌데기로 전락하여 헌옷을 입혀 소쿠리를 들려서 콩비지 심부름을 시켜도 아무렇지도 않아 했다. 창피해하기는커녕 사랑하는 남자를 위해서라면 뭐라도 참을 수 있다는 태세였다. 그 해 11월 첫눈이 소복이 쌓인 날, 포주는 너무도 미운 나머지 미카사를 발가벗겨 뜰 버드나무에 묶어놓았다.

"이래도 계속 만날 참이냐!"
하고 압박해도 미카사는 끝끝내 안 만나겠다는 말을 하지 않았다. 죽기를 각오하고 대엿새 동안이나 곡기를 끊었다. 어느 날 눈물을 흘리고 있는 것을 후배 기생이 보고,

"불쌍해서 볼 수가 없네."
하며 안타까워했다.

"내 신세가 서러워서 우는 것이 아니야. 내가 이토록 사랑하고 있다는

---

41) 유곽(島原)은 오후 10시부터 오전 2시까지 문이 닫혔다.

것을 그 사람도 알까?"

그 자리에 와있던 머릿기름 장수 다우에몬(太右衛門)도 안쓰러운 마음을 금할 수 없었다. 미카사는 이 사람이 요노스케한테도 자주 방문한다는 것을 떠올렸다.

"이 밧줄 좀 풀어주세요. 몸이 많이 안 좋아요."

밧줄을 풀어주자 미카사는 자신의 속옷(腰卷)을 푹 찢더니 오른쪽 새끼손가락을 깨물어 혈서를 쓰기 시작했다.

"이것 좀 꼭 전해 주세요."

하고 다우에몬에게 편지를 건네주고 자기를 원래대로 다시 묶어달라고 하더니 혀를 깨물고 자결하려고 하였다. 요노스케는 번개처럼 달려왔다. 미카사의 소식을 듣자마자 자기도 같이 죽으려고 죽을 채비-수의를 입고-를 하고 달려온 것이다. 사람들은 둘의 사랑에 감동하고 둘이 함께 살 수 있도록 조처하였다. 이렇게 지조가 있는 기생도 드물 것이다. 미카사는 절개의 상징으로 오사카에 이름을 남겼다.

인형 조루리(人形淨瑠璃)

허구로서의 의리

개요 '인형 조루리(人形淨瑠璃)'는 가부키(歌舞伎)와 더불어 근세 연극을 대표하는 인형극이다. 조루리(淨瑠璃)와 샤미센(三味線), 인형(人形)으로 이루어진다. 다케모토좌(竹本座)와 도요다케좌(豊竹座)의 대립시대를 거쳐 분라쿠좌(文樂座)가 융성하면서 '분라쿠(文樂)'라는 용어를 인형 조루리 대신 사용하기도 한다.[1]

'조루리'라는 명칭은 중세에 인기를 끌었던 『조루리 이야기(淨瑠璃物語)』에서 유래한다. 『헤이케 이야기』에 가락을 붙여 이야기하는 헤이쿄쿠(平曲)가 인기를 끌면서, 어떤 내용에 곡조를 붙여 전달하는 이야기물이 성행했다. 그 중에서 인기가 높았던 것이 우시와카마루(牛若丸, 요시쓰네의 아명)와 조루리히메(淨瑠璃姬)의 사랑이야기를 다룬 『조루리 이야

---

[1] 1872년 1월, 우에무라 분라쿠켄(植村文樂軒)이 오사카(大阪)에 인형 조루리 상설극장인 '분라쿠좌(文樂座)'를 개장했다. 이 곳 말고도 여러 좌가 있었지만 에도 시대 후기가 되면 가부키에 밀려 쇠퇴 일로를 걷게 된다. 분라쿠좌가 인형 조루리의 전용극장으로 유일하게 남게 되면서 '분라쿠'하면 인형 조루리의 대명사가 되었다.

기』였다. '조루리'라는 명칭도 여주인공 '조루리히메'에서 나온 것이다.2) 우리나라의 판소리처럼 이야기꾼이 들려주던 형식의 조루리가 인형을 사용하는 연극으로 성립된 것은 중세 말기이다. 여기에 류큐(琉球, 지금의 오키나와)에서 도래한 샤미센(三味線)이 반주 악기로 사용되면서 인형 조루리 연극(人形淨瑠璃芝居)이 만들어진다.

에도 시대에도 문화의 중심지는 교토였기 때문에 인형 조루리도 교토에서 먼저 흥행하고 점차로 지방으로 퍼져나갔다. 도쿠가와(德川)씨에 의해 에도가 신흥 도시로 발달되면서 조루리를 읊는 다유(太夫)3)와 인형 조종사들이 교토에서 에도로 진출하여 인형극을 융성시킨다. 간에(寬永, 1624~44) 무렵 스기야마 단고노조(杉山丹後掾)·사쓰마 조운(薩摩淨雲) 등이 에도에서 인기를 끌었다. 특히 조운의 문하에서 많은 다유가 배출되었는데, 사쿠라이 이즈미다유(櫻井和泉太夫)가 긴피라 조루리(金平淨瑠璃)를 창시하여 조루리 진흥에 커다란 역할을 하였다. '긴피라'라고 하는 호걸(豪傑)의 무용담을 중심으로 전개되는 '긴피라 조루리'는 메레키(明曆, 1655~58) 말에서 간분(寬文, 1661~73) 기에 걸쳐 에도를 중심으로 조루리계를 석권하며 조루리 융성의 기운을 일으킨다.

엔포(延寶, 1673~81) 무렵부터 다시 가미가타(上方)4)에서 조루리가

---

2) 『조루리 이야기』의 인기는 대단해서 나중에는 다른 이야깃거리도 「조루리 이야기」의 곡조에 맞추어 부르게 되고, 중세 말기에 이르면 다른 것은 소멸하고 「조루리 이야기」만 남게 된다.
3) 다유(大夫·太夫)는 사대부(士大夫)에서 비롯된 말로, 중국에서는 5품 이상의 관직을 가리키는 말이지만 일본에서는 예인(芸人)에 대한 칭호 또는 경칭으로 사용된다. 다유는 책상(書見臺)에 놓인 대본을 곡조를 붙여 읽는다. 대본은 사방 4센티미터 정도의 굵직한 글자로 한 면에 5행씩 적혀 있다.

활성화된다. 오사카에서는 이토 데와노조(伊藤出羽掾)・이노우에 하리마노조(井上播磨掾)가 이름을 떨쳤고, 교토에서는 우지 가가노조(宇治加賀掾)와 야마모토 사가미노조(山本相模掾)가 활약했다. 『조루리 연대기(今昔操年代記)』에 '조루리의 창시자(祖師)'라고 칭송되는 이노우에 하리마노조(1632?~85)는 긴피라 조루리를 적극 수용하는 한편, 음성을 여러 가지로 나누고 노래로 읊는 부분(節事・景事)을 많게 하는 등 독자적인 예풍을 수립하였다. 하리마노조의 예풍은 우지 가가노조와 다케모토 기다유(竹本義太夫, 1651~1714)에게 전수되면서 조루리의 주류를 형성하게 된다.

다케모토 기다유는 오사카 덴노지(天王寺)에 있는 농가에서 태어났다. 하리마노조의 수제자인 기요미즈 리헤(淸水理兵衛)에게서 조루리를 배우고, 교토로 내려가 우지 가가노조의 보조 역할(ワキ語り)을 담당하면서 호평을 얻는다. 그 뒤 독립하여 1684년에는 오사카 도톤보리(道頓堀)에 극장(竹本座)을 세우고, 지카마쓰 몬자에몬(近松門左衛門, 1653~1724)의 『소가 형제 이야기(世継曾我)』를 공연하면서 이름을 얻게 된다. 1685년에는 지카마쓰의 『가게키요의 복수(出世景淸)』를 공연하면서 대성공을 거두게 되는데, 이것은 기다유와 지카마쓰라는 두 거장의 제휴에 의해서 가능했던 획기적인 사건으로, 이 작품을 경계로 고 조루리(古淨瑠璃)와 신 조루리(新淨瑠璃)로 나눌 정도이다.

지카마쓰 몬자에몬[5]의 원래 이름 스기모리 노부모리(杉森信盛)이다.

---

4) 교토 부근. 또는 그 일대 관서지방. 교토에 황궁이 있었기 때문에 상방(上方)이라고 부른다.
5) 극작가 지카마쓰는 소설가 이하라 사이카쿠(井原西鶴)와 하이쿠 시인 마쓰오 바쇼(松尾芭

제법 역량 있는 무사 집안의 자손으로, 노부요시(杉森信義)의 차남으로 출생하였다. 12살 때까지 에치젠(越前)에 살다가 아버지가 실직하면서 교토로 오게 된다. 10대 후반에 귀족들에게 봉직하며 예능에 접할 기회를 갖고 20대부터 창작활동을 시작한 것으로 알려지나 20대의 행적은 확실치 않다. 30세 무렵부터 조루리 작가로서 또 가부키 작가로서 명성을 얻기 시작했다. 전술한 바와 같이 기다유와 제휴하여 조루리 작품을 발표하는 한편, 가부키 배우로 유명한 사카타 도주로(坂田藤十郎)를 위한 각본을 써서 일본의 르네상스 시대라고 일컬어지는 겐로쿠(元禄, 1688~1704)6) 시기의 가부키 전성시대를 구축하는 일익을 담당했다. 1703년에 발표한 『소네자키의 정사(曾根崎心中)』가 흥행의 돌풍을 일으키면서 이후 다케모토좌의 전속작가로서 조루리 창작에만 전념하게 된다. 그는 생애동안 100여 편이 넘는 많은 작품과 걸작을 남겨 일본의 세익스피어라는 찬사를 얻고 있다.

≡**해설** 근세 희곡은 내용에 따라 시대물(時代物)과 세태물(世話物)로 나눈다. 시대물은 전승되는 역사적인 사건이나 인물을 소재로 한 것을 말하고, 세태물은 당대 사회를 배경으로 시사적인 사건이나 인물을

蕉)와 함께 일본 근세를 대표하는 3대 작가이다. 세 사람은 비슷한 시기에 생존했으나, 작풍과 성향 면에서 상당히 달랐다. 그들의 독자적인 가치관과 예술혼은 각각 다른 예술 장르의 완성을 가져왔다. 「사랑하기 위해 태어난 남자-호색일대남-」 해설부분 아울러 참조.
6) 막번 체제가 안정되고 상인계급이 대두하면서 학문과 예술 분야가 융성되던 시기.

다룬 것을 말한다. 지카마쓰는 90여 편의 조루리를 남겼는데, 이 중에서 세태물은 24편으로 시대물에 비해 훨씬 적다. 그러나 지카마쓰가 『소네자키의 정사』를 비롯한 세태물을 발표하여 그동안 시대물 일색이었던 조루리 세계에 획기적인 진전을 가져온 공적은 특기할만하다.

『소네자키의 정사』는 1703년 4월 7일 오사카에서 실제로 발생했던 정사(情死) 사건을 지카마쓰가 각색하여 한 달 뒤인 5월 7일에 다케모토좌에서 상연한 작품이다. 이 작품 이전에도 당대 사건에서 취재한 세태물 조루리가 없었던 것은 아니나 『소네자키의 정사』를 세태물 조루리의 효시로 보는 것은 엄청난 흥행성공과 그 예술적 달성에 있다. [골라 일기]의 〈줄거리〉 부분에 소개한 것처럼 주인공은 간장가게 종업원인 도쿠베(德兵衛)와 오하쓰(お初)라는 하급 기생(端女郎)이다. 실제 사건의 진상은 확실하게 알 수 없으나7) 도쿠베가 오하쓰에게 빠져 돈을 탕진하면서 궁지에 몰린 것으로 보인다. 지카마쓰는 『나가마치에 사는 여자의 할복(長町女腹切)』에서,

> 세상에 유행하는 정사도 돈 아니면 불효를 저질러 죽는 것이다. 사랑 때문에 죽는 것은 한 사람도 없다.

라고 지적하고 있는데, 사실 대부분의 정사 사건은 '돈' 때문에 발생했다.

---

7) 『정사 대감(心中大鑑)』(1704년)에 의하면 가게 주인이 자신의 양녀와 도쿠베를 결혼시키려 했고, 오하쓰는 다른 남자에게 낙적될 상황에 처해 있었다. 도쿠베는 오하쓰를 만나면서 돈을 전부 탕진한 상태였고, 더 이상 관계를 지속하기 어려워지자 둘이 정사한 것으로 되어 있다.

그런데 지카마쓰는 정사의 현실적·직접적 이유가 금전문제 때문이라는 것을 잘 알면서도, 창작할 때 비극(정사)의 원인을 돈 문제로 설정하지 않고 있다.

『소네자키 정사』에서 도쿠베의 비극은 (가게주인이자) 숙부가 주선한 혼담을 거절하면서 시작된다. 혼담의 거절은,

> 어서 돈을 갚고 하던 일도 정리해야 할 거야. 두 번 다시 오사카 땅을 못 밟게 쫓아버릴 테니까.

라고 으름장을 놓는 숙부의 말에서 드러나듯, 도쿠베가 상인으로서 살아갈 수 없다는 것을 뜻했다. 도쿠베는 자신의 인생에 커다란 타격이 된다는 것을 알면서도 기녀 오하쓰를 선택한 것이다.

도쿠베를 죽음으로 몰아가는 것은 일차적으로는 친구의 배신과 억울한 누명 때문이다. 차용증을 날조했다는 오명을 뒤집어쓰고 사람들 앞에서 구타당하는 수모를 겪은 도쿠베는 자신의 결백을 주장하는 방법은 죽는 길밖에 없다고 생각한다. 하지만 보다 근본적인 이유는 숙부의 돈을 못 갚게 되면 인생의 파멸이자 무엇보다 오하쓰와의 관계가 끝장나고 말기 때문이다. 도쿠베가 인생의 다른 어떤 가치보다도 오하쓰를 소중하게 생각하고 있다는 것은 다음의 대사에서도 역력하다.

> 바로 돈을 갚고 하던 일을 정리하면 일단락되긴 하는데, 그렇게 되면 오사카에서 살 수 없겠지. 그러면 당신과는 어떻게 만나지? 설령 뼈는 가루가 되고, 몸은 조개껍데기가 되어 시지미 강(蜆川) 바닥에 가라앉아

섞어가도 좋아. 하지만 당신과 헤어져서 어떻게 살지?

오하쓰 역시 도쿠베가 자기를 얼마나 사랑하는지, 그의 파멸이 누구 때문에 비롯된 것인지를 잘 알기에 '사랑 때문에 죽는 거라면 내 한 몸 어찌 되든 상관없다'면서 도쿠베와 함께 죽는다.[8] 지카마쓰는 둘의 사랑을 '내세에서 성불(成佛)을 이룰, 연인의 귀감'이라고 예찬하며 이야기의 끝을 맺고 있다. 십중팔구는 '돈' 때문에 벌어지는 정사를 '사랑' 때문에 죽은 것으로 처리한 것이다.[9]

지카마쓰가 그린 세태물의 특징은 종업원・하녀・기생 등과 같은 봉건사회를 살아가는 억압받는 민중들의 아픔과 슬픔을 그린 비극이라는 것과, 그들 미천한 주인공들이 지극히 순수하고 아름다운 심성과 정신성을 소유한 것으로 미화되어 있다는 것이다. 도쿠베를 위해서

---

[8] 세태물 중에서 남녀의 정사를 다룬 작품을 정사물(心中物)이라고 한다. '정사'에 해당하는 일본어는 '신주(心中)'라고 하는데, 원래 '신주'는 기녀들이 손님에게 두 마음을 갖지 않겠다는 표시로 서약서를 쓴 것이 발단이다. 그것이 점점 강도가 심해져서 머리를 자른다든지, 몸에 문신을 새긴다든지, 손톱을 뽑는다든지, 나중에는 손가락을 자르기도 했다. 관육(貫肉)이라고 해서 신체의 일부를 손상시키던 것이 동반자살로까지 확대되기에 이른다.

[9] 남녀의 동반자살이 지카마쓰의 작품에서 예술적으로 미화되면서 주인공들을 모방하여 죽는 사건이 전염병처럼 퍼졌다. 정사가 사회적 문제로까지 확대되자 지식인들의 개탄이 끊이지 않았다. 「어제까지 성실하고 행실이 바르던 청년도, 한번 이 문에 들어가면, 금세 좌우 측면에 나 있는 머리털을 치켜세워 상투를 머리 꼭대기로 올리고, 눈썹은 뽑아 가지고는 그림에 나오는 나리히라처럼 하고 다닌다. 곁에 입는 상의도 길게 끌어 땅을 쓰니, 보는 사람마다 개탄치 않는 사람이 없다. (중략) 보라, 딸・누이들이 외간 남자와 눈이 맞아 도망치다가 갈 곳이 없어 한동안 뜸했던 정사 사건을 또다시 일으키며 길가에 쓰러져 죽는 일. 시체는 개의 밥이 되어 일가친척을 수치스럽게 하고 부모 형제를 비탄에 빠지게 하는 이들이 헤아릴 수 없이 많다.」(静観房好阿, 『当世下手談義』, 1752년, 권5) 막부에서는 1772년 정사를 다룬 예능과 서적의 간행을 금지시켰다. 또 '신주(心中)'라는 글자가 합쳐지면 충(忠)이라는 글자가 된다 하여 '신주'라는 말 대신 '상대사(相對死)'를 쓰도록 하기도 했다.

죽어주는 오하쓰는 물론이고 도쿠베 역시 우행을 저지를 정도로 순진하고 순정적인 사람이다. 그는 우정을 믿고 중요한 돈을 빌려주고, 죽기 전에 숙부에 대한 은혜를 생각하고 용서를 빈다. 순수하고 진실한 주인공의 이미지는 지카마쓰 세태물의 최고걸작이라고 일컬어지는『아미지마의 정사』에 이르면 숭고한 차원으로까지 발전한다.

『아미지마의 정사』는 지헤(治兵衛)와 기녀 고하루(小春)의 정사를 다룬 내용이지만, 실질적 주제는 '오산(おさん)'과 '고하루'의 '여자간의 의리(女同士の義理)'라고 할 수 있다.10) 〈오산의 고백〉에 수록한 것처럼 남편 지헤에게서 죽음의 그림자를 발견한 오산은 정사를 단념하고 남편 목숨을 살려달라는 편지를 고하루에게 보낸다. 고하루는 천한 자신을 '여자끼리는 서로 도와야 하는 법(女は相身互ひごと)'이라며 동등한 인격체로 인정해준 오산에 대한 답례로서 목숨보다 소중한 지헤를 포기한다. 그것은 그녀에게 죽음을 의미했다. 오산이 고하루를 죽게 하면 '죄'가 된다며 필사적으로 노력하는 것도 고하루가 타산적이지 않은 순수한 사람이라는 것을 알았기 때문이다. 두 사람은 서로에 대한 배려(의리)가 자신들의 인생을 그르치는 심각한 결과를 초래함에도 불구하고 서로를 위해서 기꺼이 희생한다.

쓰보우치 쇼요(坪内逍遥, 1859~1935)11)가 지카마쓰의 조루리는 의리

---

10) 고하루와 오산의 의리 및 지카마쓰의 의리관에 관한 보다 자세한 것은 졸고, 「지카마쓰(近松)의 '의리'고-『아미지마의 정사(心中天の網島)』를 중심으로-」,『일본학보』, 제61집 2권, 2004·11 참조 바란다.
11) 평론가·소설가·극작가. 사실주의를 제창한 문학이론『소설의 진수(小説神髄)』(1886년)를 발표하여 문학의 위상을 높이는데 일익을 담당했으며, 1891~92년에 '몰이상주의 논쟁(沒

와 인정의 갈등에 의해 야기된 비극이라고 규정한 이래 '의리와 인정'은 서로 상극하는 대립적 관계로 파악되고 있다. 요컨대 의리는 봉건적 도덕률을, 인정은 인간적 욕망이나 본능을 뜻하며, 지카마쓰는 인정이 의리에 의해서 압도되고 파괴되는 비극을 그렸다는 것이다. 따라서 지카마쓰는 의리를 그린 작가로서가 아니고 인정을 잘 그린 작가로서 평가되고 있다.

> 요컨대 의리라고 하는 것을 작품 속에서 종종 다룬 지카마쓰의 진정한 의도는 현실의 '의리'라는 것은 무엇인가 하는 것을 생각해보려고 한 것도 아니고, 또 바람직한 '의리'란 무엇인가, '의리'를 따르는 삶의 방식은 어떤 것인가, 그런 것을 밝히려고 한 것이 아니라, '의리'라고 하는 것에 의해서 부정되지 않으면 안 되는 '사정(私の情)'이라고 하는 것, 그것의 소중함을 역으로 인상짓기 위한 것에 있었다고 해도 좋을 것이라고 생각합니다. 그러니까 거기에서는 '의리'라고 하는 것은 말하자면 도구가 되고 있다고 간주해야 되겠지요. 요컨대 거기에서는 '의리'라고 하는 것이 실질적으로는 그것에 의해 상실되려고 하는 '사정', '사적인 것' 혹은 '개인적인 것' 그런 것의 의의를 그려내기 위한 도구가 되고 있다고 할 것입니다.[12]

필자는 이와는 달리 지카마쓰가 의리란 무엇인가, 이상적인 의리란 어떤 것인가, 의리를 따르는 삶의 방식은 어떤 것인가를 제시하고자 했다고 생각된다. 고하루나 오산과 같이 자신의 행복이나 심지어 목숨

理想論爭)'을 모리 오가이(森鴎外)와 벌인 것으로도 유명하다.
12) 原道生,「近松の「義理」」,『(講座)日本思想』 3, 東京大學出版部, 1983, 68쪽.

까지도 희생하는 주인공들을 하라 미치오(原道生)가 지적하는 것처럼 사정(私情)이나 사적인 것을 그려내기 위한 것으로 보기 어렵다. 오히려 그런 것을 희생해서라도 쟁취할만한 고귀한 가치로서 의리를 제시했다고 여겨진다. 특히 지카마쓰는 의리를 실천하는 인간을 기녀를 비롯한 핍박받는 입장에 놓인 민중들을 내세우고 있다. 의리를 통해 미천한 존재를 가치 있는 존재로서 끌어올려 인간의 존엄성을 부여해 준 것이다.

미나모토 료엔(源了圓)은 일본문학에 형상화된 의리가 지카마쓰의 단계에서는 '심정적으로 내면화된 내적규범으로서의 의리'라는 특질을 갖추고 있었으나, 그 이후가 되면 의리의 외적 구속력만을 병적으로 비대화시켜 관념화·비인간화되게 된다고 지적하고 있다.[13] 필자는 지카마쓰 이후에 의리가 인간성을 억압하여 사람들을 구속하는 강제적 사회규범으로 형식화하는 데에는 지카마쓰도 자유롭지 못하다고 생각한다. 여러 선학의 지적대로 지카마쓰의 작품에서 의리는 인정과 충돌하거나 갈등하지 않는다.[14] 의리는 인정과 마찬가지로 주인공의 인간성과 인간다움의 증거가 되고 있다.[15] 하지만 의리를 지키거나 의리에 위배되지 않기 위해서는 적지 않는 고통과 희생을 감내해야만 한다.

---

13) 『義理と人情－日本的心情の一考察』, 中央新書, 1969.
14) 시라카타 마사루(白方勝)는 지카마쓰의 비극을 의리와 인정의 대립 구도로 파악하거나 그의 주요한 창작 의식·방법으로 보는 것에 의문을 제기하고, 지카마쓰에게는 의리와 인정의 충돌이나 갈등, 그것과 유사한 의식이 없었던 것으로 해석하고 있다.(「"情と義理"の悲劇論」, 『国語国文』, 1961·5 및 「情·人情·義理」, 『愛媛国文研究』, 1965·12 등 참조)
15) 広末保, 「近松と義理」, 『元禄文学研究(増補版)』, 東京大学出版会, 1979 참조.

『아미지마의 정사』에서도 의리 때문에 고하루는 고독한 죽음을 선택하고16) 오산은 자신의 존재기반인 가정을 포기한다. 사실 이런 '여자간의 의리'는 현실세계에서는 도저히 있기 어려운 이상화된 형태의 '허구로서의 의리'17)이다. 요컨대 지카마쓰의 의리는 '인간성(人間性)과의 접촉을 지니고 있다'18)는 점에서 다른 의리의 양상과 구별될 필요는 있겠지만, 그가 의리를 희생의 가치를 이상화하는 식으로 제시함으로써 의리가 '관념화・비인간화'되는 단초를 제공했다고 생각한다.

지카마쓰 이후에 의리가 '인간성과의 접촉'을 상실하고 그 형해(形骸)만이 남아 과도한 희생을 요구하는 외적 규범으로 형식화하는 양상을 ≪2. 무사의 의리≫에 수록한 『47인의 충신들(仮名手本忠臣蔵)』을 통해 살펴보기로 하겠다. '귀감이 될 만한 47인의 충신들의 이야기'라는 뜻을 가진 『47인의 충신들(仮名手本忠臣蔵)』19)는 제목 그대로 무사의 충의를 주제로 한 작품이다. 18세기 초에 실제로 있었던 '아코(赤穂) 사건-아코 번(赤穂藩)의 가신들이 주군을 위해서 복수를 감행한 사건-'20)을 극화

---

16) 고하루는 오산의 편지를 받고 지혜 없이 혼자 죽을 것을 결심하고, 나중에 지혜와 같이 정사할 때에도 장소를 달리 하여 죽는다(〈고하루의 의리〉).
17) 原道生,「虛構としての「義理」」,『(講座)日本思想』第3卷, 東京大学出版会, 1983.
18) 大久保忠国,「近松の生涯とその作品」,『鑑賞日本古典文學・近松』, 角川書店, 1975년, 26쪽.
19) 원제의 '가나(仮名)'는 히라가나(平仮名) 47자 즉 47인의 무사를 의미한다. '데혼(手本)'은 본보기, 귀감이라는 뜻이다. '구라(蔵)'는 창고를 가리켜 '주신구라(忠臣蔵)'는 충신이 많다는 뜻이다. 따라서 전체의 뜻은 '47인의 귀감이 될 만한 충신들의 이야기'라고 풀이할 수 있다.
20) 사건의 개요를 소개하면 다음과 같다. 1701년 정월 도쿠가와 쓰나요시(德川綱吉)가 천황에게 축하사절을 보내고, 천황은 답례로 칙사를 파견한다. 기라 요시나카(吉良義央)가 총책임자였고, 아코 번(赤穂藩)의 영주 아사노 나가노리(淺野長矩)가 영접을 담당했다. 향응 마지막 날, 칙사가 등청하고 접대를 위해 기라와 아사노가 복도를 걷고 있었다. 그때 아사노가 기라를 칼로 내리쳐 미간에 상처를 입는 사건이 발생한다. 쇼군(將軍)이 거처하는 성안에서

한 것이다. 『47인의 충신들』이전에도 아코 사건을 다룬 조루리나 가부키는 적지 않았지만,21) 『47인의 충신들』이 에도시대 최다 공연을 기록했을 정도로 대대적인 성공을 거둔 이유는 내용을 실화 그대로 복수담 일변도로 구성하지 않고 돈과 사랑, 가족애 등의 '인정'이 얽힌 비극으로 각색한 것이 참신했기 때문이다. 〈줄거리〉에서는 생략하였지만 『47인의 충신들』의 많은 분량은 의리를 위해 희생되는 인간들의 비애가 묘사되어 있다. 가령 하야노 간페이(早野勘平)는 오카루(お軽)와의 밀회로 주군의 칼부림 사건 현장에 입회하지 못한 죄책감으로 괴로워한다. 오카루는 그런 그를 위해 유곽에 몸을 팔아 돈을 마련한다. 하지만 그런 보람도 없이 간페이는 어이없는 죽음을 맞는다.22) 또 오보시 유라노스케(大星由良助)의 아들 '리키야(力弥)'와 가코가와 혼조(加古川本藏)23)의 딸 '고나미(小浪)'도 의리 때문에 희생되는 연인들이다. 이들은 결혼을 약속한 사이였지만, 가코가와가 주군의 명예를 손상시켰다하여 오보시 쪽에서 혼사를 튼다.24) 가코가와의 희생에 의해 고나미는 리키

의 칼싸움은 법으로 금지되어 있었고, 또 궁중의 칙사를 영접하는 중요한 자리였기 때문에 아사노는 할복에 처해진다. 반면 기라는 아무 처벌도 받지 않았다. 졸지에 주군과 영지를 몰수당한 아사노의 가신들은 복수를 다짐한다. 1702년 12월 14일 기라의 저택을 급습하여 기라를 살해한다. 47명의 무사들은 막부의 명에 의해 전원 할복자살하게 된다.
21) 스와 하루오(諏訪春雄)에 따르면 『47인의 충신들』이전에 약 30여종의 작품이 상연되었다고 한다. (『忠臣蔵の世界』, 大和書房, 1982년, 38~42쪽 참조)
22) 오카루의 부친 요이치베(與市兵衛)가 유곽에서 딸의 몸값을 받아 돌아오던 중에 도적을 만나 살해당한다. 간페이는 강도를 산돼지인 줄 알고 쏴 죽이고, 자기가 죽인 사람이 장인이라고 오해하고는 할복하게 된다.
23) 엔야와 함께 접대역을 맡았던 모모이 와카사노스케(桃井若狭之助)의 가신.
24) 엔야가 모로나오를 칠 때 동석했던 가코가와가 막는 바람에 주군이 원수를 죽이는데 실패했다 하여 양가는 사이가 벌어진다. 리키야를 잊지 못해 고나미가 찾아오고 리키야의

야와 맺어지나 짧은 인연으로 끝이 난다.

의리를 위한 희생의 강도는 뒤로 갈수록 정도가 심해져서 급기야는 최소한의 인간성마저도 상실한 부자연스러운 인간상을 창출하기에 이른다. 제10막에 등장하는 상인(町人) 기혜(義平)는 무사도 아니면서 무사 이상의 의리를 관철한다. 그는 '기혜는 본디 상인이기 때문에 지금이라도 잡혀서 문초를 당하게 되면 어떻게 나올지 모른다. 비밀을 발설할 것이다. 더구나 귀여운 아들까지 있으니 자식 때문에라도 비밀을 지키기 어려울 것이다'라고 의심을 품는 무사들을 향해 스스로 자기 자식을 죽이려는 비정한 태도를 보이고 있다.

> "토막 내서 죽이든 꽁꽁 묶어 죽이든 장사치이기 때문에 당하는 것이라면 아까울 것이 없다. 자, 죽여라. 아들놈도 내 눈앞에서 죽여라, 어서. 토막 내서 죽이려면 팔부터 자르겠느냐, 가슴부터 가르겠느냐. 자, 어깨든 등이든 마음대로 하거라!"하고 온몸을 들이밀고 아이를 낚아채서 "자식한테 얽매이지 않는다는 것을 보여주지"하며 금방이라도 아이를 목 졸라 죽이려는 태세였다.

기혜는 무사인 유라노스케가 상인인 자기를 신뢰하고 일(물품조달)을 맡긴 것에 감격하여 처자식에 대해 거의 아무런 애정을 보이지 않고 가차 없이 희생시키는 과잉된 충성심을 보이고 있다.

『47인의 충신들』에 나오는 인물들은 의리의 관철에 자신의 모든

모친은 가코가와의 목을 대령하기 전에는 혼사를 치를 수 없다며 강경하게 나온다. 딸에 대한 냉대에 격분한 가코가와는 결투를 벌이게 되고 리키야의 손에 죽게 된다.

것을 걸고, 그로 인해 부정되는 인정에 슬퍼하며 비극의 주인공이 된다. 여기서의 의리는 '사람들을 구속하고 거기에 따를 것을 강제하는 사회규범, 즉 본의 아니지만 따르지 않으면 안 되는'25) 절대성을 가진 이념이다. 특히 상인 기헤처럼 의리를 위해서라면 비인간적인 처사까지 마다않게 된다면 무엇을 위한 의리인지 알 수 없게 된다. '의리처럼 괴로운 것은 없다'(『국화와 칼』)는 관념이 만들어진 배경이다.

지카마쓰가 인간성에 기반을 둔 숭고한 희생을 통해 핍박받는 민중의 존엄성을 부여해주고자 했던 의리는 '인간성의 본질 탐구의 정신을 상실'26)하고 희생의 가치만이 부각·강조되는 식으로 전개되었다. 거기에는 민중의 도덕사상이 아직 충분히 성숙하지 않았던 단계에서 주군의 복수를 갚기 위해 고심참담(苦心慘憺)하는 의사(義士)들의 충성심을 찬미하는 연극(義士劇)이 성행했던 풍조가 관계하고 있다. 무사도에서 가장 중요시하는 가치인 주군에 대한 충성을 그대로 민중생활의 정신적 근간(모럴)으로 삼으면서 도의(道義)의 원래의 의미를 왜곡하는 현상이 발생했다고 볼 수 있다.

---

25) 源了圓, 『義理』, 三省堂, 1996, 99쪽.
26) 『日本文学鑑賞辞典』(東京堂出版, 1960년), '仮名手本忠臣蔵'항목 橫井正의 해설, 138쪽.

골라 읽기

1. 기녀의 의리

❶ 소네자키 정사(曾根崎心中)

__〈줄거리〉

간장 가게의 점원인 도쿠베(德兵衛)는 기녀 오하쓰(お初)와 장래를 약속한 사이다. 숙부이자 가게주인은 처조카와 도쿠베를 결혼시키려고 마음먹고, 도쿠베의 계모에게 지참금을 전달한다. 도쿠베는 혼담을 거절하고 계모한테 지참금을 받아온다. 그 돈을 친구 구헤이지(九平次)가 잠시만 빌리자고 사정한다. 도쿠베는 돈을 빌려주고, 그게 화근이 된다. 구헤이지는 돈을 빌려간 적이 없다고 잡아떼고 차용증도 도쿠베가 날조한 것으로 몰아세운다. 구헤이지 일당에게 폭행까지 당한 도쿠베는 오하쓰를 찾아간다. 오하쓰는 도쿠베를 몰래 자기 방으로 데리고 가려고 하는데, 구헤이지 일당이 몰려온다. 도쿠베는 마루 밑으로 피신한다. 도쿠베는 이제 남은 것은 죽음으로써 자신의 결백을 증명해 보이는 길밖에 없다고 다짐한다. 자신의 발에 두 볼을 비비며 죽음을 결의하는 도쿠베를 오하쓰는 발짓으로 자신도 같이 죽을 것임을 암시한다. 고요한 새벽 두 사람은 손을 잡고 소네자키텐진 숲을 향한다. 연리지(連理枝)

에 몸을 묶고 목숨을 끊는다. 이 이야기는 연인들의 귀감이 되리라는 에필로그와 함께 막이 내린다.

〈도쿠베와 오하쓰의 마지막 길〉

이 세상의 마지막, 이 밤도 마지막. 죽어가는 이 몸은 묘지(あだしが原)에 맺힌 서리가 발 디딜 때마다 사라지는 것과 같다. 꿈속 꿈처럼 허망할 뿐이다. 멀리서 들려오는 종소리. 새벽을 알리는 마지막 종소리가 울려 퍼진다. '적멸위락(寂滅爲樂)[27]'이라고 소리를 내는 듯하다. 어디 종소리 뿐인가. 초목도, 하늘도, 이제 정말 마지막이라고 생각하고 쳐다본다. 구름은 무심히 떠있고, 물은 무심히 흐르고, 북두칠성은 수면에 선명한 그림자를 드리우고 있다. 견우직녀가 만난다는 은하수, 무메다 다리(梅田橋)를 오작교 삼아 부부의 언약을 해본다. 언제까지나 함께 반짝이는 부부별이 되자고 서로 꼭 껴안고 눈물을 흘리는 두 사람. 그 눈물로 강물도 불어나리니. (중략) 내일이면 까마귀가 우리 몸을 뜯어먹겠지. 당신은 25살이라 액년이고, 나는 19살이라 액년. 사나운 액땜을 하는 것도 우리 인연이 남다르다는 징표겠지요. 신령님과 부처님께 비옵니다. 현세에서의 소원대로 내세에서 꼭 부부로 살게 해주소서. 꼭 같은 연꽃에 태어나게 해주소서. 손에 걸린 108개 염주 구슬에 눈물방울이 더해져서, 셀 수 없는 구슬 수만큼이나 애처롭기 그지없었다. 그러나

---

[27] 생멸변화가 없는 경지를 참된 즐거움이라 여기는 것. 원전은 『(新編日本古典文學全集75)近松門左衛門集』(小学館, 1998年)을 사용하였다.

정해진 죽음의 길, 마음도 하늘도 캄캄해지면서 바람이 휙 불어오는 소네자키(曾根崎) 숲에 당도했다. (중략) 여기로 할까 저기로 할까 하고 죽을 장소를 물색한다. 맺혔다가 금세 사라지고 마는 이슬만큼 허망한 세상. 그때 번개 같은 빛이 번쩍 빛났다.

"방금 지나간 것이 뭐지요?"

"저건 사람의 혼이야. 오늘밤에 죽는 것은 우리뿐이라고 생각했는데, 우리보다 먼저 떠난 사람들이 있나보군. 누군지 몰라도 저승을 같이 갈 길동무가 되겠군. 나무아미타불, 나무아미타불."

말하는 순간 다른 빛 하나가 또 지나갔다.

"슬프게도 또 한 영혼이 세상을 떠나가는군. 나무아미타불."

남자가 이렇게 말하자 여자는,

"오늘밤은 사람이 참 잘 죽네요. 가엾게도."

하며 눈물짓는다. 남자는 눈물을 흘리며,

"저렇게 나란히 지나가는 빛을 다른 사람이라고 생각해? 저건 바로 당신과 나의 영혼이야."

"뭐라고요? 우리 둘의 영혼이라고요? 그럼 우린 이미 죽은 목숨인가요?"

"다른 때 같으면 저 빛을 붙잡아서라도 목숨을 연명하고 싶었겠지…. 그러나 지금은 죽음을 서두르는 길, 우리 다음 세상에서도 꼭 같이 살기로 해. 그러니 길을 잃으면 안 돼. 길을 틀려서도 안 되고."

둘은 서로 꼭 부둥켜안고 어루만지며 흐느꼈다. 그 모습이 가엾기 그지없었다. 눈물을 흘리면서 뿌리가 서로 연결된 나무를 찾았다. 그것을 남녀의 영원한 사랑을 상징하는 연리지(連理枝)라 여기고, 이슬처럼 허망한 몸을 맡길 생각이었다. 생의 마지막 장소인 셈이다.

"자, 여기로 하지."

도쿠베는 겉저고리를 풀었다. 오하쓰도 눈물로 얼룩진 겉옷을 벗었다. 둘은 나란히 종려나무에 옷을 걸었다. 종려나무로 만든 빗자루로 먼지를 쓸듯, 이제 곧 이승의 온갖 번뇌에서 벗어나는 것이다.

오하쓰는 소매에서 칼을 꺼내,

"도중에 붙잡혀서 당신과 헤어지면 자결하려고 칼(剃刀)28)을 준비했었는데, 이렇게 같이 죽게 되어서 다행이에요."
라고 했다.

"아니 어떻게 그런 생각까지 했지? 기특한데. 그 정도로 단단히 마음을 먹었다면 아무 걱정 없어. 얼마나 고통스러웠는지 죽은 모습이 흉측했다는 말은 듣긴 싫어. 여기 연리지에 몸을 꽉 묶고 깨끗하게 죽는 거야. 세상에 유례를 찾을 수 없을 정도로 멋지게 죽어서 훗날의 좋은 본보기를 남기는 거야."

오하쓰는

"물론이지요."
라고 하며, 결코 이럴 때 쓰려고 한 것은 아니었지만 옥색 허리끈(腰帶) 양쪽을 힘껏 잡아당겨 칼로 북북 찢었다.

"끈은 자를 수 있겠지만, 당신과 내 사이는 절대 못 가를 거예요."

---

28) 머리나 수염을 자르기 위한 날이 얇고 예리한 칼.

라고 하면서 가부좌를 틀고 앉았다. 그리고는 이중 삼중으로 몸이 움직이지 않도록 단단히 묶었다.

"꽉 묶었어?"

"네 단단히 묶었어요."

여자는 남편을29) 바라봤고, 남자는 여자를 바라봤다.

"이거 형편없는 마지막 모습인걸."

하면서 둘은 하염없이 눈물을 흘렸다.

"아, 그만 슬퍼해야지."

라고 도쿠베는 얼굴을 들고 두 손을 합장했다.

"어릴 때 친부모와 헤어지고 숙부님 도움으로 성장했는데, 그 은혜도 갚지 못하고 이렇게 죽어서까지 폐를 끼치게 되어 송구합니다. 부디 죄를 용서해 주십시오. 저승에 계시는 부모님, 이제 곧 뵙겠네요. 부디 기쁘게 맞아 주세요."

오하쓰도 똑같이 합장하고,

"당신이 부러워요. 저승에 가면 부모님을 뵐 수 있으니까요. 우리 부모님은 아직 건강하시고, 이 세상 분이시니, 언제나 만나게 될는지…. 소식은 봄에 얼핏 전해 들었지만, 뵌 것은 벌써 작년 가을이네요. 제가 죽었다는 소문이 내일이면 고향까지 퍼질 텐데, 얼마나 슬퍼하실까요. 부모님과 형제들에게 드리는 이 세상에서의 마지막 작별인사가 되겠네요. 적어도 제 마음만이라도 전해져서 꿈속에서 뵐 수 있게 해주소서.

---

29) 원전에 여기서부터 남편으로 나온다.

보고 싶은 어머니, 아버지."

하고 흐느끼다가 큰소리로 엉엉 울었다. 남편도 큰소리로 비탄에 빠져 울부짖었다.

"언제까지 기도한다 해도 아무 소용없는 일. 어서 빨리 죽여주세요, 어서요."

하고 오하쓰가 재촉했다.

"알았어."

도쿠베는 칼(脇差)30)을 뽑아들었다.

"그럼, 각오해. 나무아미타불, 나무아미타불."

하지만 지금까지 아끼고 사랑하며 함께 했던 오하쓰에게 차마 칼을 댈 수 없어 눈앞이 캄캄해지고 손이 떨려왔다. 약해지는 마음을 다잡고 칼을 다시 잡아보지만 여전히 떨렸다. 푹 찔러봤지만 칼끝은 저쪽으로 빗나가거나 이쪽으로 어긋났다. 두 번, 세 번 들이댄 칼날에 '앗'하는 오하쓰의 비명소리와 함께 폐부 깊숙이 칼이 꽂혔다.

"나무아미타불, 나무아미타불. 나무아미타불."

여러 번 칼을 찔렀던 도쿠베의 팔에서 힘이 쭉 빠져나가자 오하쓰 역시 점점 힘을 잃어갔다. 양 팔을 축 늘어뜨리고 고통스럽게 죽어가는 오하쓰의 마지막 모습은 가엾다는 말로는 형언할 수 없었다.

"나도 바로 갈 거야. 숨도 같이 끊어져야지."

도쿠베는 칼을 목에 대고 칼자루가 부러져라 칼날이 부서져라 하고

---

30) 허리에 차는 호신용 칼.

힘껏 찔렀다. 눈앞이 캄캄해지더니, 고통스럽던 숨도 새벽녘이 되자 완전히 끊어졌다.

누가 알린 것도 아닌데, 소네자키 숲에 바람소리가 일듯 두 사람의 이야기가 퍼져나갔다. 상하귀천을 막론하고 이야기를 들은 모든 사람들은 둘을 위해 명복을 빌어주었다. 틀림없이 내세에서 성불(成佛)을 이룰, 연인의 귀감이 될 것이다.

❷ 아미지마 정사(心中天網島)

__〈줄거리〉

오사카(大坂) 덴마(天満)에서 지물포를 운영하는 지헤(治兵衛)는 처자가 있는 몸으로, 유녀 고하루(小春)와 깊은 사이가 된다. 경제적인 이유와 주변 여건 등으로 서로 만나는 것조차 여의치 않게 되자 둘은 정사를 약속한다. 동생의 행동거지가 심상치 않음을 느낀 마고에몬(孫右衛門)은 손님으로 가장하고 고하루를 만난다. 그런데 고하루로부터 자기는 지헤와 정사할 생각이 없다는 말을 듣는다. 이것을 밖에서 듣게 된 지헤는 불같이 화를 내며 고하루에게 달려든다. 형의 만류로 정사 서약문을 돌려받고 돌아온 지헤는 고하루가 연적이었던 다헤(太兵衛)에게 팔려간다는 말을 듣고 깊이 탄식한다. 지헤의 처 오산(おさん)은 자기가 고하루에게 편지를 써서 남편을 단념해줄 것을 사정했다는 고백을 한다. 고하루가 자해할 것이라고 직감한 오산은 그녀를 기적에서 빼내기 위하여 필사적으로 노력한다. 그때 딸을 보다 못한 오산의 친정아버지가 찾아

오고 강제로 데려고 간다. 지혜와 고하루는 정사를 실행한다. 둘은 오산에 대한 의리로서 삭발한 모습으로 장소도 서로 달리 하여 죽음을 맞이한다.

〈오산의 고백〉

지혜는 눈물을 훔치며,

"만약에 슬픔의 눈물은 눈에서 나오고 원통의 눈물은 귀에서 나온다면 말을 안 해도 마음속을 들여다볼 수 있으련만, 똑같이 눈에서 흘러나오고 색깔도 같은 까닭에 사람 속은 알 길이 없군. 인두겁을 쓴 짐승 같은 계집(畜生女)이야 어찌 되든 상관없지만, 분한 것은 다헤(太兵衛) 놈이야. 돈도 많고 딸린 식구도 없어 진작부터 고하루를 욕심내고 있었지. 하지만 그때까지만 해도 고하루 년이 '전혀 신경 쓰지 마세요. 만약에 당신과 인연이 끊겨 함께 할 수 없는 처지가 되어도 다헤한테는 절대로 안 갈 거예요. 설사 돈 때문에 억지로 가게 되면 차라리 죽어버릴 거예요'라고 다짐하기에 그대로 믿었는데, 나랑 헤어진 지 채 열흘도 되기 전에 그놈한테 가다니. 그런 썩어빠진 짐승 같은 계집에겐 아무 미련도 없소. 다만 다헤 놈이 '지혜는 이젠 끝장났어. 파산 직전이야'하고 떠들어대며 오사카를 헤집고 다닐 것을 생각하면, 거래처 사람들한테 개망신을 당할 것을 생각하면, 가슴이 찢어지고 몸이 타들어가는 것 같아. 너무 수치스럽고 분해. 뜨거운 눈물, 피눈물, 끈적끈적한 눈물을 넘어서 열철(熱鐵)[31] 같은 눈물이 솟구치는군."

하며 엎드려 운다.

오산은 얼굴색이 창백해졌다.

"아아, 세상에. 그럼 가엾은 고하루는 죽고말 거예요."

"무슨 소리야! 영리한 당신이지만, 역시 별 수 없는 치마두른 여자로군. 그런 못된 년이 죽긴 왜 죽겠어. 뜸도 뜨고 약도 먹어가며 오래오래 장수하겠지."

"아니에요. 그렇지 않아요. 평생 말하지 않으려고 했는데, 숨기고 있다가 고하루를 죽게 할 것 같아요. 당신이 모르는 사실을 털어놓을게요. 고하루의 잘못은 추호도 없어요. 두 사람을 갈라놓은 것은 제가 꾸민 짓이에요. 당신이 아무래도 죽을 것 같아서 너무도 걱정스런 나머지 '여자들끼리는 서로 도와야하지 않겠습니까. 단념하기 어렵겠지만 눈 딱 감고 부디 남편의 목숨을 구해주세요'라고 편지를 썼어요. 그러자 '목숨과도 바꿀 수 없는 소중한 분이지만 어길 수 없는 의리상32) 단념하겠습니다'라는 답장이 왔어요. 저는 그것을 주머니에 넣어 몸에 지니고 다니지요. 그런 현명한 여자(賢女)가 당신과의 약속을 어기고 순순히 다헤를 따라갈리 없어요. 여자들은 쉽게 마음이 변하지 않아요. 고하루는 죽을 거예요. 틀림없이 죽고말 거예요. 아아, 어쩌면 좋아요. 어서 빨리 도와주세요."

라고 오산이 울먹이자 지혜도 어쩔 줄 몰라 한다.

---

31) 이루 말할 수 없이 분하고 화가 치밀어 흘리는 눈물이라는 형용.
32) 원문은 '引かれぬ義理合い'. 여자끼리는 서로 도와야하지 않겠느냐는 오산의 말에 대한 동감을 표시한 말.

"고하루한테 되돌려 받은 편지(戀文) 중에 모르는 여자 편지가 하나 들어있었는데, 그것이 바로 당신이 보낸 거였군. 그게 사실이라면 고하루는 죽고말 거야."

"아아, 어떡해요, 그 사람을 죽게 하면 여자끼리의 의리가 서지 않아요. 우선 당신이 빨리 가서서 부디 죽지 않게 해주세요."

하며 남편에게 매달리며 운다. (중략) 오산은 집안에서는 발가벗고 살더라도 밖에 나갈 때는 필요한 남편의 겉옷(小袖)까지 전부 그러모아 열다섯 벌을 마련했다.

"이 정도면 못해도 은화(新銀)33) 350문 정도는 마련할 수 있을 거예요."

오산은 이제 아무것도 남은 것이 없는데도 마치 뭐라도 많은 것처럼 남편의 수치와 자신의 의리34)를 한데모아 보자기 속에 넣고 정성껏 싸는 것이었다.

"나와 아이들은 헐벗어도 남자는 체면이 중요해요. 고하루를 낙적해서 살리시고, 다헤 같은 놈한테는 본때(一分)를 보여주세요."

지혜는 시종 고개를 숙인 채로 훌쩍훌쩍 울고만 있다.

"이 돈으로 고하루를 기적에서 빼내면 따로 거처를 마련해주던지 집안으로 들여야 하는데, 당신은 어쩌려고 그래?"

"아, 그렇군요. 어떻게 하면 좋을까요. 애들 유모라도 할까요, 아님 식모라도 할까요. 출가라도 하죠, 뭐."

---

33) 교호(享保, 1716~1736)년간 주조된 은화.
34) 남편의 수치를 씻고자 하는 마음과 고하루에 대한 의리심.

라고 하며 엎드려 운다.

〈고하루의 의리〉

"고하루, 계속 가본들 여기가 죽을 장소라고 따로 정해져 있는 것도 아니고. 자, 여기서 죽기로 하지."

지혜는 고하루의 손을 잡고 땅바닥에 앉았다. 고하루는 지혜에게 기대며,

"그렇죠. 죽는 장소는 어디나 마찬가지겠지요. 오면서 생각해봤는데 우리 두 사람이 얼굴을 맞대고 나란히 죽으면 고하루와 지물포 지혜가 같이 정사했다는 소문이 날거고, 그러면 오산님이 남편이 죽지 않도록 도와달라고 하셔서 그러겠다고, 남편과의 관계를 끊겠다고 약속했던 것이 거짓말이 되고 말아요. 소중한 남편을 부추겨서 죽게 했다고, 일시적 유흥 상대인 천한 기생이라 의리도 모르는 거짓말쟁이라고 비날할 거예요. 세상 사람들 천 명, 만 명의 비난보다 오산님 한 사람의 멸시가 두려워요. 저를 원망하고 시기할 것을 생각하면 죽어서도 편치 않을 거예요. 저를 여기서 죽이시고 당신은 장소를 바꿔 조금 떨어진 곳에서 죽어 주세요."
라고 애원한다. 둘은 함께 운다.

"무슨 쓸데없는 소리야. 오산은 장인어른이 데리고 갔어. 갈라선 이상 이제 서로 남남. 헤어진 여자에게 무슨 의리야. 아까 오면서 했던 말처럼 다음 세상, 그 다음 세상, 또 그 다음 세상에서도 부부로 살기로

맹세한 우리 두 사람이야. 같이 머리를 맞대고 나란히 죽는다 해서 누가 뭐라 할 것이며 누가 시기하겠어."

"하지만 그 이별은 누구 탓인가요? 저보다 당신이 더 바보예요. 몸은 저 세상에 따라가지 않아요. 서로 다른 장소에서 죽어서 육신은 비록 소리개나 까마귀한테 물어 뜯긴다 해도, 영혼만은 지옥이라도 극락이라도 함께 가면 되잖아요."

"그래, 알겠어. 우리 몸은 지수화풍(地水火風)으로 이루어져 있고 죽으면 공(空)으로 돌아가지. 우리가 몇 번을 다시 태어나도 떨어지지 않을 부부의 혼이라는 증거를 보여주지."

지혜는 칼을 뽑아들고 검은머리를 상투채 싹둑 잘랐다.

"이것을 봐, 고하루. 이 머리가 있는 동안은 지물포 지혜라는 오산의 남편이었어. 이제 머리를 잘랐으니까 출가한 몸이야. 속세를 떠나 처자와도 재물과도 상관없는 스님이 된 거야. 오산이라고 하는 아내가 없으니 당신이 지켜야할 의리도 없는 거야."

"아아, 고마워요."

이번에는 고하루가 칼을 집어 들더니 지금껏 애지중지 길러온 머리를 아무 미련도 없이 싹둑 잘랐다. 황량한 들판, 서리가 내린 억새풀이 헝클어진 머리카락과 뒤섞여 처량함을 더했다.

"현세(浮世)를 떠나 비구니와 법사가 되었으니, 부부의 의리라는 하는 것도 속세에 있었던 옛날 일이 되었군. 이왕 이렇게 되었으니 죽는 장소도 달리 하여 산과 강으로 헤어져서 죽기로 하지. 여기 수문(水門) 위를 산으로 삼아 당신은 거기서 죽고, 나는 여기 물 흐르는 곳에서 목을 매고 죽을게. 죽는 시각은 같지만 자해하는 방법도 장소도 다르게 해서 오산에 대한 도리를 지키기로 하지. 그 허리띠(腰帶)를 이리 줘."

지혜는 연한 보랏빛이 나는 고하루의 허리띠를 받아, 이제 곧 무상(無常)의 바람에 지려하는 꽃과 같은 고하루를 수문 근처 나무에 꽉 묶었다. 또 자기도 끈의 끝자락을 묶어서, 꿩이 암컷을 찾다 덫에 걸려 죽은 모양 같다는 매듭(罠結び)35)을 지어 스스로 죽을 준비를 했다. 보고 있던 고하루는 눈앞이 캄캄해지고 마음이 어지러웠다.

"당신은 그렇게 죽는 거예요? 서로 다른 장소에서 죽으면 이제 곁에 있을 시간도 얼마 없네요. 이리 와요. 어서."

하며 손을 꼭 잡고,

"칼로 죽는 것은 순식간이지만, 목을 매서 죽는 당신은 얼마나 고통스러울까요. 가여워서 어떡해요. 가여워서 어떡해요."

하며 서럽게 흐느낀다.

2. 무사의 의리 - 47인의 충신들(仮名手本忠臣蔵)36)

〈줄거리〉

사건은 고노 모로나오(高師直)와 엔야 다카사다(塩冶高定)가 막부에서

---

35) 고를 내서 한쪽 끝을 잡아당기면 묶이도록 하는 방법.
36) 나미키 센류(並木千柳), 다케다 이즈모(竹田出雲), 미요시 쇼라쿠(三好松洛)의 합작으로 1748년 8월 14일부터 오사카의 다케모토좌에서 상연된 시대물 조루리. 원전은 『日本古典文學大系51』浄瑠璃集』(岩波書店, 1960年)을 사용하였다. 번역에서 최관 역, 『주신구라』, 민음사, 2001년을 참고한 부분이 있다.

파견된 아시카가 다다요시(足利直義)를 영접하는 역할을 담당하면서 일어난다. 모로나오는 다다요시의 부름을 받고 참석한 엔야의 처 가오요(顏世)를 보고 흑심을 품는다. 구애를 거절당한 모로나오는 엔야에게 분풀이를 한다. 모욕을 당한 엔야는 모로나오를 칼로 쳐서 상처를 입히고, 이로 인해 막부로부터 할복명령을 받는다. 모시던 주군의 치욕적인 죽음에 분개한 가신들은 원수를 갚기 위해 뜻을 모은다. 오보시 유라노스케(大星由良助)를 중심으로 47인의 무사들은 1년 넘게 와신상담하며 복수를 준비한다. 오보시는 주색에 빠진 척하며 모로나오 측의 의심을 피하고, 많은 사람들의 희생과 헌신으로 마침내 야습(夜襲)을 단행하기에 이른다. 야자마 주타로(矢間重太郎)가 모로나오를 생포하고, 오보시는 주군이 할복했던 바로 그 칼로 모로나오의 목을 잘라 영전에 바친다.

__〈제11막. 습격〉

　데라오카 헤에몬(寺岡平右衛門)은 저택 안을 돌아다니며 각 방은 물론이고 천장, 마루 밑, 우물 속 할 것 없이 창을 찔러대며 찾아보았지만, 모로나오(師直)는 보이지 않았다. 침실이라고 여겨지는 곳에 이부자리가 깔려있었는데, 온기가 남아있었다. '이렇게 추운 밤에 이불이 따뜻한 걸 보니 도망친 지는 얼마 안 된 것 같은데. 어디로 갔지?'하며 밖으로 뛰어나가려는데,

　"헤에몬, 여기야."
하며 야자마 주타로(矢間重太郎)가 모로나오를 끌고나왔다.

"여러분! 창고에 숨어 있는 것을 잡았습니다."

동지들은 꽃에 이슬이 맺히듯 용기백배하였다. 오보시 유라노스케(大星由良助)는,

"정말 장하다. 큰 공을 세웠구나. 그러나 함부로 죽이지는 말아라. 그래도 한때는 천하의 집사직(執事職)을 지냈던 자가 아니냐. 죽일 때도 예법이 있는 법이다."

하고 모로나오를 넘겨받아 상석(上席)에 앉혔다.

"저희들 부하된 몸으로 저택에 들어와 소란을 일으킨 것은 주군의 원수를 갚기 위함이었소. 무례를 용서하시오. 자, 순순히 목을 내놓으시지요."

모로나오는 역시 만만치 않은 인물로 기죽은 기색도 없었다.

"그렇군. 이미 각오는 되어 있다. 어서 목을 쳐라."

하고 방심하게 해놓고는 잽싸게 칼을 뽑아 대항하였다. 유라노스케는 획 몸을 피하면서 모로나오를 제압하였다.

"귀여운 반항이군. 여러분, 이제야 우리의 숙원을 풀게 됐소."

하고 칼로 내려쳤다. 마흔 여명의 무사들은 이구동성으로,

"눈먼 거북이가 물위에 뜬 나무를 발견한 것처럼,[37] 삼천 년에 한번 핀다는 우담화(優曇華)를 발견한 것처럼, 정말 있기 어려운 일이 일어났도다. 기쁘기 한이 없구나!"

---

[37] 배에 눈이 달려 시야가 어두웠던 거북이가 우연히 구멍 뚫린 부목(浮木)을 얻게 되어, 나무가 바람에 뒤집어지면서 뚫린 구멍 사이로 해가 비춰 광명을 보게 되었다는 불설(佛說). 좀처럼 있기 어려운 기회를 얻었다는 것의 비유.

하며 뛸 듯이 기뻐하였다. 유라노스케가 주군이 할복한 칼로 모로나오의 목을 자르자 너무 기쁜 나머지 춤을 추는 자도 있었다.

"아내를 버리고, 자식과 헤어지고, 늙은 부모를 여읜 것도, 오직 이 모로나오의 모가지를 보기 위함이었다. 오늘은 길일(吉日) 중에 길일이구나!"

하며 모로나오의 모가지를 때리고 물어뜯으며 일동은 감격의 눈물을 흘렸다. 그 모습이 지나쳐서 측은할 정도였다.[38] 유라노스케는 품속에서 주군의 위패를 꺼내어 방 한쪽(床の間)에 놓여있는 상 위에 올려놓았다. 그리고 피범벅이 된 모로나오의 목을 깨끗이 닦아 위패 앞에 바쳤다. 유라노스케는 투구에 넣어뒀던 향을 피우고 뒤로 물러나 예를 다하여 절을 올리면서,

"삼가 주군의 영전 앞에 아뢰옵니다. 할복하실 때 뒷일을 부탁한다며 하사하신 단도(短刀)로 모로나오의 목을 베어 이렇게 바치옵니다. 부디 저승에서 받아주시옵소서."

라고 눈물을 흘리며 다시 예를 올렸다.

"자, 그럼 한 사람씩 분향을 올리기로 하지."

"우선 총대장님이신 유라노스케님부터 하시죠."

"아니, 나보다 야자마 주타로님부터 먼저 하시죠."

"아니, 당치도 않습니다. 많은 분들 앞에서 저만 편애(䛖屓)하시면 도리어 불편합니다."

---

38) 원문은 '理り過て哀なり'.

"편애가 아닙니다. 마흔 여명의 동지가 원수의 목을 베기 위해 눈에 불을 켜고 찾아다녔는데, 귀공께서 혼자 창고에서 찾아내서 생포하셨으니, 주군의 가호가 있었기 때문일 겁니다. 부러울 따름입니다. 다들, 그렇지 않나?"

"맞습니다!"

하고 일동은 소리쳤다.

"그렇게 말씀하시니…."

"자, 어서. 시간이 없습니다."

"그럼 실례를 무릅쓰고."

야자마가 제일 먼저 분향하고,

"다음은 유라노스케님. 어서 하시죠."

하고 권하자,

"아니, 저보다 먼저 분향할 사람이 있습니다."

"그게 누굽니까?"

유라노스케는 품속에서 줄무늬로 된 돈주머니를 꺼냈다.

"이것이 두 번째로 분향할 충신이오. 하야노 간페이(早野勘平)는 불의(不義)를 저질러 우리들 속에 끼지 못하고 하다못해 주군의 비석이라도 마련하고자 아내를 팔아 돈을 마련했소. 하지만 그 돈 때문에 장인을 잃었고, 어렵게 마련한 돈조차 아무 소용없게 되자 할복하고 말았소. 원통하고 분통했을 간페이를 생각하면, 돈을 돌려준 것은 나의 일생일대의 실수였소. 가엾게 죽게 했다는 죄책감에 한시도 잊지 않고 이 주머니를 몸에 지니고 다녔소. 오늘 밤 습격에 같이 동참한 격이니,

허구로서의 의리

헤에몬, 매제(妹弟)인 간페이를 위해 분향해주게."
하고 주머니를 건넸다. 헤에몬은 공손하게 받아들고,

"간페이도 저 세상에서 무척이나 고맙게 생각할 것입니다. 더할 나위 없는 영광입니다."
하고 주머니를 향로 위에 얹었다.

"두 번째 분향은 하야노 간페이입니다."

헤에몬이 떨리는 목소리로 간페이의 이름을 외치자 열석(列席)한 사람들도 안타까움에 가슴이 찢어질 것 같았다. 이때 갑자기 사람들과 말, 산천을 울릴 만한 큰북소리가 일제히 몰려오는 소리가 났다. 그러나 유라노스케는 조금도 동요됨이 없이,

"모로나오의 부하들이 몰려오는 것 같다. 불필요한 살생으로 죄를 지을 필요는 없을 것이다."
하며 할복할 각오를 했다. 그때 모모노이 와카사노스케(桃井若狹助)가 뛰어 들어왔다.

"지금 정문에서 모로나오의 동생 모로야스(師安)가 쳐들어오고 있다. 여기서 할복을 한다면 적이 두려워서 그랬다고 후대까지 비난받게 될 것이다. 엔야님이 안치된 고묘 사(光明寺)로 가는 것이 좋을 것이다."

유라노스케는,

"어차피 죽는 바에야 돌아가신 주군의 무덤 앞이 좋겠습니다. 말씀하신 대로 따르겠습니다. 뒷일을 부탁합니다."

말이 떨어지기가 무섭게 어디서 숨어 있었던지 사기사카 반나이(鷺坂伴内)가 '네 이놈, 꼼작마라'하고 유라노스케에게 달려들었다. 그것을

리키야(力弥)가 놓치지 않고 맞받아치며 잠시 교전을 벌이다가 날렵하게 칼로 내려쳐 사기사카를 죽였다. 리키야도 다리가 잘린 채 그대로 숨이 끊어지고 말았다.

'큰 공을 세웠다. 큰 공을 세웠다'며 사람들의 칭찬이 끊이지 않았다. 후세 후대까지 전해질 의사(義士)들의 이야기, 천황의 치세가 계속되는 것처럼 길이길이 남을 것이다. 다케모토 좌의 영원한 번영을 기원하며 여기에 기록하는 바이다.

■ 지은이 **정순희**

한국외국어대학교 일본어과 졸업
일본문부과학성 초청 국비장학생
교토(京都) 대학 문학연구과 일문학석사
교토(京都) 대학 문학박사
전 이화여자대학교 인문과학부 교수
현 이화여대 외 출강

논문 「바나나 소설을 읽는 이유」, 「지카마쓰(近松)의 '의리'고」, 「남녀주인공의 변용과 정체성」, 「"黑川源田主"에 나타난 악처 형상」 외 다수

저서 『이민자 문화를 통해 본 한국 문화』(공저, 2007), 『연애의 기술』(글빛, 2005), 『초급 일본어にほんご』(공저, 이화여대출판부, 2003), 『이문화와의 만남(異文化との出会い)』(공저, 페리스여학원대학, 2003) 등

일본인의 미의식과 정신

2007년 8월 30일 초판 발행

지은이 　정순희
펴낸이 　김흥국
펴낸곳 　도서출판 **보고사**

등록　1990년 12월(제6-0429)
주소　서울시 성북구 보문동 7가 11번지
전화　922-5120~1(편집부), 922-2246(영업부)
팩스　922-6990
홈페이지　www.bogosabooks.co.kr
메일　kanapub3@chol.com

ISBN 978-89-8433-581-3 (03830)
정가 12,000원

▶잘못된 책은 교환하여 드립니다.